精准买卖点策略与方法

［美］约翰·内托　著
张丹丹　译

地震出版社
Seismological Press

图书在版编目（CIP）数据

精准买卖点策略与方法 /（美）约翰·内托
(John Netto) 著；张丹丹译 . — 北京：地震出版社，
2022.1
  ISBN 978-7-5028-5343-3

  Ⅰ. ①精… Ⅱ. ①约… ②张… Ⅲ. ①股票交易
Ⅳ. ① F830.91

  中国版本图书馆 CIP 数据核字（2021）第 195873 号

John Netto
One Shot One Kill Trading
ISBN: 0-07-142794
Copyright ©2004 by McGraw-Hill Education.

All Rights reserved. No part of this publication may be reproduced or transmitted in any form or by any means, electronic or mechanical, including without limitation photocopying, recording, taping, or any database, information or retrieval system, without the prior written permission of the publisher.

This authorized Chinese adaptation is jointly published by McGraw-Hill Education and [INSERT PUBLISHER NAME]. This edition is authorized for sale in the People's Republic of China only, excluding Hong Kong, Macao SAR and Taiwan.

Translation Copyright ©2021 by McGraw-Hill Education and Seismological Press.

版权所有。未经出版人事先书面许可，对本出版物的任何部分不得以任何方式或途径复制传播，包括但不限于复印、录制、录音，或通过任何数据库、信息或可检索的系统。

本授权中文简体字改编版由麦格劳－希尔教育出版公司和［乙方］合作出版。此版本经授权仅限在中华人民共和国境内（不包括香港特别行政区、澳门特别行政区和台湾）销售。

翻译版权 ©2021 麦格劳－希尔教育出版公司与地震出版社所有。

本书封面贴有 McGraw-Hill Education 公司防伪标签，无标签者不得销售。

北京市版权局著作权合同登记号：图字 01-2006-2482

地震版 XM4780/F（6146）

精准买卖点策略与方法

（美）约翰·内托著 张丹丹译
责任编辑：范静泊
责任校对：凌 樱

出版发行 **地震出版社**
     北京市海淀区民族大学南路9号 邮编：100081
     发行部：68423031 68467991 传真：68467991
     总编室：68462709 68423029
     证券图书事业部：68426052
     http://seismologicalpress.com
     E-mail：zqbj68426052@163.com
经销 全国各地新华书店
印刷 北京广达印刷有限公司

版（印）次：2022年1月第一版 2022年1月第1次印刷
开本：710×1000 1/16
字数：275千字
印张：16.75
书号：ISBN 978-7-5028-5343-3
定价：58.00元
版权所有 翻印必究
（图书出现印装问题，本社负责调换）

致 谢

我谨将此书献给所有过去的、现在的和以后的老兵,是他们的奉献和勇敢使得我们能够享受这个伟大国家的各种自由。

我家人对我的爱和坚定的支持帮助我克服了生活中无数的挑战。在我最困难的时候,我的妈妈玛利亚和哥哥亚历山大一直陪伴着我。我的父亲F.J. 内托深深影响了我的性格和工作准则。愿他的灵魂安息。

没有 Scott Newiger 的巨大帮助和挑剔的眼光,就不会有本书,他施教于人的愿望促使我完成了本书。感谢他的妻子 Doe、女儿 Heidi 和儿子 Destry,因为他们在两年多的时间里奉献了他们丈夫和父亲。斯科特也亏欠了他的双亲 Patricia 和 Donald Newiger(愿他们的灵魂安息)和姐姐 Hilary,对他们所给予的爱和支持我将会终生铭记。

感谢我的生活战略教练 Nazy Massoud,他不断帮助我跳出舒适的生活圈子,挑战自己。我还非常感谢我的交易伙伴和亲密朋友 Ierna,他与我关于市场、扑克游戏和生活的深夜长谈,不断激励着我。

我还要感谢以下这些对我有着直接或者间接激励的人:

华盛顿大学、斯科特·金(Scott King)、布莱特·沙巴夫(Brett Sharbaugh)、史蒂夫·杜索(Steve Dussault)、泰德·伍德(Ted Wood)、蒂姆·吉拉德(Tim Girard)和达纳·吉拉德(Dana Girard)以及他们的家人、兰尼·罗哥夫斯基(Lenny Rogofsky)、罗伊·格拉斯贝格(Roy Glassberg)、特洛伊·格林(Troy Green)、明子·内托(Akiko Netto)、玛丽-贝斯·怀特(Mary-beth Whyte)和杰夫·王(Geff Wong)、斯科特·布雷德尼(Scott Brindley)、丹·福特(Dan Ford)、布鲁斯·托马斯(Bruce Thomson)、罗伯·李(Rob Lee)、布鲁斯·阿姆斯壮(Bruce Armstrong)、史蒂夫·霍托维克(Steve Hotovec)、杰夫·希莱(Jeff Heely)、大卫·马丁(David Martin)、达雷尔·琼斯(Darrell Jones)、杰森·乌尔卡特(Jason

Urquhart）、杰斯米·华德福（Jasmine Waldorf）、维多利亚·梁（Victoria Liang）、安德鲁·洪（Andrew Hoang）、美国大使汤姆·福利（Tom Foley）、戴尔·科雷舍（Dale Kreisher）、杰夫里·磅蒂夫（Jeffrey Pontiff）教授、瓦尔特·诺瓦伊斯（Walter Novaes）教授、潘西·林（Pansy Lin）教授、瓦尔特·海奇（Walter Hatch）教授、布莱斯·怀特曼（Brice Wightman）、安格鲁·翁彬（Angelo Ongpin）、吉姆·墨菲（Jim Murphy）和艾伦·墨菲（Alan Morphy）、约翰·蔡中尉、我的教父教母曼纽尔·内托（Manuel Netto）和莎莉伯恩斯（Sally Burns）、弗拉基米尔·龙赞（Vladimir Lozan）、丹尼尔·威金（Daniel Wiggins）、沙拉·奎恩（Sarah Quinn）、野津圣子（Hitomi Miyata）、拉斯·布莱克（Lars Blake）、芭芭拉·布莱克（Barbara Blake）、阿曼达·布莱克（Amanda Blake）和罗伦·布莱克（Lauren Blake）、美国海军陆战队第一中尉维克多·马丁（Victor Martin）、诺尼·格莱耐里（Nonnie Granelli）（愿他的灵魂安息）、吉恩·"布芭"·纽威格（Jean "Bubba" Newiger）、多丽思·咪咪·格莱耐里（Doris Mimi Granelli）、小梅尔·沃士（Mel Wyrsch Jr.）、罗恩·罗梅罗（Ron Romero）和邦尼·罗梅罗（Bonnie Romero）、弗吉尼亚·罗梅罗（Virginia Romero）、彼得·威吉（Peter Vigil）、西贝尔·拉韦罗（Sybil Ravallo）、朗达·穆勒（Rhonda Muella）、劳尔·穆勒（Raul Muella）和洛根·穆勒（Logan Muella）、希拉里·巴格斯（Hilary Baggs）、达雷尔·巴格斯（Darrell Baggs）、尼古拉斯·巴格斯（Nicholas Baggs）和尼尔森·巴格斯（Nelson Baggs）、德洛丽丝·兰顿（Dolores Langston）、吉米·兰顿（Jimmy Langston）、马克·兰顿（Mark Langston）、巴里·兰顿（Barry Langston）、和李·兰顿（Lee Langston）、马文（Marvin）、芭芭拉（Barbara）、犹金（Eugene）、罗宾（Robin）和罗伦·班克斯（Lauren Banks）、兰迪（Randy）、诺曼（Norman）、杰伊（Jay）和拉塞尔纽威格（Russell Newiger）、斯科特（Scott）、茱莉（Julie）、斯隆（Sloane）和贾瑞德·布莱尔（Jared Blair）、罗伯特·维瑟（Robert Weiser）、杰夫·罗德斯（Jeff Rhodes）、阿兰·"火花"·瑞夫金（Alan "Spark" Rifkin）、菲尔（Phil）、法郎士（France)、丹尼尔（Daniel）和尼可·史

列格（Nicole Schrager）、海蒂（Heidi）和理查德·拉尔夫（Richard Ralph）、弗朗西恩（Phrancine）、艾德（Ed）、柏恩（Perynn）和埃里卡·迪卡莎（Erica Diksa）、史蒂夫（Steve）和麦克尔·科什（Michele Kirsch）、派尔（Pare）、克里夫（Clif）、和赖安·范德伍尔夫（Ryan VanDerWolf）、罗恩（Ron）、塞勒娜（Celena）、和伊莎贝尔·玻勒纳（Isabella Polena）、克里斯蒂纳（Cristina）和瓦内萨·卡莫兹（Vanessa Camozzi）、瑞克·卡莫兹（Rick Camozzi）、马特（Matt）和卡罗尔·柯蒂斯（Carrol Curtis）、丽塔（Rita）和布雷特·维恩斯坦（Brett Weinstein）、斯蒂芬·宾加托尔（Stephen Pingatore）、伊冯·宾加托尔（Yvonne Pingatore）和吉娜·宾加托尔（Gina Pingatore）、罗恩·冈萨维斯（Ron Gonsalves）、艾尔维斯·普莱斯列（Elvis Presley）和汤姆·派克（Tom Parker）上校。

目录
Contents

第一阶段　　基本交易策略

　第一章　　操作便利的重要性 / 003

　第二章　　技术分析指标——战斗的武器 / 017

　第三章　　有获利机会的图表形态 / 041

　第四章　　斐波纳契位——目标价位的基础 / 068

　第五章　　利用转折点位获利 / 087

　第六章　　做　空——从不聪明的人手中获利 / 104

第二阶段　　从射手到专家

　第七章　　交易者的准备 / 133

　第八章　　交易日的动力 / 146

　第九章　　建仓技巧：知道何时出击 / 162

　第十章　　如何平仓、锁定利润和控制损失 / 177

　第十一章　消除错误的重要性 / 199

第三阶段　　锁定目标　子弹上膛

　第十二章　实时交易 / 217

　第十三章　在交易中运用精准买卖点策略与方法 / 241

　附录　图表形态 / 256

第一阶段
基本交易策略

第一章　操作便利的重要性

俗话说"千里之行始于足下"。本书前几章的目的是描述精准买卖点策略与方法的构成，以及怎样了解其中的不同元素。如果你是有经验的交易者和资金管理人，已经使用了直接接入的交易方式，可以跳过本章，因为本章所讨论的大部分内容你已经很熟悉了。无论你选择详细阅读还是跳过以下的段落，记住你需要适当的工具和资源保证你可以顺利实践本书中你所要学习到的方法。

在我们开始之前，请首先花一分钟时间找到一支铅笔、一张纸和一支彩笔。我鼓励你在书上做记录，并且用彩笔标出我所表达的一些观点。

有多少个交易者，就有多少种交易方式。最终选择哪种交易理念取决于交易者本人。本书所推荐的交易方式和方法来自我大量的研究和发现，以及我在长期实战中得来的经验。我的交易技术知识，以及我对如何更好地利用新一代交易软件来实时发现交易机会的了解，使我具备了最有效的交易方式所需的专业知识和洞察力。

本书的组织结构，能使你迅速学习到方法和技术，并且可以让这些方法和技术立即为你服务。更重要的是，对于你为什么要这样交易，你将会获得前所未有的了解。了解为什么要做正在做的事是每个交易者成功的关键。仅凭猜测不能获得长期的成功。

本章包含了一些我有意放在本书开头的内容，以便你在完成本书阅读的同时可以学习到数据获取、经纪商服务和交易室的设置等内容。

在交易的大"前景"里，一些小事情可能会被更重要的事情所掩盖。以下两个因素经常被忽略，而对交易来说又很重要：操作的便利和个人的舒适。我以交易和交易者教育为生，我发现对交易者来说在开始交易之前让自己感觉舒适非常重要。不要误解我的意思：当交易者犯错误时，不是因为他们不舒适，而是因为他们没有准备好或者优柔寡断。但是，不舒适可以使你处于无准备的状态。你的舒适程度可以在很大程度上（尽管无法量化）决定你作为一个交易者能否成功。

你在交易室中的每一天都是你赚钱的一天。对你们中的大多数人来说，交易是唯一的收入来源。从你第一次坐在椅子上进行了第一笔交易开始，直到你花费了上万小时进行交易（如果你可以交易那么久），这是一段很长的时间。因此，尽可能令自己舒适一些吧。如果你需要在伸手可及的范围内有一个咖啡壶、奶油松饼或者雪花软糖，那么请尽量满足自己吧。不论你的"小小必需品"是什么，都满足自己吧。一些交易者认为阿司匹林是必需品（在收盘之前不要服用大片的阿司匹林）。把那些你预料会需要的与交易没有直接关系的东西放在手边吧。你将会关注你需要的交易工具以及思考在交易时你的屏幕应该设置成什么样，但是一定要首先让自己尽可能舒适。如果你戴眼镜，不要忘了随身携带。能够看到实时的、正确的市场价格非常重要。

为了这样一个重要的理由，你也应该遵循这个建议。有很多次我发现交易者（尤其是日交易者）为找东西离开了几分钟，耽误了交易，最终付出了无法想象的代价。对以上情形的详细研究表明，为了不影响交易，不论交易者要做的或者要取的是什么，都应该避免做这些经常要做的事。

现在，准备好一切之后，你应该将全部精力集中在交易上，尽可能地让自己舒适（不需要别人的帮助），严阵以待，准备出击。

既然本书的唯一目的是教给你怎样使用精准买卖点策略与方法来获得长期的成功，我建议你开始时用模拟交易来验证本书的交易理念。以后你会有很长时间来实战交易。你最好首先精通我的方法。尽管与真正的交易没法比，但是模拟交易是让你自己熟悉不同交易方法的最好途径。不要担心，你不用等待很久就可以用真钱来交易了。

现在，你必须非常认真地读下面的句子：

一旦你学会并且选择使用精准买卖点策略与方法，你必须对它有绝对的信心并且深信它的准确性，这样你才能在应用中获得最大的收益。

你需要格外注意这句话，因为无论你使用什么样的计划或者方法交易，你都应该忠于它。如果你不忠实于你的计划，作为交易者你如何能够信任自己？如果你看到其他交易者不忠实于他自己的计划，你会怎么想？

通过一个"21点"游戏的例子你可以更好地了解这层意思。在游戏中，如果你有 11 点，而庄家有 6 点，对你来说选择赌注加倍，并且再要一张牌是一个明智的和获胜概率很高的做法。从统计学上看，选择赌注加倍并且再要一张牌比任何其他选择的获利都高。但是许多高水平的"21点"玩家虽然了解这个统计概率，并且经常玩，而当他们桌上的赌注很大时却不这样玩。为什么？因为让更多的钱冒风险使他们"害怕"。因此，他们一般只要一张牌，赢得手中的筹码，选择盈利较少的做法。如果他们下了 100 美元的注，那么这就是他们所赢的钱。但是如果他们坚持他们的计划，赌注加倍，并且再要一张牌，那么他们将会从这次下注中获得额外 100% 的盈利，假以时日，就会进一步提高他们成功的机会。当这种情形出现并且他们获胜的机会很多时，他们因为没有采取应该采取的做法而使口袋里的钱大大减少了。

你不要犯同样的错误。你必须让自己从你认为非常可靠的交易计划中充分地获利。但是，为了安全起见，你应该首先进行模拟交易，直到你对此方法的知识、信念和信心都足够时再进行实际操作。

布置交易室和配置电脑

将军指挥部队在战场上作战时，需要拥有全景视角，交易者在交易时也一样。全景视角可以令你很容易地看清形势，并且有把握地采取行动。一个实用的、布置得当的交易室是你成功的重要组成部分，它可以帮助你战胜敌人。

在战斗中，军队的装备对战斗结果有重大的影响。如果你真的想积极管理你的资金、专业地进行交易，那么花费一点钱配置电脑是非常必要的。这是帮助你获得成功的必要花费。对于管理资金和在市场上交易来说，不需要像美国国家航天局那样的电脑配置。但是一次交易中，好的装备和正确的信息就可以帮你赚回本钱，从长期来看，有没有这些东西可以决定你的盈亏。

一个每天需要在线盯盘的、活跃的交易者或者投资者需要一套 Windows 操作系统，最好是 Windows 2000 专业版或者 Windows XP。尽量不要使用 Windows 98 或者 95，这两个操作系统令交易者头痛，并且有时它们会因为交易中间死机或者自动关机而给交易者造成巨大的损失。虽然这种情况不常出现，但是即使出现一次也会损失很大。多数情况下死机是因为电脑系统无法处理占用资源的电脑交易程序。

可能很多人都认为鼠标不太重要，但是我强烈建议活跃的交易者学会使用热键，同时购买一个光电鼠标。光电鼠标是一个非常神奇的发明，可以在白热化的交易中令你少受很多折磨。它不用清洗也不用维护，你可以使用 Levi's 牛仔裤或者光着的大腿作为鼠标垫。我认为这是我的交易工具中不可缺少的一部分。

声卡也需要，这样你可以听到电脑发出的预警。许多交易者从不使用预警，坦白地说，我认为这样做很危险。

在布置交易室上花费多少是每个交易者的个人决定。当思考一个理想的交易室包含哪些时应该考虑很多东西。我所使用的交易室（我也认为是够用的交易室）由三台显示器构成，中间一台直接对着我，另外两台分列我的左右两侧。

标准普尔 500 期货是突发消息的最好来源之一，通过一个扬声器收听它的声音非常重要。我开着财经新闻作为背景，这样我可以听到评论员说的话，有时候可能评论员会在广播中说到我所持有的股票或者其所在的行业。事实上，他们报告的多数内容是为那些不跟踪市场的交易者所准备的含水分的版本。但是新闻台是现在跟踪市场的最流行的媒体。因此你应该留心评论员在说什么、在说谁，因为这些可能会影响一只股票或者一个行业的短线走势。

数据输入和交易软件

随着本书的深入，确定趋势作为精准买卖点策略与方法的重点会越来越清晰。了解谁在控制市场，并且选择最好的点位加入他们的行列是其精髓。在战争的白热化阶段，仅有符合你的交易风格的软件是不足以赢得战争的。这是还在学习阶段的交易者经常忽视的一点。他们通常会对他们的交易计划和风格很满意，但是因为交易计划的平庸，并且不注意保持良好的交易习惯，所以他们经常在精神上不适应或者没有做好充分的准备时就进行交易。果断的交易者的特征之一就是能够迅速扣动扳机。

在进行交易之前，你需要一个数据提供商来提供延时的、日终的和实时的报价，以便通过软件分析市场并且帮助你进行必要的计算。在写作本书的时候，我使用数据广播公司的 eSignal 数据，因为我发现它在快速变化的市场中非常可靠，并且与很多软件兼容。

尽管图表和分析从好的软件中都可以获得，但是本书中所用到的图表和分析都是由 MetaStock 专业软件完成的。该软件由 Equis 国际公司提供。我本人就使用这个软件，因为它通用性极强，经过精心设计，并且容易使用。目标价格的确定——精准买卖点策略与方法的基础，就是通过这个软件实现的，它还能使你在交易中更节省时间。我使用和推荐的 eSignal 和 MetaStock 软件可以替换成任何能够实现它们功能的其他软件。

一旦你开始将这些应用软件整合在一起，应用"内托数字"，你就可以很有信心地开始交易了。说了这么多，我还想加上一句，市场上可能有一些更适应你个人交易风格的软件。选择你最喜欢的交易软件。交易者有他们自己的交易偏好。但是，更重要的是，交易者应该知道他们的交易水平各不相同。既然你在阅读本书，我认为你正在努力提高你的交易水平。我不是在推荐，也不是要改变一种对你来说能够获利的交易风格。但是为了改善你的交易结果，你至少应该改变你的某些方式。

不论你使用什么样的软件，也不论你的交易风格如何，你必须能够准确地得到"内托数字"，并应用到出手必赢方法中。最终由交易者决定什么软件最能满足他们的需求。但是我经过大量的测试，发现上述的软件可以满足我的要求。你可以在出手必赢的交易网站（www.oneshotonekilltrading.com.cn 或者 www.osoktrading.com）上找到软件提供商的名单，这个名单能在趋势软件方面给你提供额外的参考信息。记住：软件在你成为一个成功、积极的资金管理者的努力中起到一个辅助的作用。最终的买入和卖出、持有还是放弃的决定完全在于个人，而不是人们所使用的技术。我的意图是教给你知道怎样、如何、何时以及为什么要进行交易。市场是在特定时刻代表我们对未来看法的心理集合。出手必赢的方法教给你去交易现实的东西，而不是你认为应该正确的东西。

交易屏幕设置

正确设置屏幕上使用的交易软件对于交易成功非常重要。对于市场没有正确的视角就如同戴着眼罩和墨镜进行拳击。尽管戴着这些东西也可能会获胜，但是获胜的机会将极大地降低。使用出手必赢的方法使你可以在任何时候都能够清晰地了解正在发生的事情。不被蒙蔽非常重要。

本节介绍两个有效的交易屏幕设置方法。第一个是针对一般投资者的。该屏幕重在能够观察到当前主要的市场走势，并且能够帮助你感知在某一天中市场正在进行的变化。第二种屏幕是为活跃的交易者设置的，他们每天都盯着市场，每周进出数次。这种设置包含两个或更多的交易图表的显示，因为这种方法更强调对与市场相关信息的需求。虽然本书主要讨论短线交易，长期的投资者也可以从中获得一些战术和策略。

成功运用出手必赢的交易需要掌握主要趋势和指标的能力（如斐波纳契数列、长期和短期的转折点，这些内容分别见第四章和第五章）以及你所交易股票的当前走势。通过使用出手必赢方法，应用本书中讨论的技术，可以使你为成功打下坚实的基础。我建议你读完本书后面的章节后，经常翻看一下本章，这样你可以更好地理解为什么要这样设置屏幕。

为了使你对于屏幕的内容有更好的了解，本书中所有的屏幕设置都可以在 www.oneshotonekilltrading.com.cn/screensetup.htm 和 www.osoktrading.com 网站中找到并下载。在阅读本书的时候，你应该考察和试验一下数据提供商提供的软件。这些软件大多提供 30 天的试用期，如果你不满意就不收费或者可以全额退费。

许多交易者在他们的一生当中，都有机会掌控上百万美元的资金。获得可靠的信息以及有效的交易技术对于你的成功是至关重要的。当你可以从一笔交易中赚取几千美元时，你就不会图便宜了。你可以安慰自己说这是因为你很谨慎，但是当你非常活跃地交易时，图便宜没有任何好处。因为这不是图便宜的时候。如果你必须花费你辛苦挣到的钱买一支战斗中要用的武器时，当你可以买一支乌兹冲锋枪的时候，你为什么要考虑买一支手枪？没有人因为你买到了便宜货而崇拜你，尤其是当这个决定涉及业务所需的装备时。还有，你能够向谁去夸耀你买到了便宜货呢？

屏幕设置的目的是提供对于股票、市场和行业的总体看法。典型的单屏幕设置如图 1.1 所示。

屏幕左侧大约包括 15 个报价。在这 15 个报价中，其中 5 个是纳斯达克综合指数（COMPQ）、纳斯达克 100 指数（NDX）、标准普尔 500 指数（SPX）、道琼斯工业指数（INDU）和你所参与股票的行业指数。

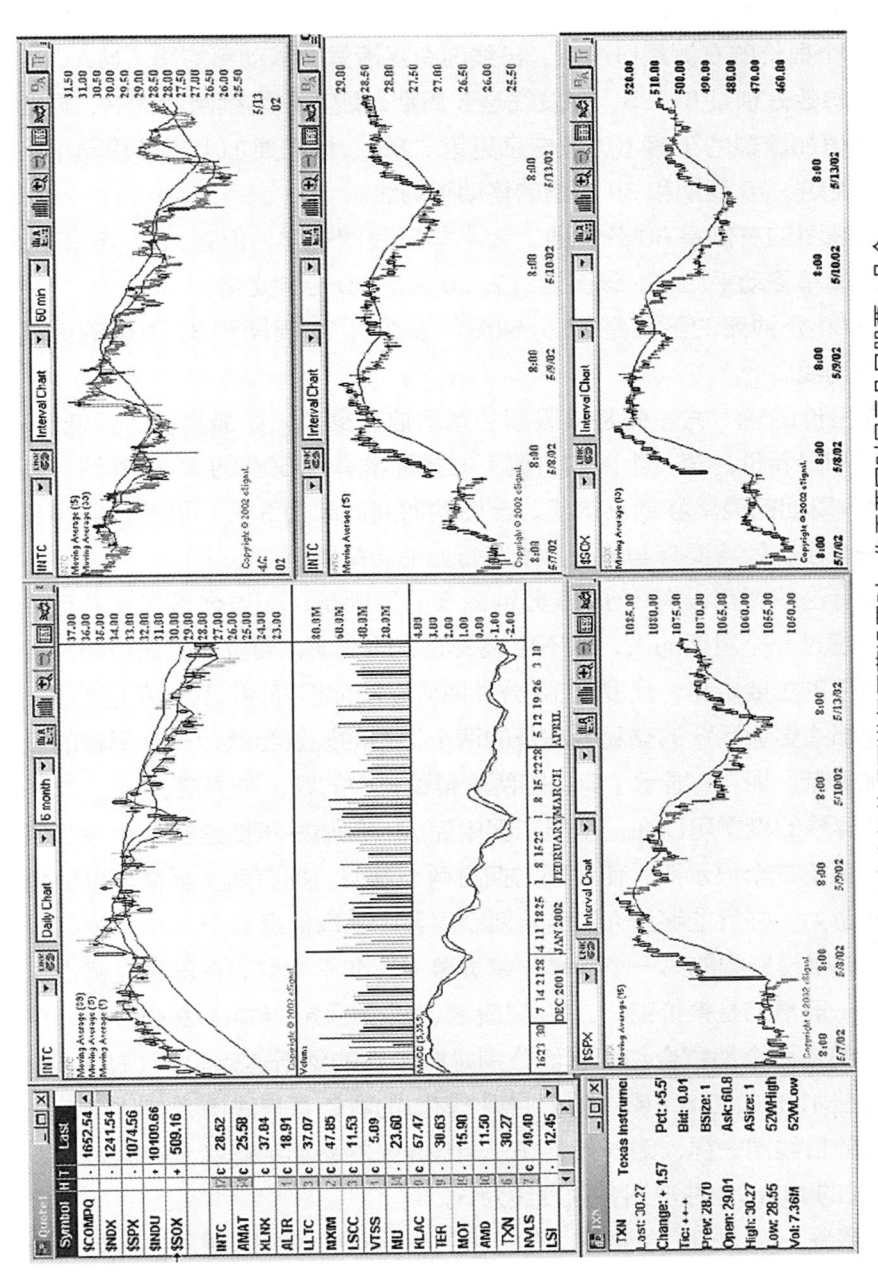

图 1.1 在为观察市场状况而进行屏幕设置时，你需要同时显示几只股票、几个行业和市场。在屏幕的左侧，还需要设定当天要交易股票的报价

例如，如果你计划买入英特尔，那么你就应该看半导体行业指数，该指数是由几个芯片制造商的股票构成的。代码是 SOX。

15 个报价的右侧是日线图。日线图有平滑异同移动平均线（MACD）指标，参数分别是 5、35，触发线是 5 周期。随着你继续阅读本书，你会对此有更加深刻的了解（更多信息见第二章）。你需要加上三条移动平均线：5 周期、10 周期和 39 周期的移动平均线。

日线图的右侧是 60 分钟图。大小与日线图一样，但是只有 15 和 39 周期的简单移动平均线。该图为过去 30 天的 60 分钟走势图。

在 60 分钟图的下面是 13 分钟图。该图有 15 周期和 39 周期的简单移动平均线。

在报价的正下方左侧是该股票的基本信息窗口，如最高价、最低价、成交量和最新价。第一个图的右侧下方是标准普尔 500 的 13 分钟图，该图有 15 周期的简单移动平均线。该图的时间间隔为 5 天。该图的右侧是最后一个图，为将要参与的股票所在行业的走势图。

所有这些图都没有少于 13 分钟图表的原因是：如果你是买入并且持有股票超过一个星期的人，你不应该关心小的变动，而应该关注市场、行业和股票的主要走势。我发现 13 分钟图可以使你很好地跟踪当前的趋势。

为那些更加活跃的交易者准备的两个屏幕的设置当然比一个屏幕的设置更加复杂。图 1.2 显示了典型的两屏幕设置中的第一个屏幕。

两屏幕的设置可以在一个显示器中完成，但最好不要这样做。我强烈建议购买第二个显示器，使你同时拥有两个屏幕。拥有两个屏幕可以使你保持注意力，并且能够让你同时从两个屏幕中获取信息。

两屏幕设置中的第一个屏幕与单屏幕设置非常相似。在屏幕左侧占据四分之一屏幕的是报价窗口，20 只股票、两个期货合约和 10 个行业。首先列示的是两个期货合约，它们分别是电子盘的纳斯达克 100（NQ #F）和标准普尔 500（ES #F）指数。报价窗口的右侧是日线图，各种指标与单屏幕的日线图一样，即 5 天、15 天和 39 天的移动平均线，参数为 5 天和 35 天的 MACD 柱形图，触发线为 5。

在该图右侧是 60 分钟图，有过去 20 天内的 15 周期和 39 周期的简单移动平均线。60 分钟图下面是 13 分钟图，有过去 5 天的 15 周期和 39 周期简单移动平均线。13 分钟图的左下方是该股票的 3 分钟图，也包括

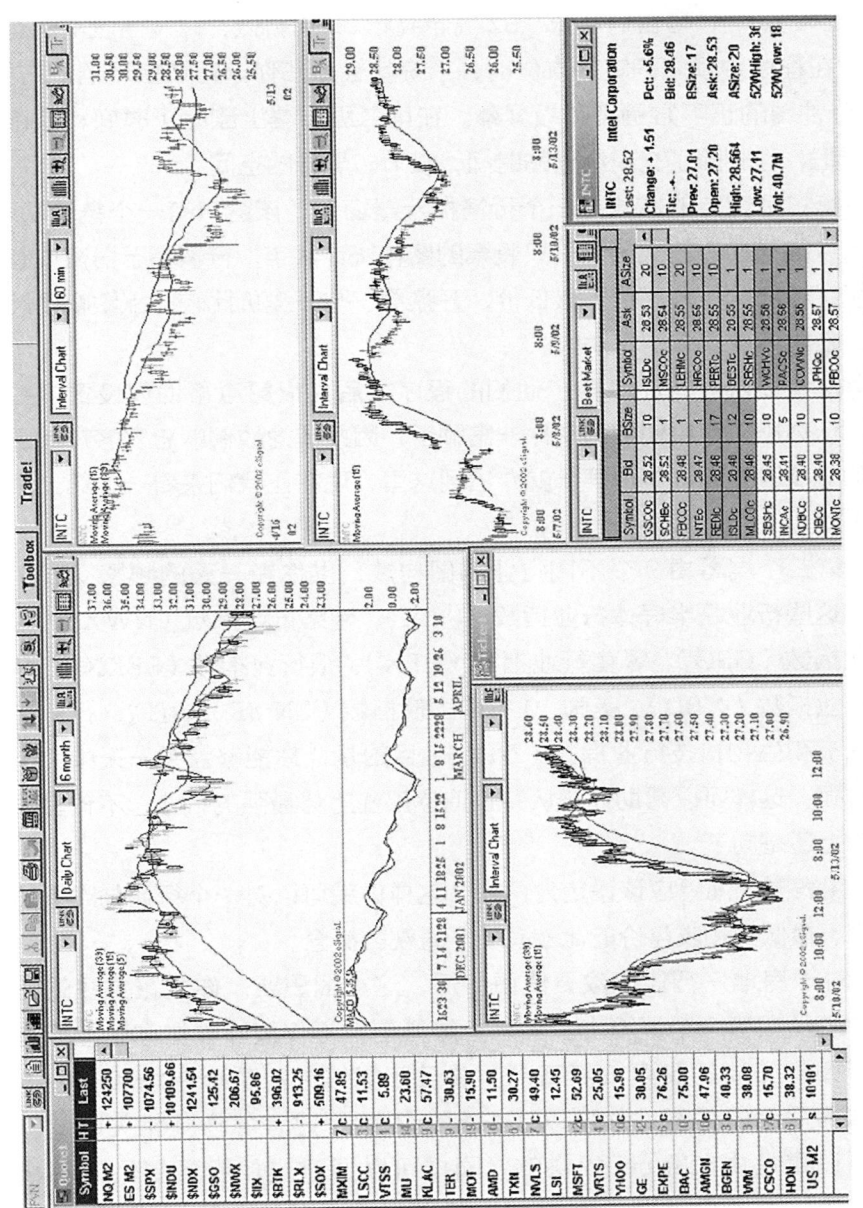

图1.2 两个屏幕设置的第一个屏幕。该屏幕与要交易的股票直接相关

15周期和39周期的移动平均线。3分钟图的右侧是一个行情指示器，其中编入了你正在关注的每一只股票和每一个指数的预警程序。当股票创出了当日的新高、当日的新低、52周新高和52周新低，以及当股票到达某个你在程序中预先确定的点位时，系统就会通知你。行情指示器的右侧，13分钟图的正下方是第二级屏幕。在第二级屏幕上删除了时间和做市商的标记，也删除了交易经过的时间，以节省屏幕的空间。

　　第二级窗口的右侧是一个行情指示器窗口。该窗口有一个链接功能，你可以敲入代码改成另外一只股票的图和统计数字。行情指示器窗口有成交量、最新价、最高价、最低价、开盘价、与开盘价比较的涨跌幅以及与前一日收盘价比较的涨跌幅。

　　软件提供商在你下载了他们的程序之后会很愿意帮助你设置这些功能。让你感到使用他们的软件非常顺手，因此成为他们的忠实客户就是他们的最低愿望。第一个屏幕就介绍到这里，现在让我们来看一下第二个屏幕（图1.3）。

　　第二个屏幕由9个不同行业的图构成，供你在一天的频繁交易中查看。这些行业是半导体行业指数（SOX）、网络行业指数（NWX）、软件行业指数（GSO）、零售行业指数（RLX）、银行业指数（$BKX）、经纪商行业指数（XBD）、美国10年期国债指数（ZN #F）、互联网行业指数（IIX）和生物科技行业指数（BTK）。目的是让你能够监视一天中哪个行业最强，这样可以帮助你辨认并且追逐那些趋势最强的行业，不论其方向是向上还是向下。

　　图表时间间隔应该设定为两天，这样你就可以对一个行业与昨天的最高价、最低价和收盘价的比较有一个直观的概念。

　　对于房地产行业指数要慎重使用，这点很重要。你真正关注的股票或者商品在第一个屏幕上。第二个屏幕使你不仅能够关注你已经拥有的或者即将交易的股票或者商品，并且还能够关注整个市场和行业。阅读本书后面的内容，你可以了解到市场和行业是怎样互相关联的。该屏幕设置是由eSignal提供的，同样可以通过其他服务提供商的数据来设置。服务提供商的名单在出手必赢的交易网站可以查到（www.oneshotonekilltrading.com 或 www.osoktrading.com）。对于使用三个显示器设置的交易者来说，使用第三个屏幕可以同时运行MetaStock，

第一阶段 基本交易策略 013

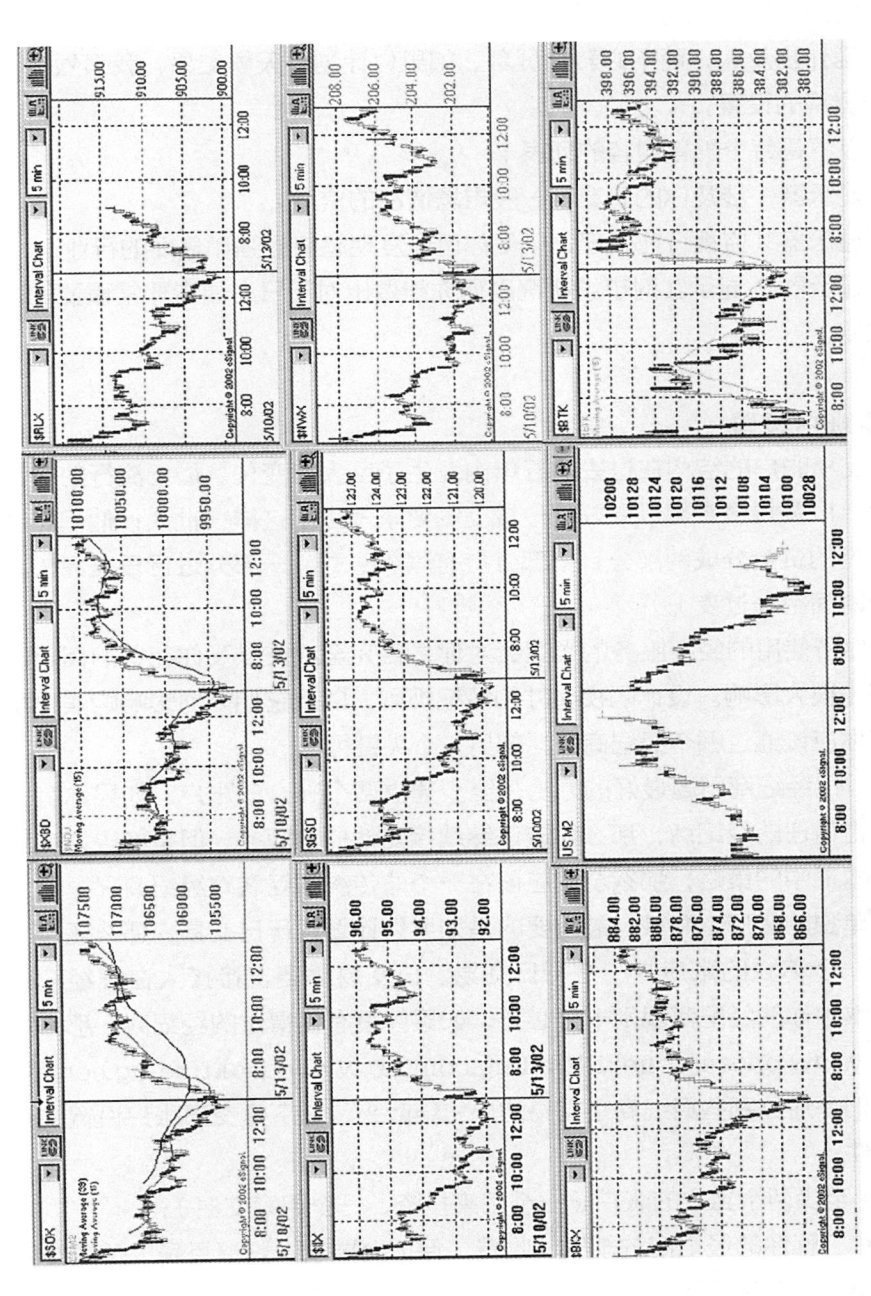

图1.3 两个屏幕设置的第二个屏幕。该屏幕使你能同时浏览几个不同的行业和市场的总体状况

或者其他类似的软件，省去了转换屏幕设置的麻烦。所有上述的屏幕显示令你对战场的情况有一个最佳的了解，因此使你可以根据市场一秒钟的变化迅速作出反映，而不必转换屏幕。如果你计划全天候交易，我强烈推荐三个屏幕的设置。

以下是每个屏幕内容的列表：

显示器 1 涉及你的股票和一般市场情况的信息。

显示器 2 监视行业表现，以便你可以发现趋势最强和最弱的行业。

显示器 3 显示实时市场状况以便你能做出对于日交易者非常重要的即时决定。

交易账户设置

交易账户的结构在过去的五年内发生了巨大的变化。最近流行的在线交易，以及投资者想以最好价位成交的要求产生了这样一批人：他们主动将他们的资金分成两部分：一部分持有隔夜头寸，一部分进行日交易（大部分时间空仓过夜）。

你所使用的经纪服务的类型会对你是否完全成交以及你花费的佣金成本产生很大影响。设计隔夜头寸的经纪规则，以及它们如何影响购买力是确定你应该通过哪个经纪商交易的另一个关键因素。

对付经纪商问题最好的办法是至少建立两个独立的账户。如果你有一个值得信任的经纪商，那么你应该继续接受他们的服务。但是如果你计划使用本书中的策略，那么至少应该在一个非传统的互联网经纪商那里建立一个单独的账户。并且，最重要的是如果你计划进行日交易，那么还应该建立一个单独的账户专门进行日交易。日交易需要直接接入在线经纪公司。熟悉你的经纪商规则十分必要。如果你没有信得过的经纪商，那么可以到 www.oneshotonekilltrading.com 或 www.osoktrading.com 看看我们是通过哪些经纪商来交易的。总结起来，以下是交易账户设置的必要条件：

● 至少两个独立的账户（一个用来投资，一个用来交易）；

● 了解你的经纪商的规则、收费、保证金要求、股票目录以及成交系统（其中大多数内容是可以商量的）；

● 在你真正开始交易之前熟悉经纪商的软件。

图表方法

在本书中，我用了两种不同的图表方法，都是我在教学和个人交易中用的。为一只股票画图有很多不同的方式，我所使用的方法是开盘价－收盘价，最高价－最低价柱状图和日本蜡烛图。

开盘价－收盘价，最高价－最低价柱状图是交易者使用最多的一种图表类型。柱形图显示了一只股票的开盘价（如果有的话）、最高价、最低价和收盘价。

如图 1.4 所示，每一个垂直柱形图的顶端代表一只股票在特定的时间段内的最高价，底端代表交易的最低价。如果有开盘价，通过一根小横线标在柱形图的左侧。收盘价则显示在柱形图的右侧，表明在该交易时段的最后交易价格。

日本蜡烛图虽然不是很流行，但是它更加美观，也更能说明问题。日本人在几百年前发明了这种技术分析方法，用来分析大米期货合约的价格。

蜡烛图表明了开盘价、最高价、最低价和收盘价，描述了开盘价和收盘价之间的关系，在显示方式上与现代的柱形图颇为相似。每根蜡烛图代表了一个时段的数据。图 1.5 展示了日本蜡烛图的不同元素。

许多交易者被日本蜡烛图所吸引。他们认为它是一种古代的神秘方法，背后蕴藏着特殊的力量。

我没有对日本蜡烛图迷恋到这种程度，毕竟那也只是一种图表方法而已，并不是找到圣杯的关键，但是我强烈建议你充分利用它。日本蜡烛图明确显示了股价背后的供求状况。

我使用日本蜡烛图的主要原因是因为它是非常一目了然的显示方式。日本蜡烛图很容易理解，对价格行为的描述也很直观。如果想要更多地了解日本蜡烛图，我强烈建议你阅读国际公认的"蜡烛图之父"斯蒂夫·尼森（Steve Nison）写的一本书，叫作《日本蜡烛图技术》（*Japanese Candlestick Charting Techniques*）：它是古老的东方投资技术的一本现代投资技术指南。它以一种深入浅出的方式介绍了你想知道的关于日本蜡烛图的一切内容。

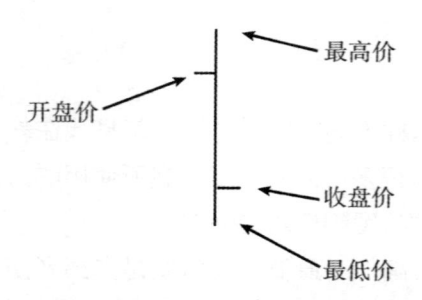

图 1.4　怎样阅读开盘价、收盘价、最高价和最低价

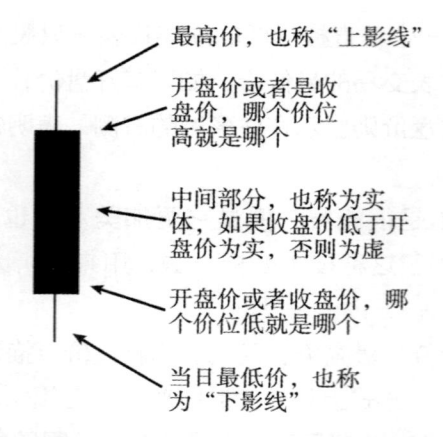

图 1.5　日本蜡烛图的组成元素。我喜欢用蜡烛图，因为蜡烛的实体可以帮助我们更深入和清晰地了解交易对象的动态

小结

第一章为你开始在每天的交易中使用出手必赢方法提供了必要的构件和基础。关键是要记住这些内容，并且确保当你真正交易时，不需要有除了市场正常的涨跌之外的额外担心。本章讲述了怎样建立数据输入、多重交易设置、交易账户的创建，并且简单解释了某些基本的图表方法。

第二章 技术分析指标
——战斗的武器

出手必赢交易的哲学理念改编自越南战争中形成的海军步兵的箴言。当扩大规模对于与敌人斗争的用处不大时，海军实施了这样的一种战略和口号，强调步兵每一次射击的质量以及集中注意力的重要性。因为海军军团的经历对我的个人生活和交易生涯都有重大的影响，很自然我会使用这样一个口号来代表耐心、纪律和执行力作为有明确的战斗计划的交易体系的基础。

出手必赢交易的哲学

精准买卖点策略与方法可以简单地解释为一种交易风格：在上涨的市场中逢低买入、在下跌的市场中逢高卖出，并且在预定的点位平仓，只进行风险收益比好的交易。这种风格的关键因素是可以使用一些指标，这些指标可以令你在弱市卖出，在强市买入，确定图表告诉你的价格走势。本章除了帮助你辨认潜在的出手必赢建立仓位之外，还提供了计算"内托数字"（第七章和第十二章将会讲到）的另一个元素，了解怎样通过使用技术指标来建仓。一些指标已经使用了一段时间，而另外一些指标则是出手必赢交易所特有的。老的和新的交易者都需要了解怎样使用这些指标来支持这种交易方法。

计算"内托数字"时，你可以将全部 30 点列表。本章的指标构成了 30 点中的 10 点。在第七章和第十二章中你将会了解到分配给每个指标的全部点数。用本章来熟悉怎样使用这些指标来进行目标价格的确定。

许多交易者认为他们必须一天交易 100 多次才能够赚到钱。本书的重点是通过我的方法，教给你进行次数更少的但是更高质量的交易。你可以通过使用"内托数字"以及精确的时机把握和谨慎的资金管理来进行交易。出手必赢的交易足以令交易者获得成功，或者在年终时获利丰厚。该交易方法与游击队的狙击手相似，都要趴在丛林中等待时机。在每一天的某些时刻，需要你通过严格的纪律约束自己不要交易，而不是在时机不成熟时随意扣动扳机，建仓或者平仓。在时机不成熟时扣动扳机的情况在那些没有遵从一种方法的交易者身上非常常见。只要他们在一笔交易中稍有获利，他们就急于将其变现，进行另外的交易。产生这种交易风格的原因太多，在此不能一一列举。但是我们知道确实存在这样的交易风格。

从另一方面来说，那些时机不成熟就进行交易的交易者认为没有更好的交易机会。他们甚至不想停下来，看一看在他们的狂热之外还有没有其他事情发生。这种感觉使他们的手指不能活动，而他们的大脑则在原地打转。这种代价高昂的错觉一般是因为缺乏纪律造成的。无法克制想要开枪的冲动是许多交易者的主要的错误，并且令他们付出巨大的代价。使交易者在错误的时间交易的另一种原因（不是一个聪明的原因）是他们感到如果他们不交易，他们当天就无法赚钱。他们会看到交易时间只剩下了45分钟，既然他们当天没有赚到钱，他们就必须交易。因此，许多时候他们会强行进行有问题的交易，在我的观念里这无异于赌博。

正如前面提到的，如果你已经熟悉了一些技术指标，并且交易了一段时间，你可能想要简单翻阅一下本章和下一章看看你会不会获得新的认识。然后再阅读第四章。本章的大部分指标对于整个方法来说是一种重复的作用，而不是进行交易决策的唯一基础。精准买卖点策略与方法的基础是目标价格的确立，使你可以在下跌的市场中逢高卖出，在上涨的市场中逢低买入。以下定义的MACD、垂直水平过滤器和非趋势摆动指标很有用，因为它们通过限制你参与过分延续的、失去了趋势动力的或者开始回调的头寸而使你省去了很多麻烦。但是，在学习和使用这些指标一段时间之后，你可以对这些特征有很强的直觉，这样一来对于这些指标的需要就更加不重要了。

出手必赢交易的方法就是关于如何自律、控制并且消除你的操作冲动的方法。这种能力本身就可以使你免除大量潜在的问题。交易和生活有很多相似之处。在你的生活中也会有好事落到你头上的情况。交易者不知道什么时候会发生这样的事情。但是，当这些情况出现时，你应该能够信心百倍地对待。

在读完本书，并且理解了本书的内容之后，你可以了解该怎样进行聪明的交易，而不是毫无理由地损失资金。当你能做到这些的时候，当好机会出现时，你就可以从中获利，并且有充足的资金可以调度。这种战争般的纪律就是你成功的关键，当你掌握了这些，成功就是水到渠成的事了。

移动平均线

设定了正确参数的移动平均线可以作为在一种强大的趋势中限制某只股票或者市场的很好的手段。5、15 和 39 周期的移动平均线最有用（见图 2.1）。

很多软件都拥有这个简单的功能。在出手必赢交易的方法中使用这三个移动平均线是你在交易中确定趋势的强大的和有效的武器。

使用三个不同的移动平均线的原因很简单。这三种平均线分别在确定短期的、中期的和长期的趋势中起着非常重要的作用。5 周期移动均线可以让你很好地了解短期的趋势是怎样的。你只要看它一眼就可以立即知道在你交易的最短时间框架内市场是变得更弱还是更强。5 周期均线还可以应用在 3 分钟图或者日线图上。

要特别注意计算收盘价的 15 周期简单移动平均线。它具有非常神奇的力量，不仅与斐波纳契回抽位吻合，而且作为回抽的支撑位或者阻力位，在确认之后仍然继续原有的趋势。15 周期移动平均线通常可以让投资者在抓住了某个走势之后可以再次建立头寸。

这种安全又简单的参与主要走势的方法可以让使用者获取低风险高回报的收益。15 周期简单移动平均线与 20 周期的指数移动平均线类似，完成基本相似的功能。我认为使用二者中的任意一种都可以，因为从我的经验得知二者之间的差别非常小。

正如图 2.2 所示，Taro Pharmaceuticals 的新分公司 TaroPharm（TARO）正在突破，一些人甚至认为它会创出新高。使用出手必赢交易的方法，你不必去追股票。理由之一是因为你可以使用 15 周期移动平均线了解回调到位的时间，并且知道哪个点位可以作为该股票下一轮的支撑位。许多股票的价格可能会回调到 15 周期移动平均线附近，或者在斐波纳契支撑位之上（见第四章），这二者都可以用来确认反弹。这些是你破解谜底需要了解的几件重要事情。

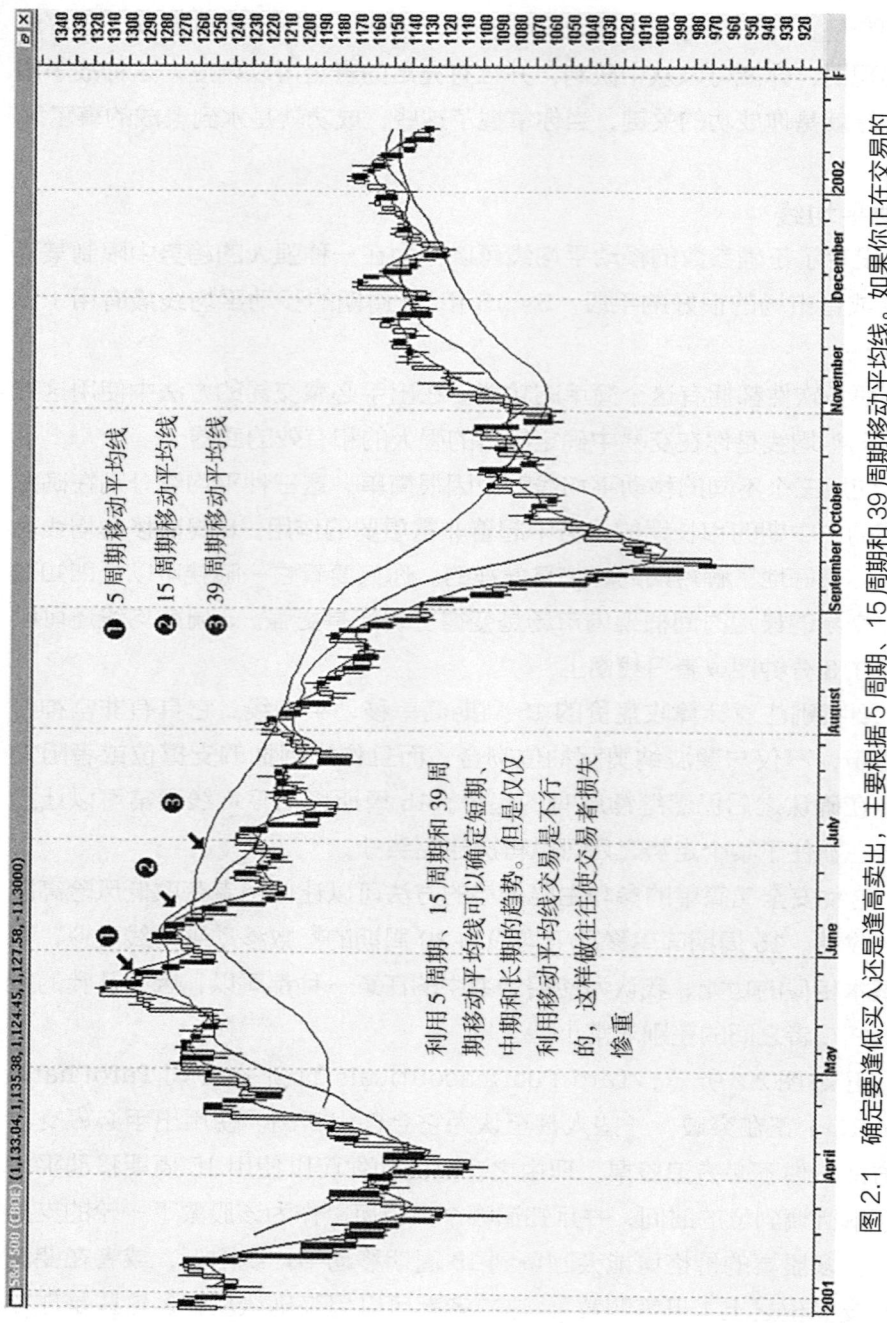

① 5周期移动平均线
② 15周期移动平均线
③ 39周期移动平均线

利用5周期、15周期和39周期移动平均线可以确定短期、中期和长期的趋势。但是仅仅利用移动平均线交易是不行的，这样做会使交易者损失惨重

图2.1 确定要逢低买入还是逢高卖出，主要根据5周期、15周期和39周期移动平均线。如果你正在交易的对象超过这些移动平均线，那么就应该逢低买入；而如果市场低于这些移动平均线，那么就应该逢高卖出

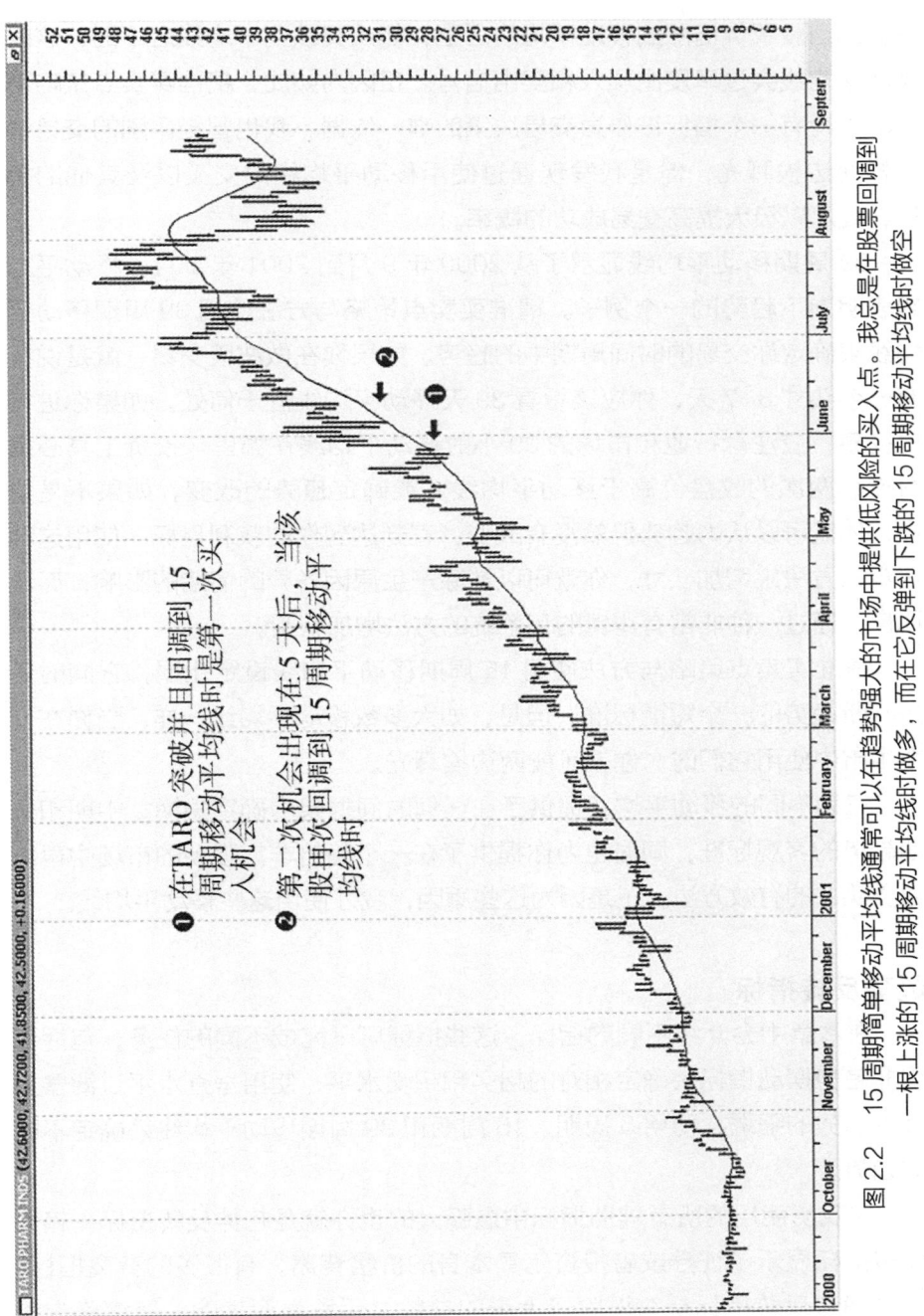

图 2.2 15周期简单移动平均线通常可以在趋势强大的市场中提供低风险的买入点。我总是在股票回调到一根上涨的15周期移动平均线时做多，而在它反弹到下跌的15周期移动平均线时做空

❶ 在TARO突破并且回调到15周期移动平均线时是第一次买入机会

❷ 第二次机会出现在5天后，当该股再次回调到15周期移动平均线时

一个需要小心对待的移动平均线的问题是：它有可能使你受到双重损失，即当股票价格涨到移动平均线之上，然后又跌到平均线之下时，这时移动平均线会过早发出买入和卖出信号。正因为如此，精准买卖点策略与方法中没有一个指标被作为交易决策的唯一依据。我也曾经像别的交易者一样两边挨耳光，但是我发现通过使用移动平均线的交叉以及其他的指标，我可以极大提高交易成功的概率。

39周期移动平均线显示了从2000年9月到2001年1月，移动平均线表明向下趋势的一个例子。精准买卖点策略与方法使用39周期移动平均线来确定你交易的时间周期中的趋势。如果你在做波段交易，就是说持有一个头寸3~7天，你应该看看39天移动平均线位于何处。如果你进行日交易，应注意行业和市场的39小时移动平均线在哪里。投资工具必须有连续两次的收盘价高于移动平均线才能确定趋势的改变。如果不是这样，你就可以认为趋势仍然没有改变，直到达到你的获利目标。使用这种客观的方法来增加头寸，你就可以消除产生原因各异的情绪的影响，而让你自己通过一种非常有逻辑的和系统的方法增加获利。

精准买卖点策略与方法使用15周期移动平均线设定止损，它同时还是判断趋势的一个短期标准。但是，如大多数移动平均线一样，当你在一个牛市中使用它们时，你就可能两边挨耳光。

三种不同的移动平均线提供了在任何时间框架内确定短期、中期和长期趋势的客观标准，同时也为你提供了在一个趋势非常强劲的市场中再次建立头寸的有效方法。正是因为这些原因，我才使用这些移动平均线。

趋势反转指标

在本章中会介绍不同的指标，这些指标可以完成不同的任务，包括使用非趋势摆动指标来确定相对的超买和超卖水平，使用垂直水平过滤器来确定趋势的强弱，使用5周期、15周期和39周期移动平均线来确定不同的趋势。

在我所使用的所有辅助指标中最强大的也许就是趋势反转指标。趋势反转指标显示了证券或者投资工具本身的价格背离。有很多的背离指标，但是趋势反转指标是在试验了大量的参数之后发展而来的，最终确定将13周期相对强弱指数（RSI）和3周期相对强弱指数结合在一起。如果没有我的交易团队和大量交易者的集体努力，没有我自己多年的工作，就不可能有趋势反转指标的创立。

本节将会展示趋势反转指标与到达主要的市场转折点以及其他精准买卖点策略与方法的工具一起在确定趋势反转中的重要性。趋势反转指标有确认趋势反转的能力，它是一个很好的确认工具。

当你使用它的经验足够多之后，你就能在没有它的情况下熟练判断反转。

图 2.3 显示了 Broadcom 创出新高而趋势反转指标却仅达到一个次高价。这种在价格与指数之间的背离是一个强烈的信号，表明目前的价格上涨不如第一次的上涨冲劲那么强了。如果这第二次的上涨与在一个关键的阻力位（即斐波纳契阻力位，见第四章）吻合，并且出现了一个背离，那么趋势反转的可能性非常大。如你在第四章所要读到的，存在着许多不同的阻力位。但是趋势反转指标可以作为尝试确定哪个区域可能会成为阻力位的一个平衡器。

下一个例子显示了当市场回调到了一个经过证实的支撑位时，产生了一个强大的趋势反转指标的买入信号（图 2.4）。纳斯达克 100 指数创出了一个新低，但是趋势反转指标却只达到了一个次低位，因此产生了一个牛市背离，此后果真出现了一次强劲的上涨。许多交易者使用背离作为建立头寸的方法。交易者在随机指数、相对强弱指数和摆动指标中寻找背离作为趋势减弱的信号。我的经验是趋势反转指标比传统的指标更能作为一个过滤器。

如精准买卖点策略与方法与任何其他指标一样，趋势反转指标与其他指标一起使用是更加准确的。因此不要单独使用一个指标，使用趋势反转指标可以警示你趋势反转，但是 15 周期移动平均线和斐波纳契好友区域（我将会在第四章中详细解释这个概念）可以作为你建立头寸的手段。

趋势线和趋势通道

趋势线和趋势通道是发觉潜在的支撑和阻力位，并且设定获利目标甚至确定反转的简单但有效的方式。我的方法是在下跌的市场中逢高卖出，在上涨的市场中逢低买入，趋势线和趋势通道是这种方法的一种补充。因

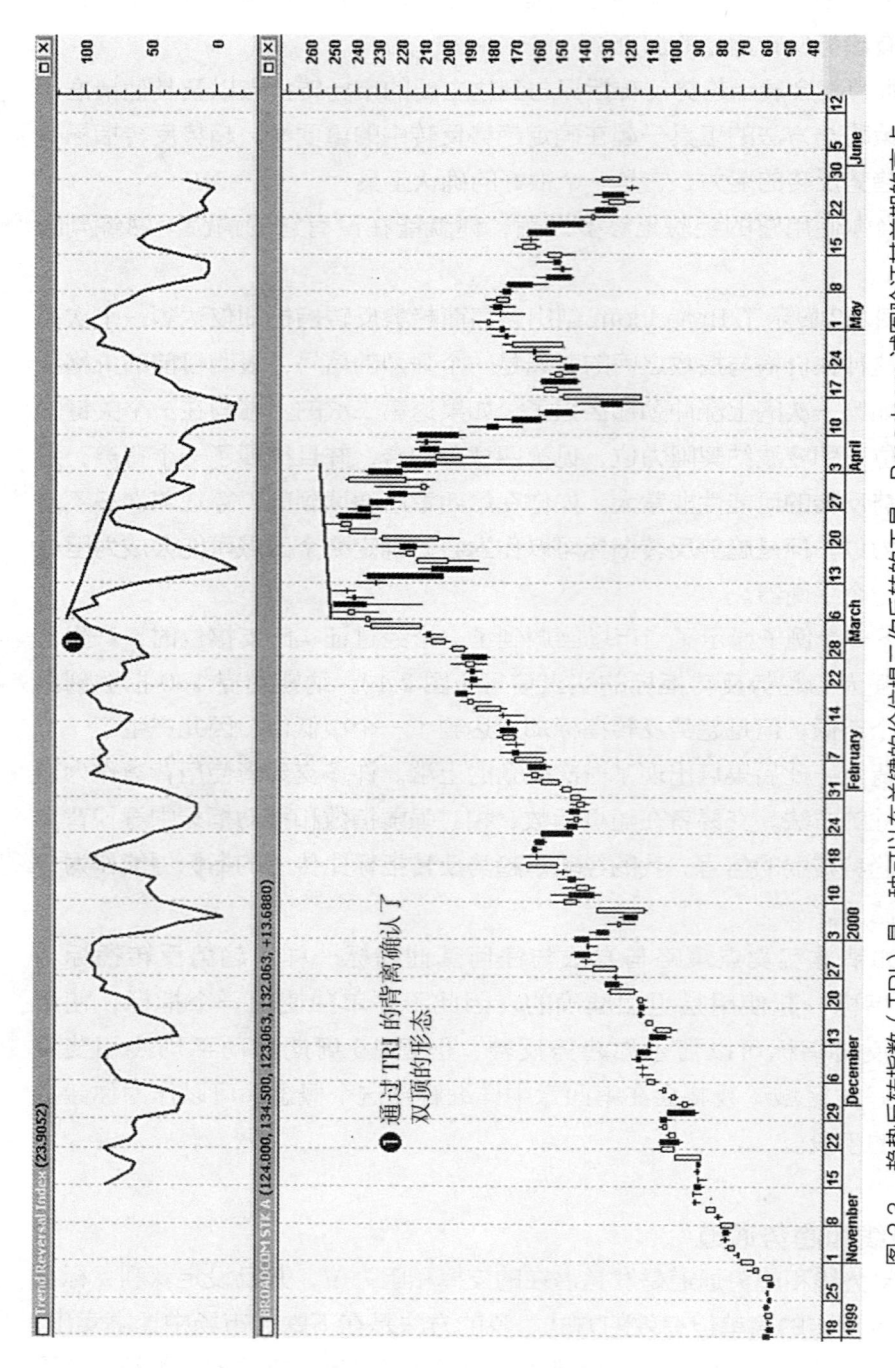

图 2.3 趋势反转指数（TRI）是一种可以在关键的价位提示你反转的工具。Broadcom 试图验证其前期的高点，而 TRI 告诉我们这一次上涨更弱。这种熊市背离在与其他指标共同出现时，就是潜在反转的一个重要信号

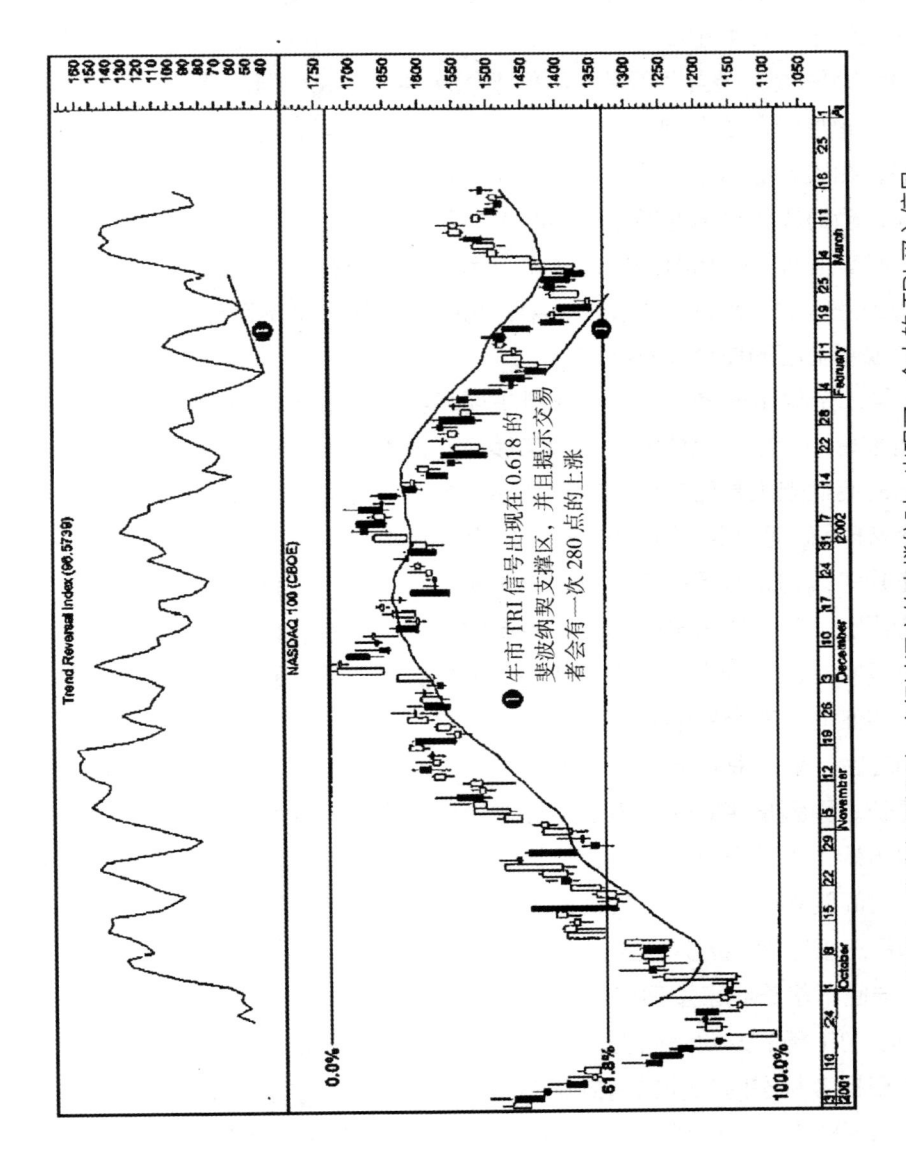

图 2.4 在市场回调到一个经过证实的支撑位时，出现了一个大的 TRI 买入信号

此趋势线和趋势通道也作为指标的一种。

在本书中你将阅读到的很多关于趋势线的解释都是通过与我的一个好朋友和同事保罗的共同努力得到的，他是一个职业交易者和对冲基金管理者。记住这一点很重要：当寻找趋势线时，多数情况下是买入者在控制着趋势线的位置。这当然不是说我们不能从高点画线，但是我发现不论是在向上的趋势中还是在向下的趋势中，从低点画线都更有效。画趋势线相对容易，在股票的各个低点之间画一条直线即可。如技术分析中的很多指标一样，趋势线和趋势通道在长期图表中更为有效。

事实上有三个趋势线在起作用。第一个趋势线是初始趋势线，在股票最初的涨跌之后形成。在图2.5中，初始趋势线几乎不可能维持，因为它下跌或者上涨的坡度非常陡峭。

第二个也是最重要的趋势线是主要趋势线。主要趋势线有至少三个区域连接着该股票。股票的主要趋势线意义最为重大，在确定股票在你所观察的时间框架内是处在向上的趋势还是向下的趋势时起着重要的作用。观察图2.5，你可以看到主要趋势线在趋势反转时最为明显。不论股票价格触碰趋势线的原因是什么，第三次触碰最有意义。在股票上涨或者下跌到趋势线时，第三次形成阻力位或者支撑位的可能性最大。如果支撑或者阻力位没有在此显示出来，那么就是一个趋势可能反转的指标，交易者应该留心转变他们的交易偏好。

最后，第三根趋势线更加平缓，比初始趋势线和主要趋势线需要的时间更长。原因是建立这个更加平缓的趋势线的两个点中间间隔一个较长的时间周期，为几个月，而初始趋势线仅为几天，主要趋势线为几周。由于这个时间间隔过长，因此我认为主要趋势线在进行波段交易时比初始趋势线和第三根趋势线更为重要。

与使用趋势线来发现整体趋势的基本原理一样，趋势通道也可以帮助我们辨别市场的方向。向上和向下的趋势通道经过证实在确定当前市场的超买和超卖状态时都非常有效。观察60分钟图的趋势通道在确定市场在过去六周中的趋势时很有效。我一般用最低点来确定通道的坡度。突破这类趋势通道可以帮助我们预测即将出现的下一个大的走势（图2.6）。

观察纳斯达克100指数期货在2000年12月份的走势可以发现市场处于超卖状态，非趋势摆动指标表明了这一状态（图2.7），并且垂直和水

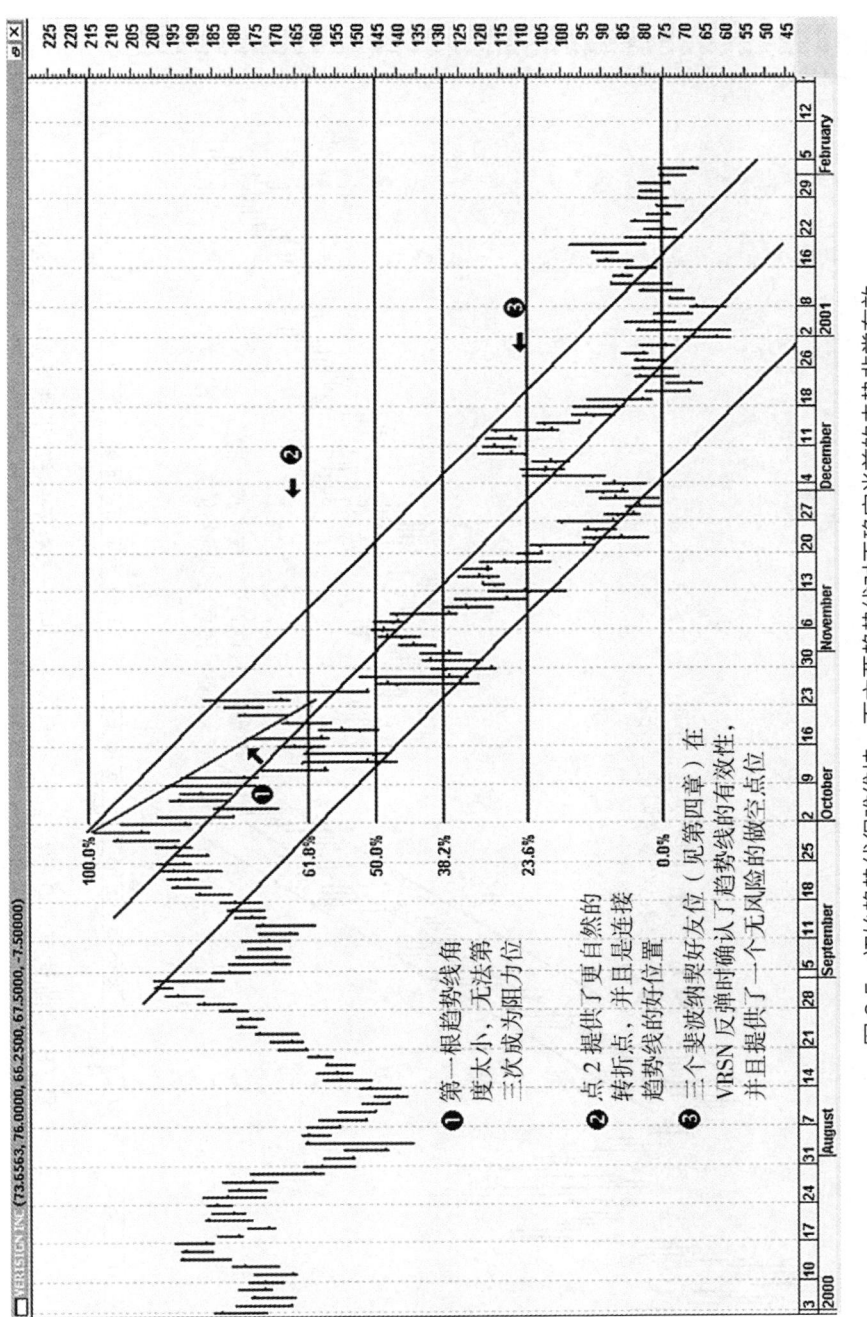

图 2.5 初始趋势线很难维持，而主要趋势线对于确定当前的走势非常有效

❶ 第一根趋势线角度太小，无法成为阻力位
❷ 点 2 提供了更自然的转折点，并且是连接趋势线的好位置
❸ 三个斐波纳契好友位（见第四章）在 VRSN 反弹时确认了趋势线的有效性，并且提供了一个无风险的做空点位

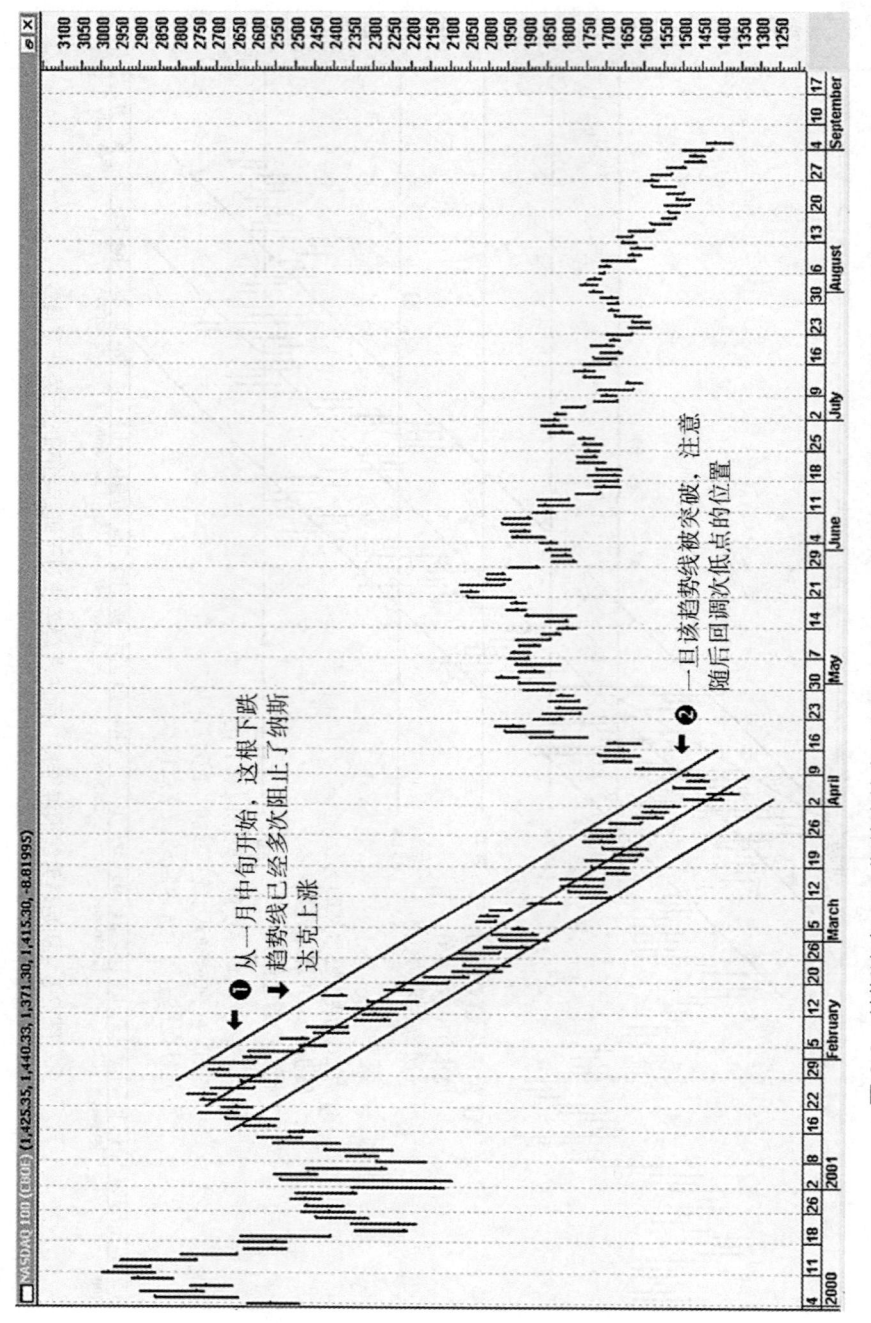

图 2.6 纳斯达克 100 指数连续多个月下跌,并且一直处于坚固的下跌通道中。当这样的通道被突破时,要引起注意,因为趋势可能正在反转

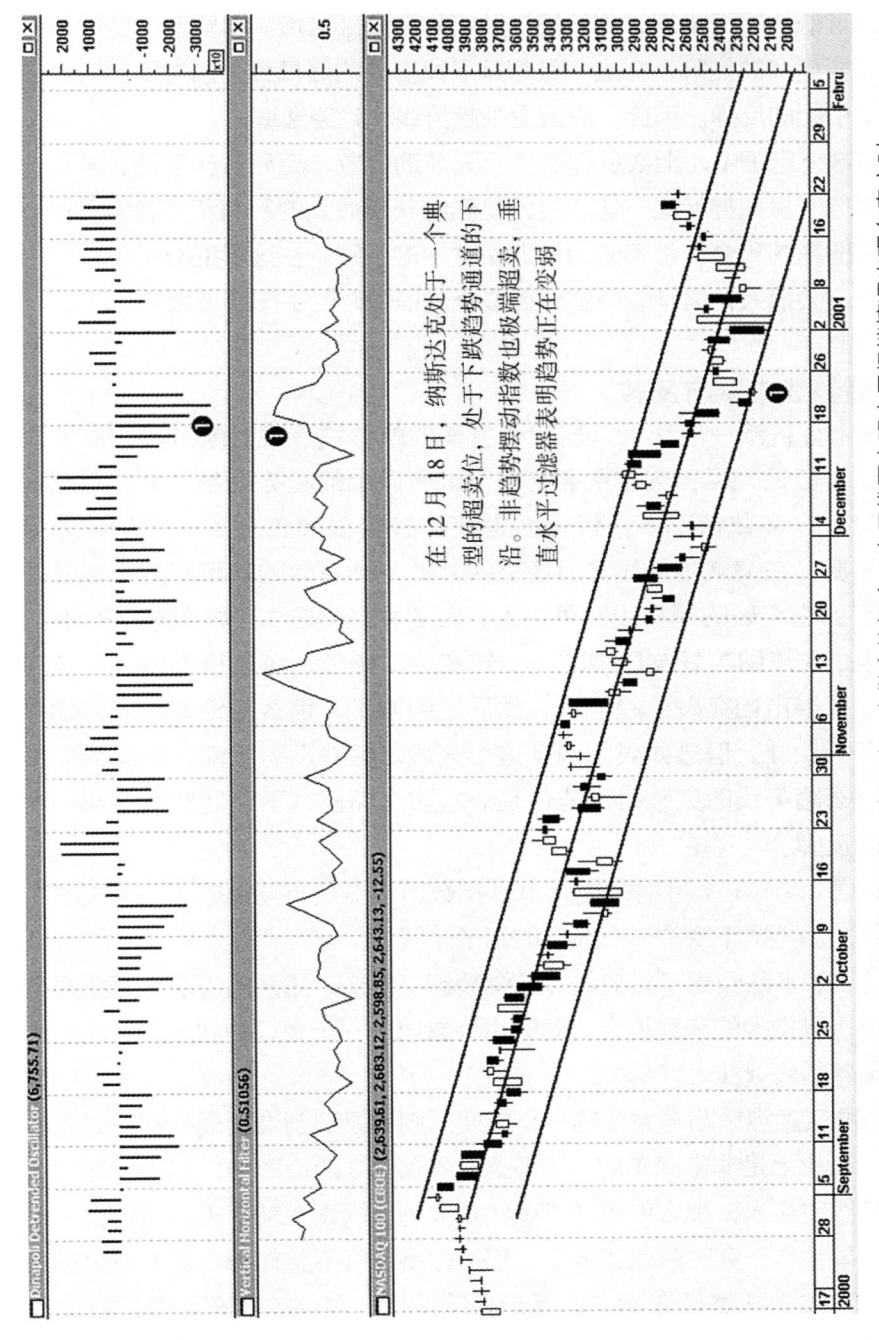

在 12 月 18 日，纳斯达克处于一个典型的超卖位，处于下跌趋势通道的下沿。非趋势摆动指数也极端超卖，垂直水平过滤器表明趋势正在变弱

图 2.7 表明纳斯达克 100 指数可能正在形成一个做多的机会。当日线图表明大量极端情况出现在卖方时，所有这些都在较短的时间内发生了。因此，应该让你的空头头寸头寸平仓获利，并且要留心在短期内走势会掉头向上

平过滤器（后面会讲到）表明市场的走势在弱化。纳斯达克 100 在下跌趋势的最低位附近徘徊，并且已经触摸到了底部区域。尽管在下跌趋势中逆市需要更多的经验，在这一点却是平掉空单的好机会，因为随后将会出现超卖引起的反弹。因此，应该重视趋势线和趋势通道。

在这个例子中，指数反弹到了几天前的位置，随后再次下跌。再说一次，好的时机把握就是一切。这就是熟练获取最大的利润和"套牢"在一个令你的精神和金钱都不断消耗的头寸中的区别。在这样的交易中你的损失可能不会很大，但是你会感到在整个过程中你的手脚都被束缚住了。

使用趋势线来参与反转

技术分析派一般认为，当一个主要的趋势被打破时就是反方向操作的时机。但是，尽管突破主要的向下或者向上的趋势线是一个非常重要的信号，在多数情况下，仅仅因为突破趋势线就建立头寸还是太莽撞了。相反，在突破趋势线之后建立头寸的一个有效的和可行的方式是让市场回到它突破的趋势线时再进入。跟随着趋势的 15 周期移动平均线，同时也是斐波纳契好友区域的一个较窄的支撑位，可以极大地提高获利机会。如果市场突破了趋势线，然后又回调了，那么无论如何应该建立一个多头头寸。但是如果回调到这个区域之后并没有上涨，而是继续下跌，那么趋势线的突破很可能仅是一次震仓而已，不能就此组织起一次像样的反弹。

观察 2001 年 1 月纳斯达克 100 指数可以看到市场突破了一个主要的趋势线之后再次下跌的一个典型的例子（图 2.8）。

随后的下跌回到了趋势线并且继续创出新低。随后的下跌才真正提供了一个可以把握的获利机会。同时也创造出了一个更好的买入点，比市场一突破趋势线就买入好得多。

精准买卖点策略与方法的一个重要原则就是要创造出最有利的风险收益比。理论上是非常简单的一个概念。在图 2.8 的情形中，如果你在回调到趋势线时买入，那么你可以将多头头寸的止损设在前几天的最低位。但是，如果你在一突破时就买入了，那么你将不得不将你的止损设在更远的位置。只要你能够遵守不去追逐走势的纪律，并且能够按照既定计划行动，你就会比其他人有明显的优势。交易的时候一定要牢记这个道理。

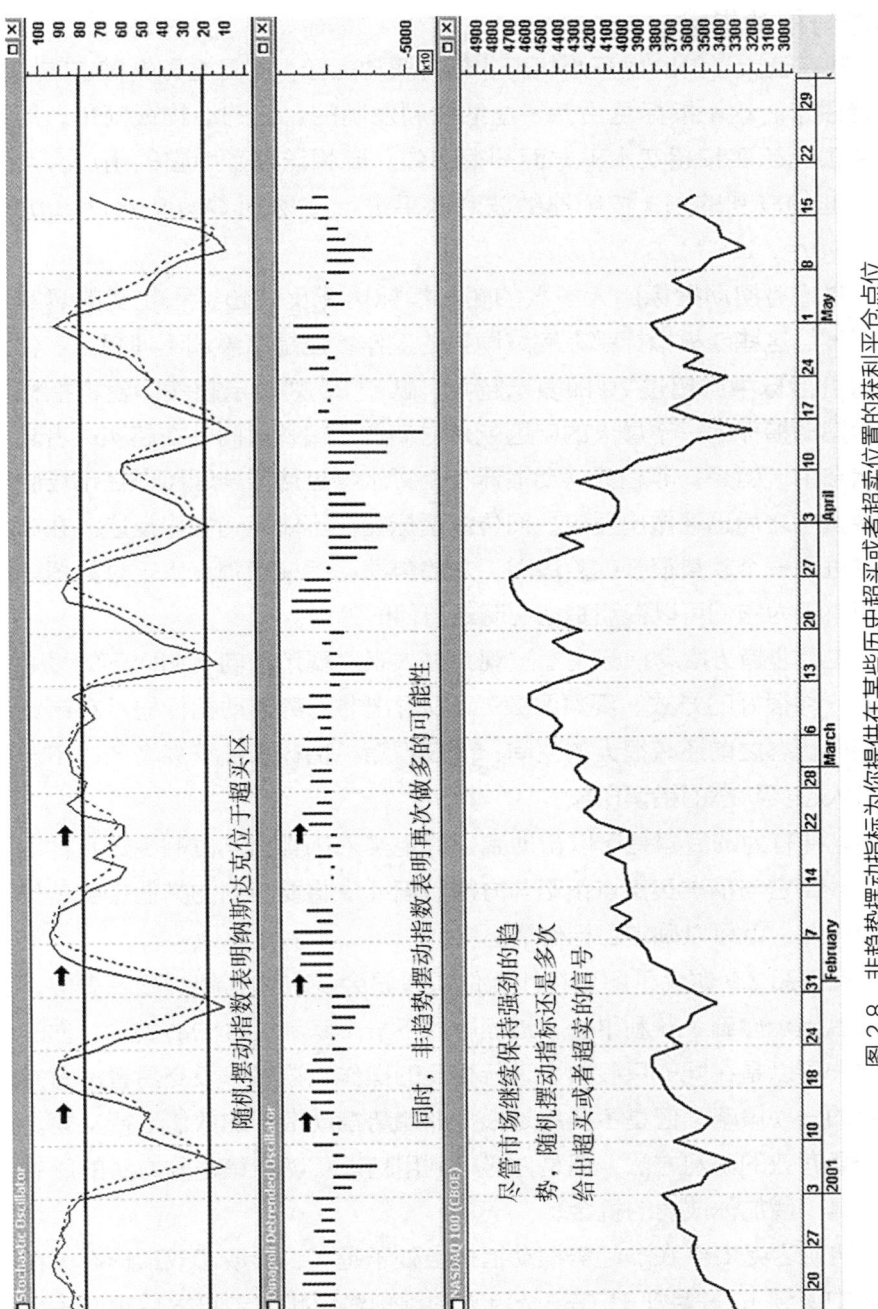

图 2.8 非趋势摆动指标为你提供在某些历史超买或者超卖位置的获利平仓点位

非趋势摆动指标

我在读大学的时候开始使用非趋势摆动指标，并且立即就被它的实用性迷住了。这个指标是由乔·迪纳波利发明的。它的结构很简单，但是它在预测超买和超卖水平方面却很有效。要想详细了解它的用法，可以阅读迪纳波利的书《按照迪纳波利水平进行交易》（*Coast Investment Software*，1997）。

非趋势摆动指标比大多数的随机指标更能反映超买和超卖的真实情况，虽然这些随机指标都在完成同样的工作，但是结果却不理想。在传统的随机指标中，超过70即表示超买，低于30则表示超卖。随机指标和其他摆动指标的一个最大的问题就是它们往往很长时间处在超买或者超卖的状态中。但是，非趋势摆动指标与垂直水平过滤器一起可以在市场脱离极端状态之后迅速做出反应。而传统指标往往不能迅速做出反应。在市场开始进入一个趋势很强的阶段时，非趋势摆动指标和垂直水平过滤器非常有用，因为它们可以很清楚地说明走势何时趋弱。

使用非趋势摆动指标是通过观察过去来发现市场向上和向下的极端情况的一种很好的方式。观察图2.9可以看出非趋势摆动指标显示在市场进入超买状态之前还有很大的空间，而仅看随机指标却给交易者造成市场已经进入超买状态的错误印象。

这种有力的武器是可以帮助我们确定买入和卖出点位的少数几种工具之一。当它与精准买卖点策略与方法后面几章将要学到的其他主要工具共同作用时，就可以确定目标价格。

观察图2.9你会了解到在什么位置股票会多次达到超买和超卖位。这个信息提示你到了获利平仓，进而寻找下一个获利机会的时候了。你的选择之一可以是在同一只股票上进行相反的操作，这是一般交易者没有充分利用的一项策略。但是不要只是根据非趋势摆动指标的数值进行交易。这是一条有效的获利方法，但是你必须利用精准买卖点策略与方法的所有其他工具以增加你成功的机会。

纳斯达克100在非趋势摆动指标上处于超买，形成了双顶形态（在第三章中谈到），并且TRI在一个巨大的抛物线形状的走势之后也产生反向的背离。就在那时，在所有人的注视中，纳斯达克明确了跌势，你所能做

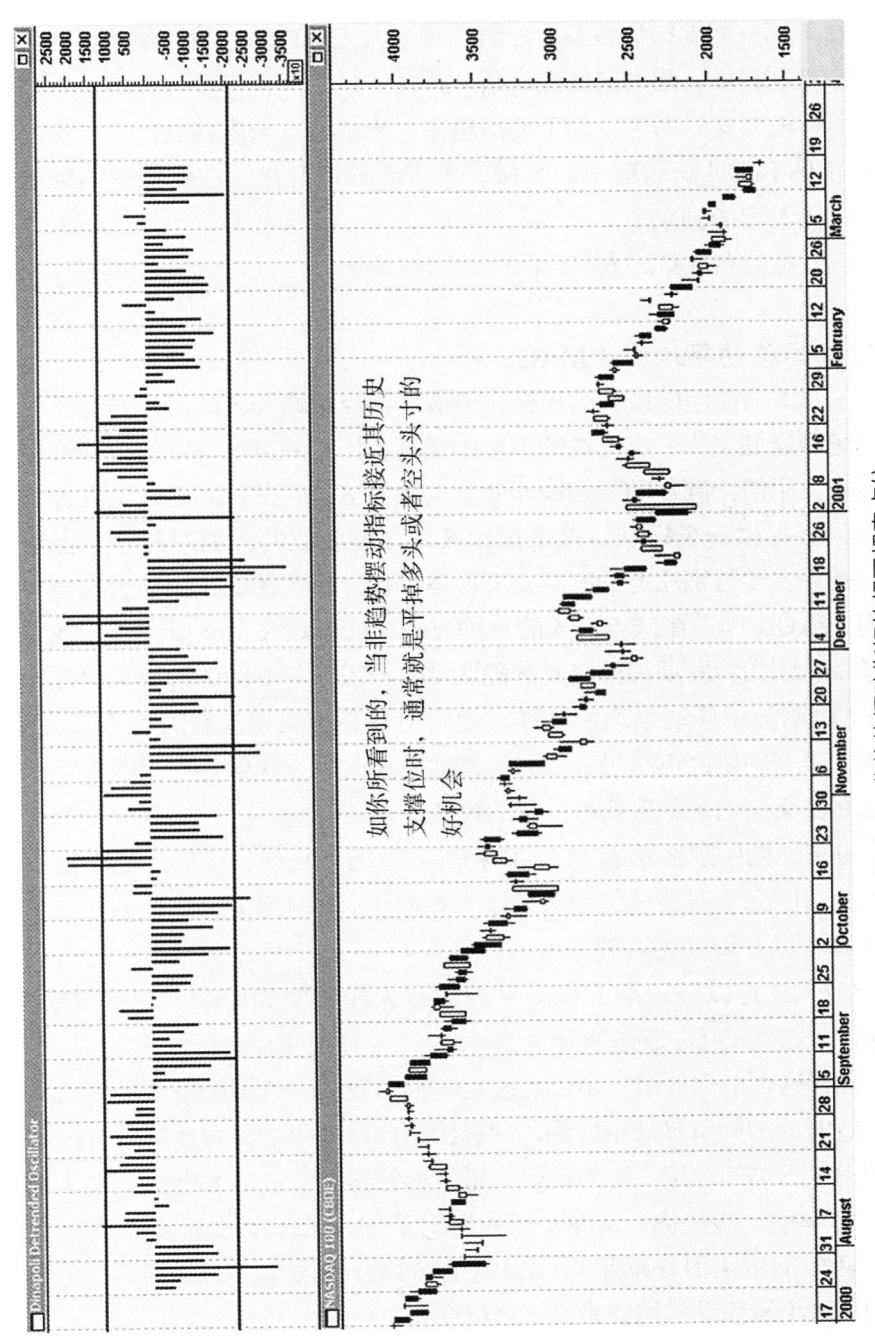

如你所听到的，当非趋势摆动指标接近其历史支撑位时，通常就是平掉多头空头或者空头头寸的好机会

图 2.9 非趋势摆动指标的超买超卖点位

的只是静静地看着。市场迅速地下跌，完全进入了一个恐慌的状态，因为人们在不顾一切地抛售股票，形势简直令人无法置信。我比预想得更快地达到了获利目标，因为市场在不断下跌。

要每天以交易为生，你不要指望在一周或者一天内获利巨大。你的目标应该是不断地获取较小的收益。更可能的情况是，在你意想不到的时候，伟大的日子到来了。

机会是给有准备的人的，因此做好准备吧。

平滑异同移动平均线（MACD）

正如本书前面所谈到的那样，精准买卖点策略与方法的基础是在上涨的市场中逢低买入，在下跌的市场中逢高卖出，并且在预定的目标价位获利平仓。平滑异同移动平均线能使我们做到这些，并且为这种交易方法的三个因素提供一个标准。这个指标被认为是重复的，因为在交叉出现之后，交易者要特别注意的不是交叉而是回调。换句话说，交易者应该学会使用MACD作为在低点买入的一种方式，而不是在交叉点买入。我喜欢这样做，因为我发现等待交叉的确认会有一段很长时间的滞后。但是，正如15周期简单移动平均线一样，使用出手必赢交易参数的MACD使你能够在走势回调时再次进入，并且使你的风险收益比保持理想的水平，而不是在交叉点进入，只获得少量的收获。

对于你们中那些熟悉MACD和其功能的人来说，可能还是要读一下这部分，因为我对传统的设置做了一些修正。我所使用的MACD参数为5和35，以5周期线为触发线。

MACD是以较短期的移动平均数减去较长期的移动平均数得来的。结果以一根线的形式画在图上（图2.10）。

解释这个指标的第二步就是设定一根触发线。这根触发线是该股票一个给定时期的简单移动平均线。解释绘制该移动平均线背后的所有因素已经超出了本书的范围，更为重要的是了解怎样使用它再次建立头寸。

40年前，杰拉德·阿佩尔最先发明了MACD，因此广受赞誉。他最初为两条指数平滑移动平均线设定的参数分别为12和26周期。他用9天的指数平滑移动平均线来确定趋势变化。

通过在极端活跃市场的交易经验，我研究了MACD的哪个参数能够

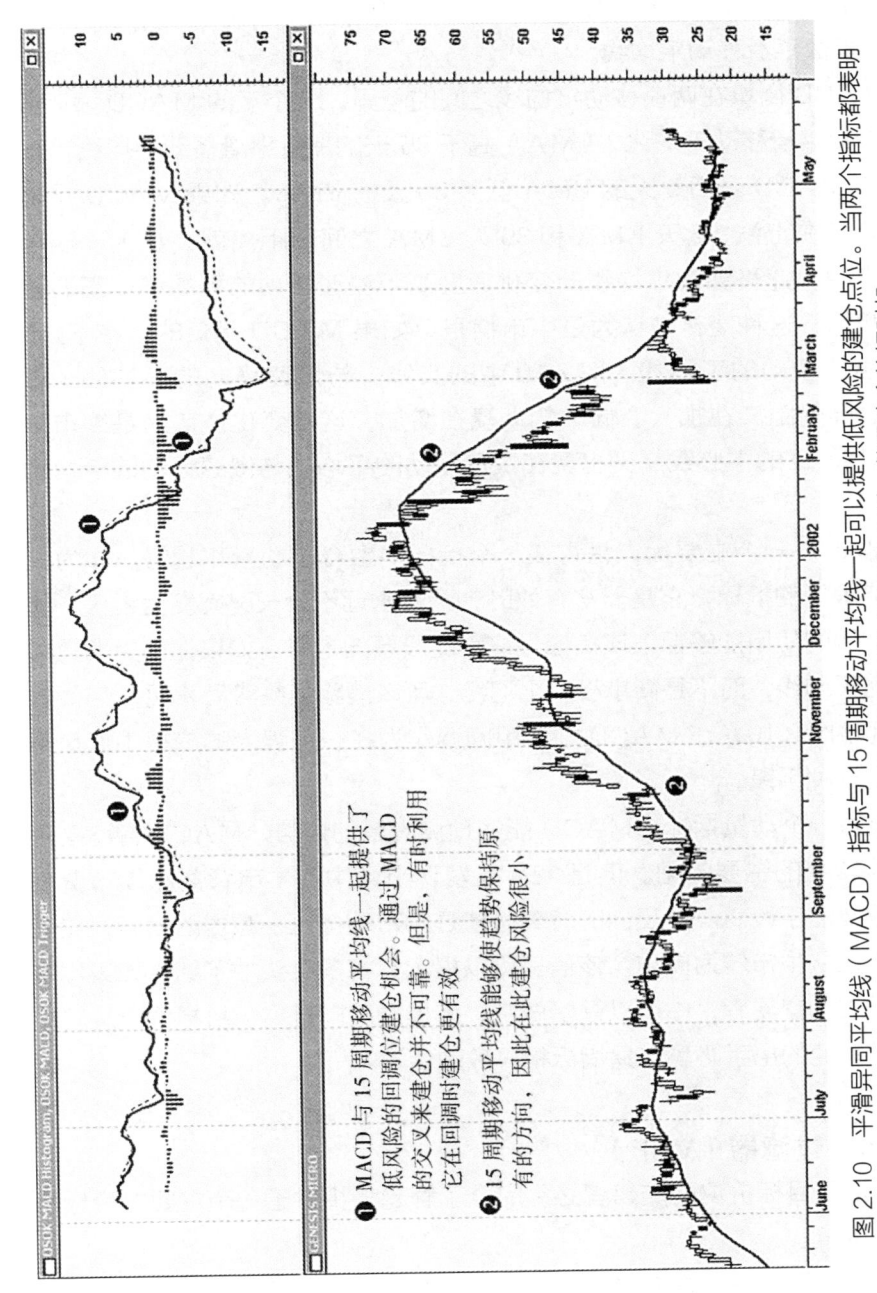

❶ MACD 与 15 周期移动平均线一起提供了低风险的回调位建仓机会。通过 MACD 的交叉来建仓并不可靠，有时利用它在回调时建仓会更有效

❷ 15 周期移动平均线能够保持原有的方向，因此在此建仓中风险很小

图 2.10 平滑异同平均线（MACD）指标与 15 周期移动平均线一起可以提供低风险的建仓点位。当两个指标都表明市场尽管正在回调，但仍然处于上涨或者下跌中时，就是建仓的好时机

对潜在的趋势变化做出反应同时不会令我过早地了结头寸。因此我用 5 和 35 周期代替了 12 和 26 周期，并且将 9 天的指数平滑移动平均线换成了 5 天的指数平滑移动平均线。

MACD 衡量在两根移动平均线之间的差异。一个正的 MACD 表明 5 天的指数平滑移动平均线（EMA）高于 35 天的指数平滑移动平均线。一个负的 MACD 表明 5 天的 EMA 低于 35 天的 EMA。如果 MACD 是正的，并且在上涨，5 天 EMA 和 35 天 EMA 之间的距离就会扩大。这种变化表明快速移动的平均线的变化速度高于慢速移动的平均线。正的动量在增加，这种变化被认为是牛市信号。如果 MACD 是负的，在下跌，并且快速移动的平均线（图 2.10 中的实线）与慢速移动的平均线（虚线）之间的距离在加大。向下的动量在增加，这种变化被认为是熊市信号。MACD 的中心线交叉出现在快速移动的平均线与慢速移动的平均线交叉时。

MACD 一个主要优点是它在一个指标中融合了动量和趋势。作为一个趋势跟随的指标，它是非常有效的，并且永远不会长时间发生错误。移动平均线的使用能够保证该指标最终跟随股票的走势。如果你使用指数平滑移动平均线，而不是简单移动平均线，可以消除某些滞后表现。

观察图 2.10，在 MACD 中使用回调作为在一个强大的趋势中低风险建仓的一种手段。

作为一个动量指标，MACD 能够预测股票的走势。MACD 背离是预测趋势转变的主要依据。但是 TRI 是发现市场中的牛市背离和熊市背离的最重要的手段。一个反向的背离可能是牛市动量正在减弱的信号，趋势可能正在从牛市转为熊市。该信号可以提示你将多头头寸了结。如果你是更为激进的交易者，你可以开始做空，前提是反向背离与目标价位反转区域以及其他的出手必赢交易指标相一致的话。

垂直水平过滤器（VHF）

设定了目标价位的交易者必须完全了解趋势相对于一个主要的目标价位区的强度。

垂直水平过滤器是在趋势正在进行中的一个有效指标。它也是在以天为基础发现趋势何时开始的一个重要指标。如果我们还同时到达了斐波纳契好友区（在以后的章节讲到），我同时使用这个指标和非趋势摆动指标来找到走势图短期的顶部和底部。当衡量从盘整期突破的强弱程度时，它也是一个很好的标尺。

不像大多数摆动指标和其他默认技术工具——这些工具可能会在底部徘徊很长时间——非趋势摆动指标和垂直水平过滤器总是对市场及时做出反应，并且能迅速地修正自己，而不会在极端水平停留太久。换句话说，一个随机指标可能在超卖区停留几天，而垂直水平过滤器和非趋势摆动指标能够迅速从极端区域返回，只要市场有一到两天的回调。当你试图再次建立头寸时这种现象非常有用。如果你可以发现这些返回的迹象，你就不会在走势已经延续很长时间时进入，或者毫无必要地将自己暴露于强大的相反走势中。

在你使用这些指标一段时间之后，在市场极端状态下你就会更加频繁地使用它们。一次一到两天的上涨不会使它们发出上涨的信号，这也就是为什么了解当前的走势和目标价位如此重要的原因。

当分析垂直水平过滤器时，你不应该在分析指标时过度关注图表。如果图上的线向上，就意味着趋势在加强。但它不一定表示股票在上涨，而只是股票走势的力量在增加。从相反的角度看该指标更为有用，找出市场的趋势何时减弱（以及反转或者盘整）。当市场走出盘整状态时，它可能表现为一个向上的走势。这种现象在图表的底部由一个延长的时段展示出来。这能够准确地衡量出趋势的强度，或者缺乏强度，使你比其他不够精明的交易者更具优势。

在大量的研究之后，我发现为了能更好地达到目的，垂直水平过滤器应该设在 7 天的间隔。你可以用 MetaStock 来设定，或者用大多数其他软件。设定 7 天的间隔可以消除滞后，同时仍然使我能够把握向着主要目标价位走势的真实强度。

观察图 2.11 可以发现垂直水平过滤器正在从顶部下跌时，趋势开始变弱。指标线向下表明了走势趋弱。这种走势与非趋势摆动指标相吻合，非趋势摆动指标也在下跌。这两个信号一起有力地说明了应该获利了结，然后等待回调，降低风险收益比。

图 2.12 显示了股票处在盘整期，垂直水平过滤器开始向上突破，然后股价开始突破，这一点也由垂直水平过滤器证实，事实上一个强大的趋

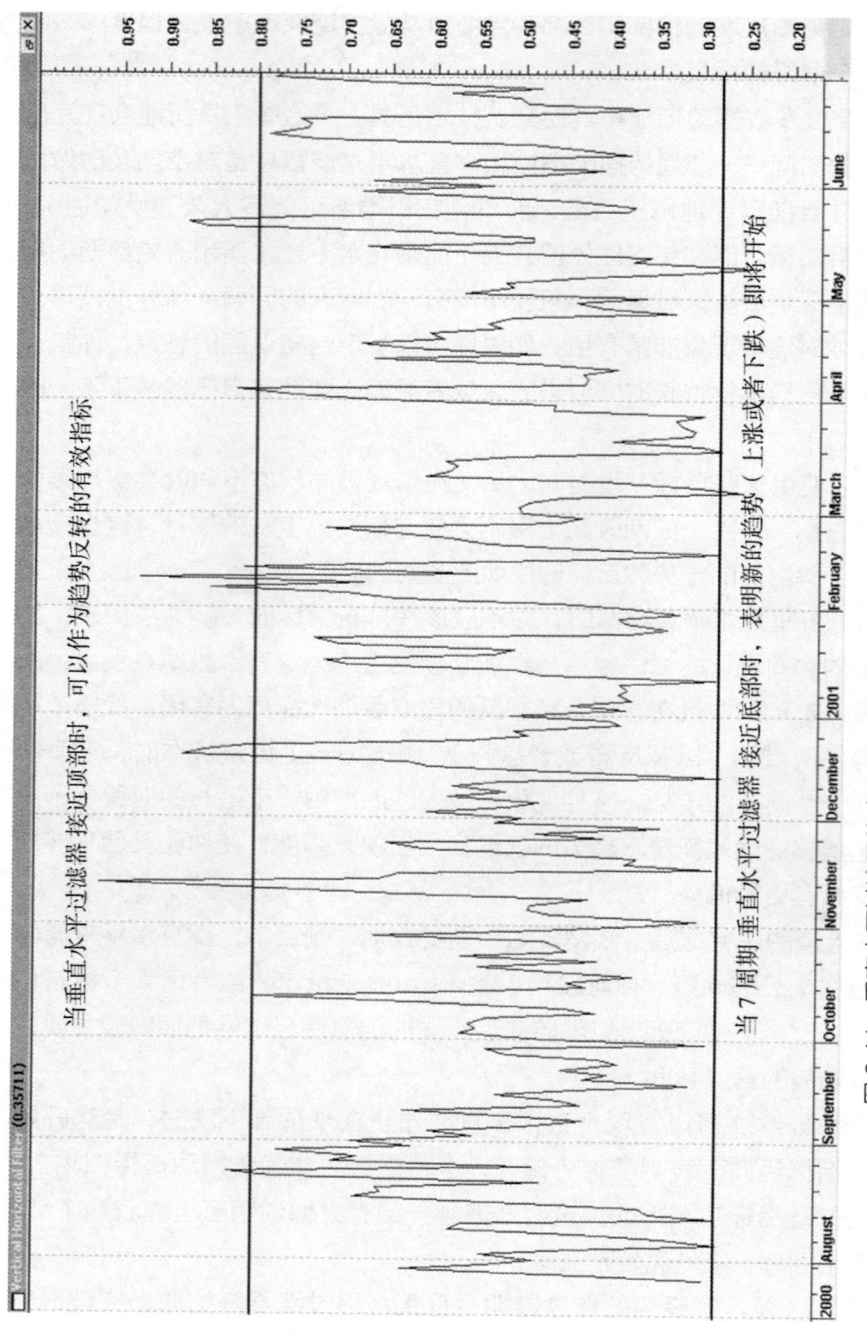

图 2.11 垂直水平过滤器停止上涨,趋势开始减弱。其开始掉头向下表明了这种弱势

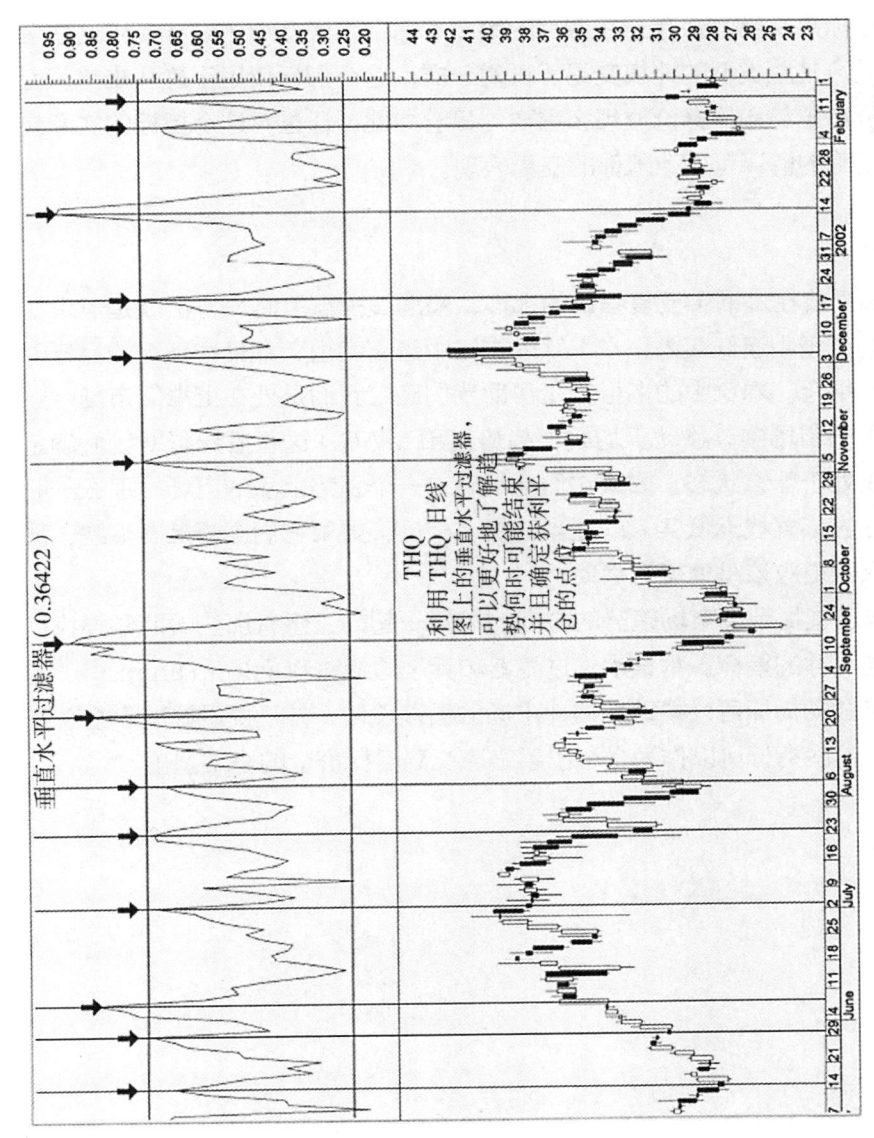

图2.12 观察THQ的垂直水平过滤器，交易者可以清楚地感觉到趋势何时开始减弱，并且能够确定获利平仓的点位

势正在开始。

在你使用技术指标交易时记住重要的一点：尽管使用指标来考察趋势的强度是一个好的交易策略不可缺少的一部分，但是不要仅仅根据任何单独的指标来交易。在我正在撰写的第二本书中，我介绍了怎样使用这些指标来进行某些类型的期权交易。再说一次，这个指标仅用于确认走势，而不像价格走势和目标价位那么重要。尽管如此，通过对这个指标的实际应用，正确的解释可以改善你的交易表现。

小结

如同我在本书中反复强调的那样，精准买卖点策略与方法就是谋求在上涨的市场中逢低买入，在下跌的市场中逢高卖出，并且在预定的目标价位获利平仓。本章中的指标就是帮助我们确定我们是处在上涨的市场中还是下跌的市场中。移动平均线、趋势线和MACD这些指标帮助我们确定市场正处于什么状态。如果它们全都确定一个强势上涨的市场，那么一般来说你应该寻找逢低买入的适当时机。相反，如果它们全都指向下跌，那么逢高做空应该是理想的举动。

与这些提示你市场趋势的方向的指标一起的，还有那些帮助你寻找机会了结头寸的指标。垂直水平过滤器和乔·迪纳波利（Joe Dinapoli）的非趋势摆动指标可以帮助你估计市场的极端点位，并且提供好的平仓获利价位。这些指标可以作为某个出手必赢交易目标价位的坚实基础。

第三章　有获利机会的图表形态

本章能够帮助你开始了解"内托数字",为掌握精准买卖点策略与方法打基础。"内托数字"(将在第七章和第十二章讨论)最多为30点,其中10点来自图表形态本身,因此了解本章的概念非常关键。在剩下的20点中,10点来自第四章讨论的斐波纳契价格位,剩下的10点来自第二章讨论的技术指标。对于图表形态,形态越明显,建立头寸的可能性就越大。本章教给你哪些形态是可以建仓的形态。但是,正如你以后会发现的那样,即使最明显的形态在建仓时也需要耐心和纪律。再说一次,这种方法的前提是我们在市场中寻找转折点位作为建仓点,在这些点位我们可以在趋势向上时逢低买入,在趋势向下时逢高卖出,并且在预定的目标价位平仓获利。

图表形态

根据一张纸上的几根不连贯的线可以准确地预测一只股票的未来走势,这可能会让某些"智者"把你称为江湖医生。我在华盛顿大学时就有过大量类似的经验,我的教授和同事认为使用该公司的基本数据之外的任何根据都是在赌博,不可能成为做出明智决策的手段。我没有任何经验证据来确切地证明技术分析的有效性。即使是这样,那些从来不曾交易过的学者说技术分析没有用,就好比是让我来驾驶一些经济型轿车,然后得出结论汽车速度不可能超过每小时90英里(1英里约等于1.61千米)一样。精准买卖点策略与方法是交易中的宝马M3,即使我们只挂三挡也可以跑出每小时90英里的速度。

我强烈地反对我周围那些避免使用我的"荒谬"方法买入和卖出股票的人,同时也感到他们这样很滑稽。为了支持我的观点,我回顾了大量的名人轶事,更重要的是我还回顾了我很长时间以来的账户报告。

我解释了根据图表形态的差异和使用特定目标价位(称为斐波纳契目

标价位，在第四章中介绍）来代表在特定价位的买入者数量和卖出者数量，并且，我还解释了为什么图表形态能够很好地表现贪婪和恐惧，同时表明市场的趋势。一些人认为我说的很有启发性。他们对于学习一些新东西很感兴趣，并且心存感激。其他人则完全认为我在骗人。

想要了解何时进行交易，你必须非常熟悉该股最近的价格走势。你还需要清楚该股将要往哪个方向走。要做到这些没有比观察图表，研究其形态更好的方式了。当我们往下进行的时候，我将会介绍很多主要的图表形态，对这些形态你应该随时关注，并且记住出现这些形态时该采取什么措施。

在本章中出现的图表形态不是什么新东西，关于它们的知识很多年前就有了。但是，与《技术分析101》中所介绍的方法不同，我希望在一个回调的背景下使用这些形态。就是说，一般来说在你将会看到的很多形态中，第一段走势往往并不是最有可能获利的。你需要耐心等待在回调时重新建立头寸，遵守预先制订好的利润目标（在第四章中谈到），并且正确使用出手必赢交易资金管理模型（见第十章）。这就是为什么有些人在最后的走势中获得了很好的收益，而有些交易者虽然对走势判断正确，但是仅仅获得了非常少的收益，甚至蒙受了少量的损失。

当然，形态远不只本章中所介绍的这些。假以时日，你就能够掌握这些形态，因为你将会根据直觉判断出价格的走向，而不需要经常使用"内托数字"了。

双顶

本书中一再强调的一点就是要在上涨的市场中逢低买入，在下跌的市场中逢高卖出。双顶，如果由出手必赢交易指标所确认，就意味着要从低买开始转变为高卖了。

例如，设想你要在一个强势中买入股票。你告诉自己如果它再次下跌，你将会冲进去买入。这种想要进场买入的渴望就是双顶的第一个顶。股价下跌之后很快又再次上涨，因为有些交易者在回调时买入。空头也利用下跌的时机平掉了他们的头寸，这也为再次上涨提供了帮助。

当股价接近了上一次的高点时，那些在顶部买入的人见有机会持平出局，就开始卖出股票。最初的卖出可以很快增加动量，因此导致从高点的大幅下跌。

图 3.1 就是 Network Appliance Corporation 在 2000 年 10 月一个近乎完美的双顶形态。

上涨之前是六个月的积聚力量时期。那些没有赶上第一波涨势的人在股价回调至斐波纳契支撑位时买入（将在第四章中详细介绍）。然后市场获得了第二次生命，股票再次回到三周前的 154 元。

在这时进场的交易者中有些是十分不幸的。股价掉头向下，使得那些能够正确使用图表形态的人可以从那些缺乏交易技巧者的不幸中获利。尽管在高位做空十分诱人，将双顶与下降三角形（下面会讲到）区分开的就是从第二个高点如何回调。

如果从第二个高点回调后到再次下跌之前，只有一个弱势的反弹，那么应该是一个非常清晰的做空机会。当你开始观察到双顶，并且通过双顶获利时，你就会明白为什么我对交易如此热衷。

在尝试进入双顶时为了不背负太沉重的包袱，你需要了解双顶的五个重要因素，确定是否需要做空。

第一个因素是股价在第一个高点之前的走势强弱。股票上涨的周期越长，上涨的强度就越大，相应的，做空的担心就越大。观察图 3.2，Vitesse Semiconductor Corporation（VTSS）的走势，了解 2000 年 2 月的上涨之前的强度。

最初的上涨持续了三个星期，然后才创出了第一个顶。

一个强有力的双顶形态的第二个因素是第一个顶和第二个顶之间的距离。距离是 10 倍或者更少的时间段比较理想。图 3.2 显示了二者之间的理想距离。就像在 VTSS 的图中那样的一个反向的 W 形，就很清楚地表明你应该留心向下的走势了。

一个双顶的第三个因素是在它验证过去的高点之前回调的深度。换句话说，如果一只股票在挑战新高之前回调的幅度很小，那么尝试做空就如同一条鲑鱼逆水而上。但是，如果一只股票回调幅度达到 50%，并且在验证上一个高点时缩量，两个高点之间距离适当，趋势反转指标为负，并且跌破 15 周期的移动平均线，那么趋势反转的可能性很大。

可能性很大的双顶的第四个因素是在从高点回调之后，股票或者市场第二轮上涨的失败。如果股票在第二轮上涨中创出新高，然后回调，你应

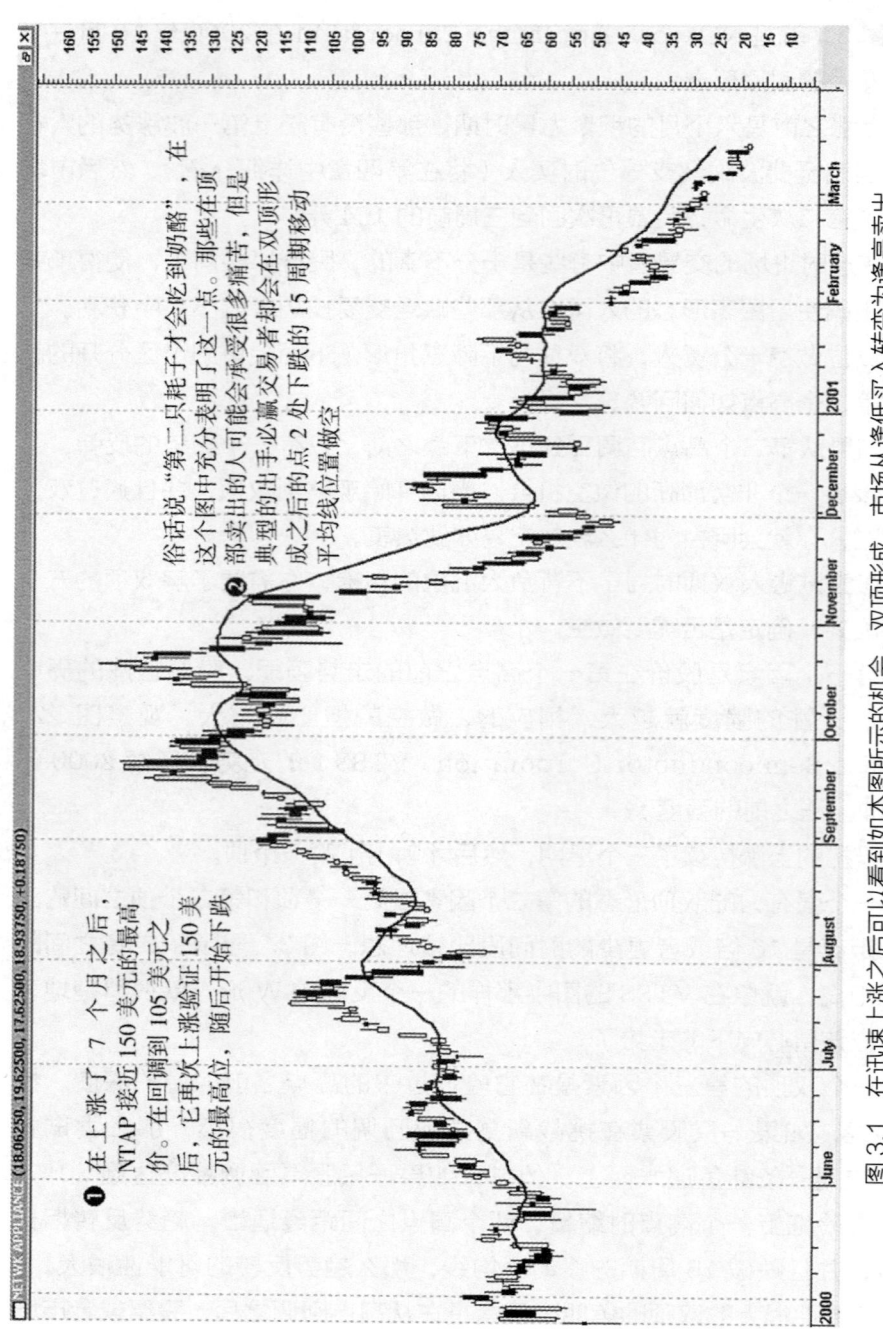

❶ 在上涨了 7 个月之后，NTAP 接近 150 美元的最高价。在回调到 105 美元之后，它再次上涨验证 150 美元的最高位，随后开始下跌

俗话说"第二只耗子才会吃到奶酪"，在这个图中无分表明了这一点。那些在顶部卖出的人可能会承受很多痛苦，但是典型的出手会赢交易者必手却会在双顶形成之后的点 2 处下跌的 15 周期移动平均线位置做空

图 3.1 在迅速上涨之后可以看到如本图所示的机会。双顶形成，市场从逢低买入转变为逢高卖出。第一次可靠的做空机会出现在点 2 附近，当市场反弹到下跌的 15 周期移动平均线附近时

第一阶段 基本交易策略 045

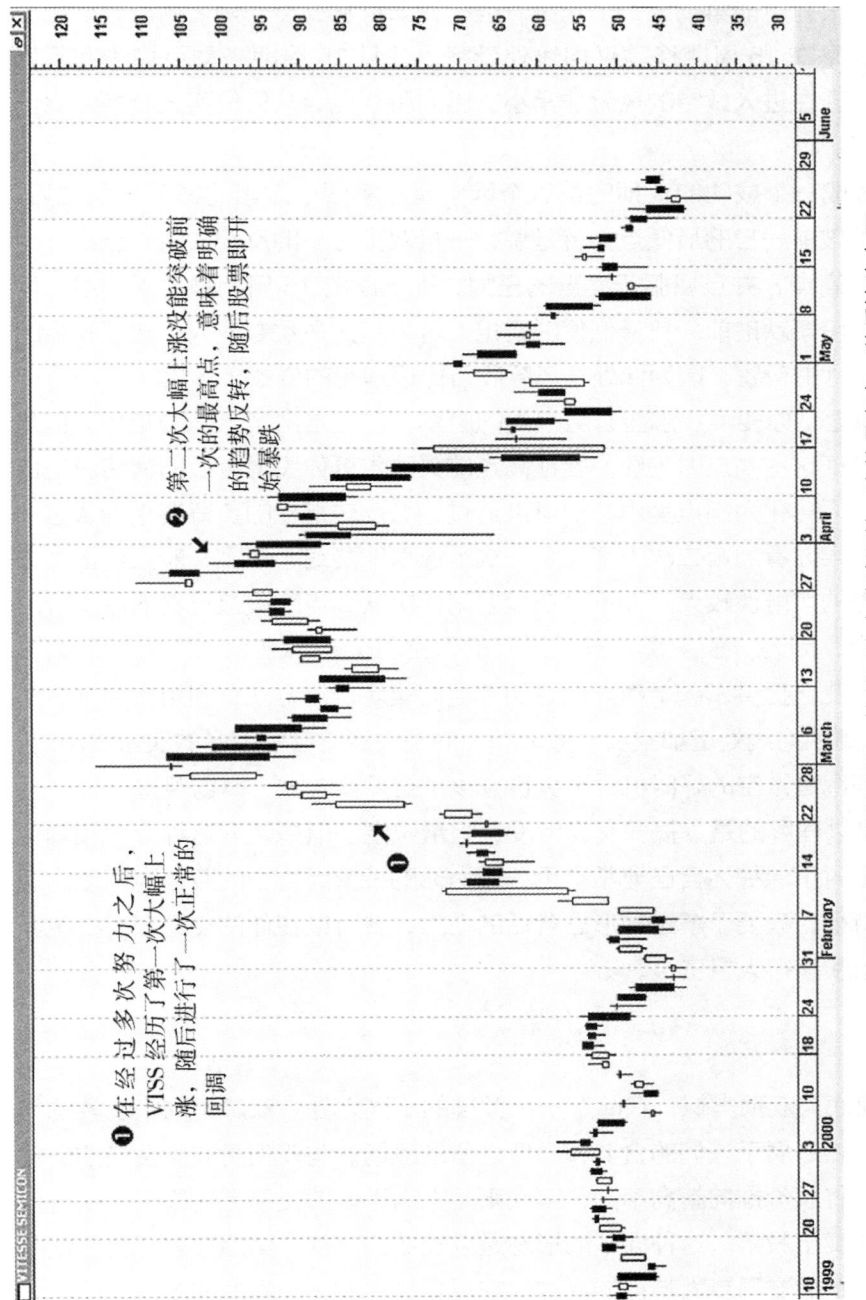

图 3.2 VTSS 强劲上涨，深幅回调，然后再次突破验证前一次的最高点，随后掉头向下，再次回到了上涨之前的位置

该留心做空。但是，如果这次回调有更多的买家参与，然后股票不下跌，那么就很有可能再创出一个新高。但是，如果从高点回调之后没有继续上冲，而是在15周期移动平均线处受阻，并且15周期移动平均线向下倾斜。你现在进入做空的风险非常小，因为股票已经从低位买入转换为高位卖出了。

形成一个成功的双顶的第五个因素是在第四个因素的情形出现之后，股票跌破前一日的最低点。就是说，一旦双顶之后的反弹失败，创出一个较低的高点，并且屈服于卖盘的压力，即下跌的15周期移动平均线，你应该在股票跌破前一日最低价时卖出。这就是大多数专业人士建立积极的做空头寸的位置，因为此处是风险收益比很理想的位置。

总之，你要寻找那些趋势很强的股票，已经走出了上涨的走势，但是随后验证这些高点时失败。验证高点的失败告诉你股票背后的情绪已经由低点买入转化为高点卖出。你可以通过趋势反转指标的负背离来确认这一点。如果你看到第二次上涨比第一次上涨量能萎缩，那么一般来说上涨失去动力的可能性较大。你不必在股票第一次从高点跌破上一日的最低价时即建仓，因为一般来说，双顶最好的做空机会出现在第二个较低的高点处。因此它提供了一个建立做空头寸更切实可行的方式，利用反弹到下跌的15周期均线处增加空头头寸。动力的丧失通常会将很多的买家震出局。这种情况是做空的好时机，至少也应该了结多头头寸，离场观望。

可以理解的是，很多交易者没有胆量做空。但是认识这种形态和其他的形态对于保护你自己非常有用，因为你的投资组合中的股票也可能出现这些特征。只要了解这种形态背后的动力，就可以在你的交易和投资生涯中节省和赢得大量资金。

双底

双底与双顶类似，只除了一个关键的不同之处。双底是向上反转的信号。图表是展示人们的贪婪和恐惧之争的战场。与双顶是充满贪婪的交易者不断将股价推向新高不同，双底则是充满恐惧的交易者在股票下跌过程中不断卖出股票。这种向下的形态是以长期的下跌，然后遭遇一群在底部平掉空单的交易者为特征的。这些交易者是在有一个暂时的支撑，造成向上的假象时买入的。向上的反弹非常短命，因为人们很快开始利用这个机会卖出头寸。由于这些卖盘的推动使得股价回到了上一次的低点，而卖盘再次失去了动力。

卖方动力的丧失使得买方控制了盘面。有前期的低点作为支撑，他们感到很舒服。这个支撑位成为上涨的一个最佳的跳板（图3.3）。

Broadcom Corporation（BRCM）的图3.3表明这只股票的趋势多么强，因为在三个月的时间内它形成了一个双顶和一个双底。这些形态提供了大量的获利机会。股票下跌了一段时间之后开始上涨。上涨失败，因为进入阻力位（斐波纳契阻力位，将在第四章中讲述），然后回到上一次的支撑位。但是这一次，卖盘丧失了动力，股价报复性地上涨。

图3.4表现了在巨大的抛物线走势之后，"不要卖我们"启动了。

该股票进入了107元的阻力位，然后回调到75元——上次上涨的一个明确的支撑位（0.618斐波纳契支撑位，在第四章中讲到）。然后股价继续攀升，形成了一个顶部。这形成了一个完美的做空位。股价继续下跌，形成了一个完美的双底，然后上涨到更高。

下一只股票展示了2000年6月BRCM的一个明显的双底（图3.5）。

该股从2000年3月一个典型的双底下跌，一直跌至每股105元才止跌。下跌之后，股价上涨至每股180元，然后再次下跌，验证115元区。在跌到每股110元时，股票再次强劲反弹，形成牛市形态，创出了52周的新高。

如同我对待双顶一样，我喜欢在双底中寻找五个因素作为反转向上的信号。在尝试进入双底时为了不背负太沉重的包袱，你需要了解双底的五个重要因素，确定是否需要做多。

第一个因素是股价在第一个低点之前的走势强弱。股票下跌的时间越长，与之相伴随的上涨的恐惧就越大，因此多头背后潜在的贪婪也就越大。

一个强有力的双底形态的第二个因素是在第一个和第二个底之间的距离。距离是10倍或者更少的时间段比较理想。一个"W"形态很清楚地表明你应该留心向上的走势。

双底的第三个因素是在它验证过去的低点之前回调的深度。换句话说，如果一只股票在下跌到第二个低点之前反弹的幅度很小，那么做多就要谨慎。但是，如果一只股票至少反弹到了前一次走势的50%，并且下跌到上一个低点的时候缩量，两次下跌之间的距离适当，牛市的趋势反转

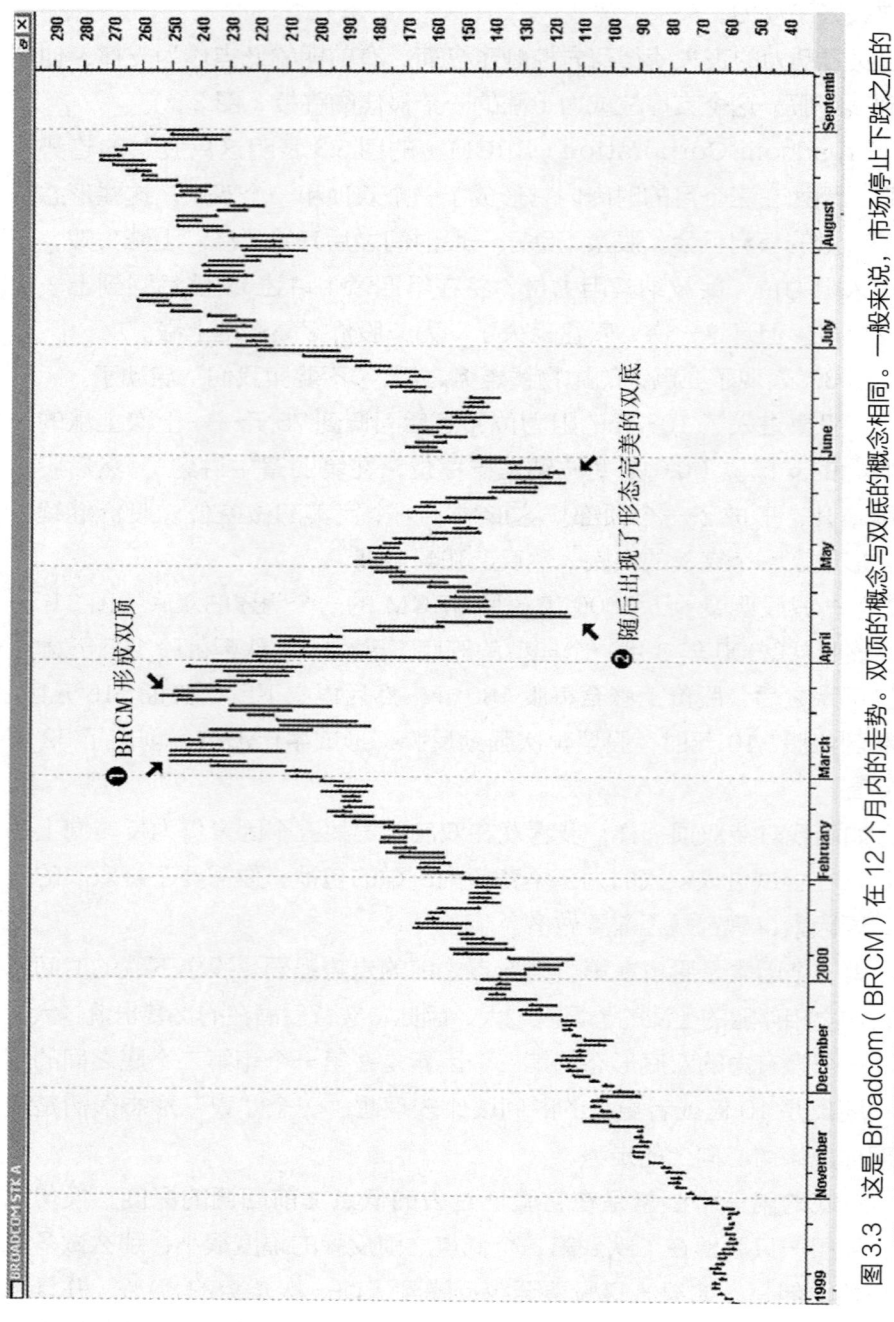

图 3.3 这是 Broadcom（BRCM）在 12 个月内的走势。双顶的概念与双底的概念相同。一般来说，市场停止下跌之后的第一次回调是做多的最好点位。在 Broadcom 的这个例子中，双底之后第一次回调以后的上涨提供最好的交易机会

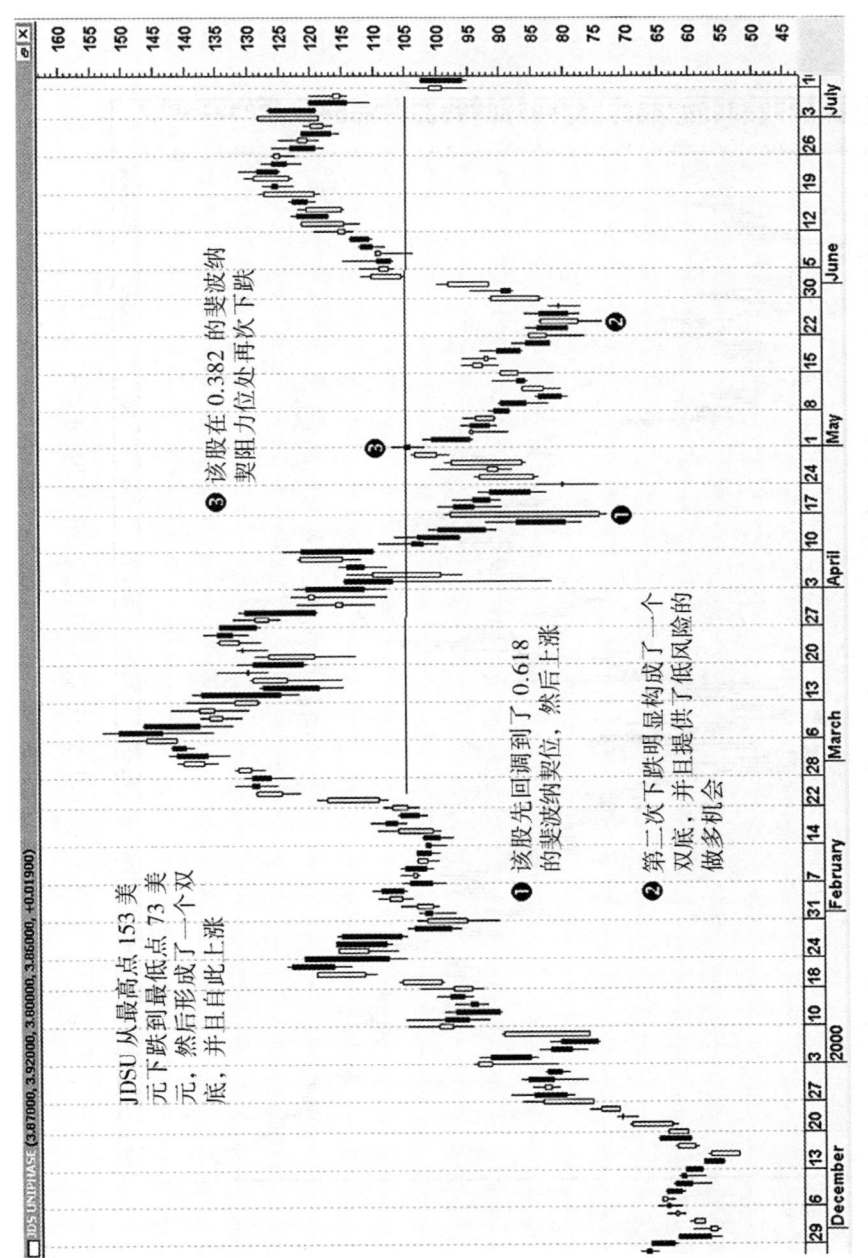

图 3.4　股票在形成双顶或者双底并且再次验证高点或者低点之后一般都会对斐波纳契位做出反应

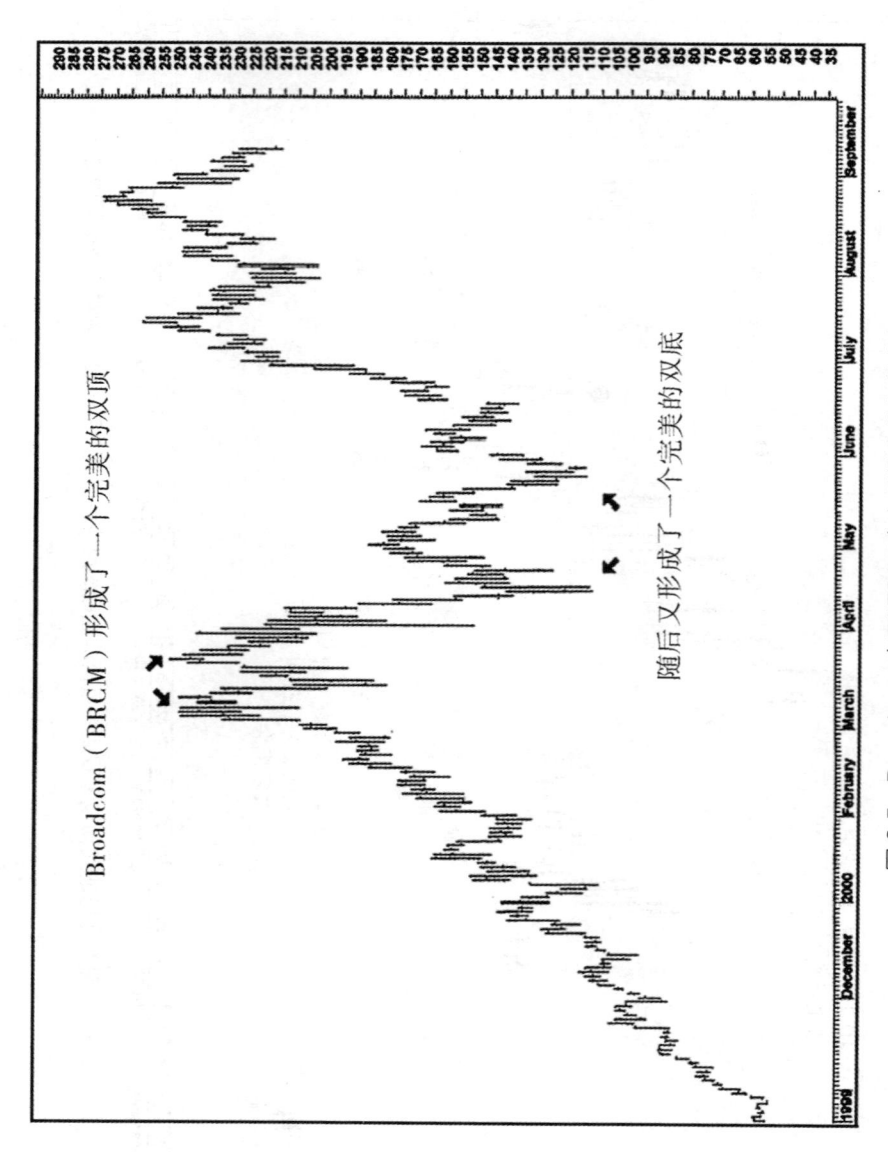

图 3.5　Broadcom 在双顶和双底之后的走势都非常好

指标背离，并且突破 15 周期移动平均线，那么它获得支撑的概率非常大。

可能性很大的双底的第四个因素是在从低点反弹之后，股票或者市场第二轮下跌的失败。如果股票在第二轮下跌中创出新低，然后反弹，你应该留心做多。但是，如果这次反弹遭遇了更多的卖家，那么股票可能还没有做好上涨的准备，很可能还会继续下跌。如果这次从低点的反弹没有遭遇抵抗，而是在一个上涨的 15 周期移动平均线处获得了支撑，情形又会怎样呢？你现在买入该股票的风险很低，因为该股已经从逢高做空转变为逢低做多。

形成一个成功的双底的第五个因素是在第四个因素出现之后，股票突破前一日的最高价。也就是说，一旦形成双底之后的反弹持续，形成一个更高的低点，并且在一个上涨的 15 周期移动平均线处遭遇更多的激进型买家，那么就应该在股价突破前一日最高价时买入头寸。这就是大多数专业人士建立积极的做多头寸的位置，因为此处是风险收益比很理想的位置。

上升三角形

在职业生涯中，我不断地从上升三角形的形态中获利。上升三角形是一个持续形态的一部分。在股票不断努力突破上方的阻力位时卖家减少，就形成了上升三角形。

首先，股价在掉头向下之前冲击过阻力位。第二次冲击阻力位时，它也没能成功，但是在随后的下跌中底部抬高。下次上涨同样失败，随后的下跌使得股票的摆动幅度进一步缩小。

当股价最终突破了上方的阻力线时，就好比是让一个压在水下的球浮出水面一样。它开始爆发，以极强的爆发力向上（图 3.6）。

注意所有的这些形态都可以应用到日内图表和日线中。

在衡量成功的可能性时，第一个重要因素是走势伴随强大的量能。如果突破没有伴随着大量的购买兴趣，那么它就不可能继续上行。如果突破伴随量能增长，则是阻力位最终被突破的信号。

突破阻力位的走势通常非常快速和猛烈，使得很多交易者认为他们错过了这个走势。

但是，大多数突破，不论是从上升三角形还是从下降三角形的突破在

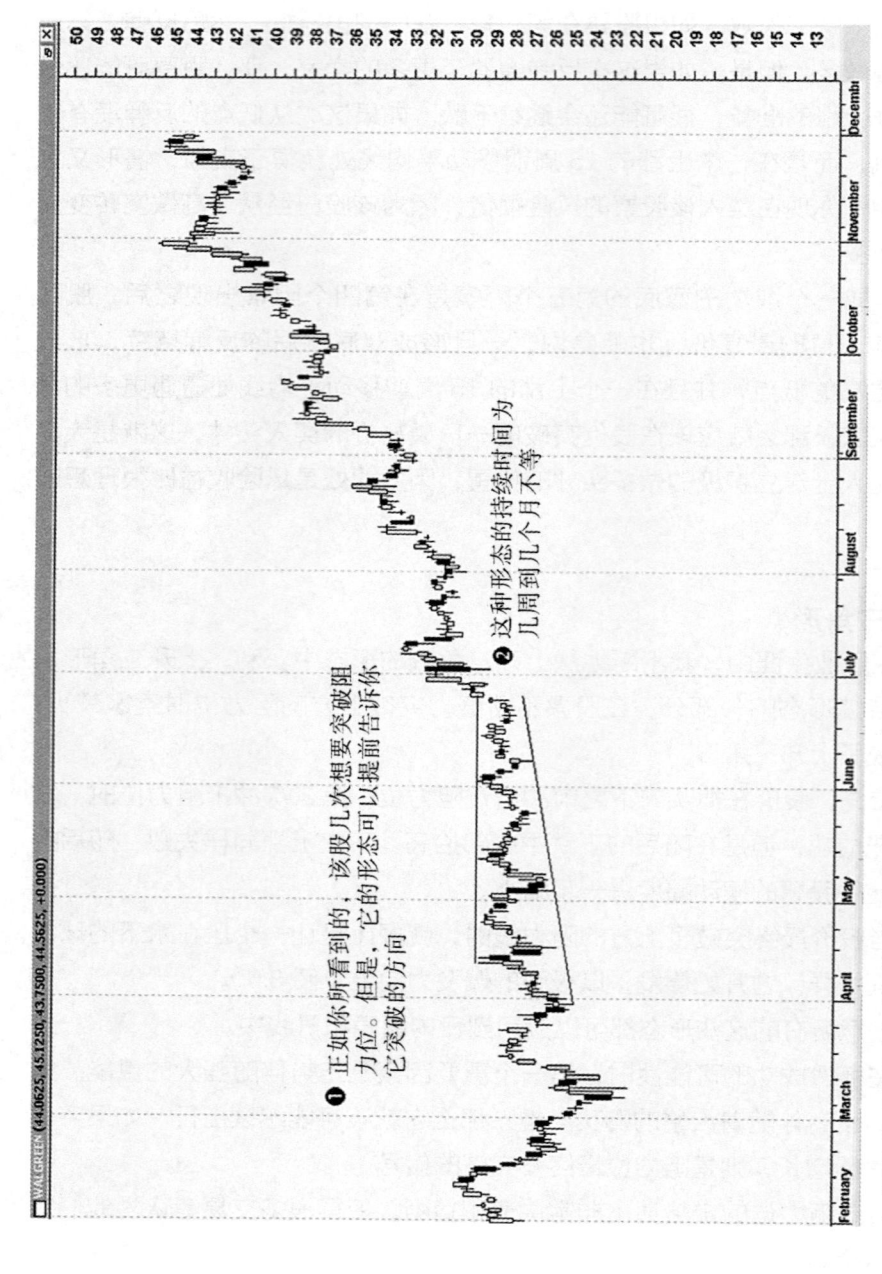

图 3.6 这是一个典型的上升三角形形态。与本章中学习的其他形态一样，上升三角形也会产生有力度的走势。但是如果该走势真的出现，那么它通常还会提供多次补仓以及在突破之后逢低买入的好机会

❶ 正如你所看到的，该股几次想要突破阻力位。但是，它的形态可以提前告诉你它突破的方向

❷ 这种形态的持续时间为几周到几个月不等

真正的走势开始之前都会至少再一次验证突破点位。随后的回调才是风险收益比最好的买入机会，同时也是最理想的出手必赢交易建仓位。再重复一次，我们是在向上的股票中寻求低价买入的机会。突破之后的回调就是最好的机会。

正如在第四章（斐波纳契分析）中将会指出的那样，很多时候上升三角形的阻力位都是坚实的阻力区——斐波纳契阻力位。突破该主要的斐波纳契阻力位在趋势的持续中属于一个很强的牛市信号。如果在阻力线附近没有明显的斐波纳契阻力位，就要确定下一个斐波纳契阻力位的位置，因为经验告诉我们通常在这个区域上涨会受阻，并且会回到突破点。

上升三角形的突破可以伴随巨大的动量，但是正如我前面所说，多数情况下，在走势真正开始之前可能会有回调来验证突破区域。如果你错过了第一次启动，或者你正在伺机增加获利头寸，一般来说这是一个很好的时机。因为这个原因我特别喜欢逐步参与上升三角形，并且耐心地等到第一次回调确定趋势的强度之后再增加我的头寸。如果第一次回调如我所期望的那样，那么我将会在再次进入时更加激进。

一般来说如果行业和市场与股票的走势方向相同，应该是你努力寻找的一个理想状况。

下降三角形

本书的目的之一是为你提供与精准买卖点策略与方法相关的、清晰的、有用的和重要的信息。我在给出这些知识的同时还希望告诉你们如何在市场中发现可能出现的低迷时期。了解一些获利可能性很高的图表形态对于做到这一点很关键。

在双顶之后，你应该警惕的另一个强烈的熊市图表形态就是下降三角形了。这种情形中的价格行为就好比是一座堤坝在与不断上涨的潮水作斗争。只要堤坝还在，那么所有做多的人都会感到很安全。

但是，随着洪水的一次次冲击，堤坝变得越来越脆弱，直到最后洪水将其冲垮。随后出现的是令人难以置信的下跌动力，由突破支撑位所产生的恐慌引起。股价的快速下跌通常是下跌趋势的延续。股价可能会跌得更低，然后盘整，积聚力量准备下一次的下跌（图3.7，图3.8）。

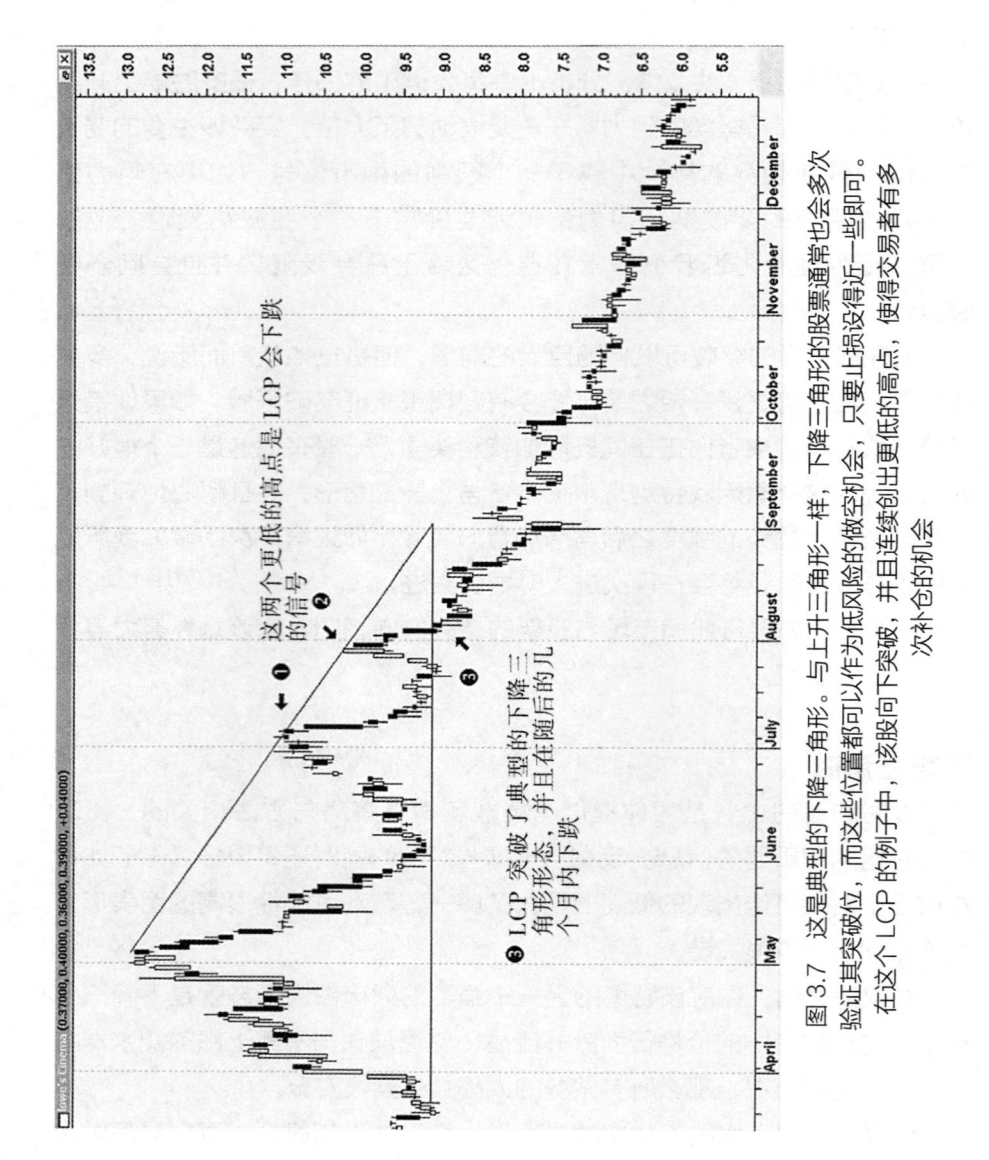

图 3.7 这是典型的下降三角形。与上升三角形一样，下降三角形的股票通常也会多次验证其突破位，而这些位置都可以作为低风险的做空机会，只要止损设得近一些即可。在这个 LCP 的例子中，该股向下突破，并且连续创出更低的高点，使得交易者有多次补仓的机会

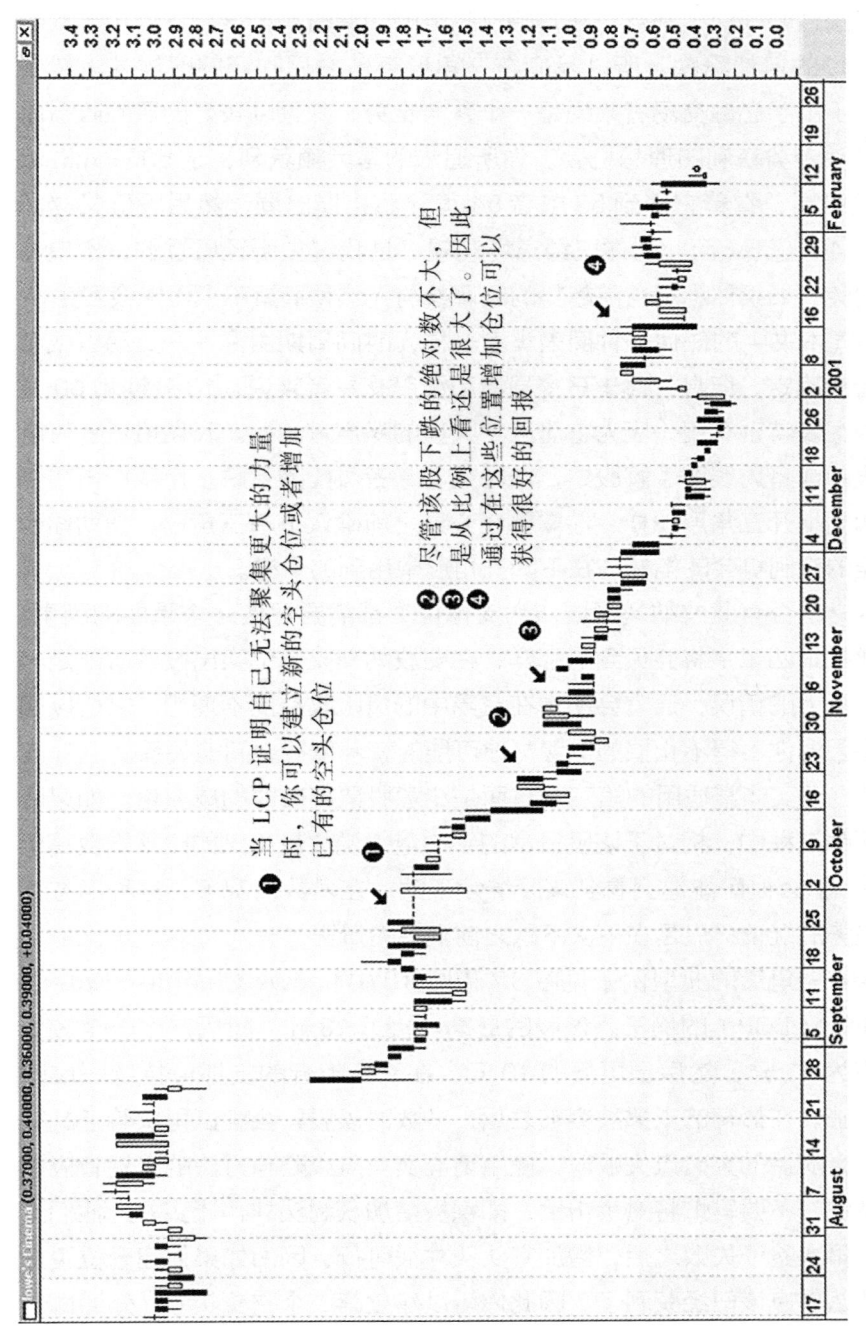

图 3.8 LCP 继续下跌，并且最终消失在交易图表中

① 当 LCP 证明自己无法聚集更大的力量时，你可以建立新的空头仓位或者增加已有的空头仓位

② 尽管该股下跌的绝对数不大了，但是从比例上看还是很大了。因此

③④ 通过在这些位置增加仓位可以获得很好的回报

许多交易者犯的一个错误就是在错误的时间杀跌卖出股票，也就是在该股已经跌幅很深，并且正在开始反趋势的回调时卖出该股。但由于我们了解市场的自然涨跌，所以我们在三角形突破之后回调的时候才大量参与。对于出手必赢交易者来说是一个参与走势、并且以较好的风险收益比通过下跌走势获利的理想机会。你所追求的是大额获利，于 50 美元时做空这只股票，看着它涨到 53 或者 54 美元后止损出局，然后股价又立即下跌到 40 美元（而此时你已经离场观望）是我过去所经历过的，希望你可以避免。如果你利用当前趋势的回调参与，这种情景不太可能会发生。

如同本书中的任何一种图表类型一样，时间周期由你——交易者或者投资者来确定。但是，对于日交易者和波段交易者来说，13 分钟和 60 分钟日内图表特别有用，因为它可以将大量的噪声过滤掉。长期投资者可以看日线图或者周线图了解股票、市场或者二者可能的下跌。让我们再次强调，如同上升三角形一样，你需要在交易之前确认下降三角形。帮助你确定可能的获利机会的指标与在下降三角形中用到的一样。

不论是否有斐波纳契区域作为支撑位，都需要评估一个重要的因素。如同你在第四章中将会见到的那样，在斐波纳契支撑位卖出股票可能是一个代价很大的错误，通常会使你在交易中的风险收益比不理想。之所以如此，是因为你不得不止损的位置与你可能的获利位置之间的关系。

经过证实非常适用的第三个方面是注意股票突破时的成交量。如果股票在下跌过程中，相对于该股日常的平均量来说放量（比如比平均数高出 25%），那么很可能你会看到该股继续下跌。在多数情况下，这种形态是下跌趋势的继续，只是在下次下跌之前聚集力量罢了。

下降三角形的典型例子见图 3.7 和图 3.8 中 Loews Cineplex Entertainment（LCP）的例子。该股的最高点接近 13 元，随后产生一个较低的高点为 11 元，然后是更低的 10 元。在 9 元附近的支撑位持续一段时间后上涨。在最初的支撑被突破之后，多数时候股票会尝试再次验证其突破点。当随后的突破点失败时，使用精准买卖点策略与方法的交易者应该更加激进，不要害怕将对手击倒，即积极增加获利头寸，让头寸为他们工作。在再次验证失败之后，增加空头头寸很可行，因为如果你建仓位置正确，那么你应该已经获利了。因此你可以建立第二个空头头寸，知道即使这次错了，你也至少可以持平。但是，如果趋势所预示的形态持续，那么你将会因为你的资金管理、风险管理和交易能力而获得回报。

下一个经典的下降三角形出现在2001年8月，纳斯达克100的走势中。纳斯达克之前以1600点为支撑，在8月中旬明显击穿了这个支撑位（图3.9）。

可以在这个位置做空。但是，在这个位置大手笔做空不够谨慎，而在验证突破点失败之后，做空成功的可能性会大得多。更为重要的是，它可以使你整体的风险收益比更好。在纳斯达克验证突破点失败之后，大手笔做空并且看着它下跌的时机到了。它也的确是下跌了。

这些书本上的建仓位应该引起你重视，因为它们可以使你胜算更高。再重复一次，你所做的一切不过是让你自己根据合理的价格计算，在期望得到好的回报时参与到交易中。假以时日，这种交易可以使你由于总体的良好表现而获利丰厚。

但是要记住，任何时候你都必须以一个纪律严明的风险管理者身份参与交易。有尽可能多的指标对你有利十分重要，因为每一个指标都会增加你的胜算。

作为一个交易者，你所做的最坏的事就是从微观层面管理你的头寸。但是，我们在某些时候可能都会这么做。这样做是为了让我们自己确信，我们不久前很自信地进行的交易现在发生了变化。也可能是因为对使用的指标、方法或计划缺乏信心。这并不是说市场不会突然反转，或者你不可以灵活改变，但是时间长了，我发现改变计划的坏处多于好处。

发现反转

市场观察者总是问自己他们看到的股票价格涨跌的变化是当前走势的自然回调还是向另外一个方向开始的一个新趋势。尽管没有一定之规来判定，但还是有些方法可以确定你的股票是在反转还是仅仅回调，然后继续原来的走势。

确定反转要看的第一件事是图表类型本身。有很多存在获利机会的反转类型，可以让你在短期内快速获利。第一种形态称为两线反转。这是一种常见的形态，伴随着巨大的上涨或者下跌的压力。当市场趋势很强没有缓和时就好像压缩一个弹簧不让它回弹。当它最终回弹时，就会产生非常强大的反转。这种情况出现在市场上涨或者下跌得非常快，然后在随后的

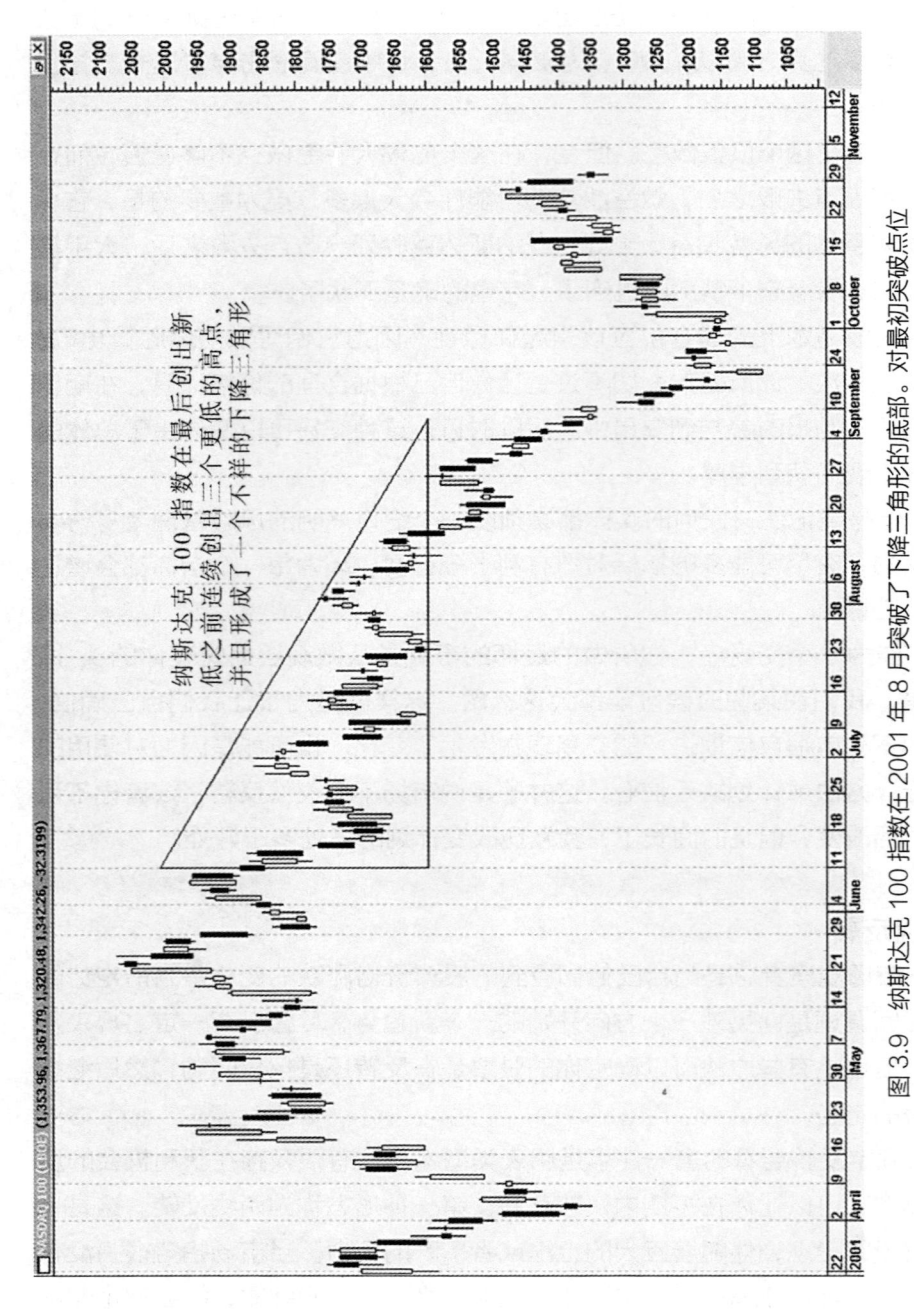

图 3.9 纳斯达克 100 指数在 2001 年 8 月突破了下降三角形的底部。对最初突破点位的再次验证是低风险的做空机会

两根线内就完全弥补了上涨或者下跌的量。这种迅速跳回可能产生一个巨大的反转，使得很多交易者疑惑他们是否应该买进，或者如果买进的话是否会上当。

当你尝试找出反转时要留意的第二件事是相关的斐波纳契回调或者扩展位。当指数或者是股票运行到斐波纳契好友区时，比那些没有斐波纳契支撑位的股票或者指数更有可能会反转。使用你将在第四章中学到的斐波纳契分析工具，可以极大地提高你参与反转的信心。

观察图3.10道琼斯工业平均指数的走势，你可以发现市场几次出现强大的卖压，最终突然出现反趋势的回调。由于从底部爆发，并且随后一天市场突破了前一日的最高价而得到确认。这是强大的反趋势回调开始的信号。反转可以通过观察市场怎样对15周期移动平均线做出反应，以及趋势反转指标可能出现的背离来确定。观察股票的走势如何遵从斐波纳契支撑位，不会跌得更低。提前了解这些区域将会使得在第二章中讨论过的技术指标更有效，更能够获利。

在一个上涨的趋势中，当股价反转时，将会在顶部显示出一个帐篷形，表明在那个位置的买盘失去了动力，股票可能会开始一次反趋势的下跌走势（有时会很极端）。

观察MACD，你会发现它的间距扩大，并且开始向下。观察图3.11的Linear Technology Corporation（LLTC），你会发现它获利非常丰厚，如果你想要根据本书中为MACD设定的参数参与反转，你可以根据历史上的支撑和阻力位，使用MACD直方图来评估并且发现一个可能的反转。这个指标也像其他指标一样不是非常完美，不能作为交易的唯一根据。将它与目标价位、形态和其他指标一同使用以提高你的成功机会。

我喜欢使用的另一个形态是超卖股票的圆形底。这形成了一种钩形的形态，并且在底部形成一个圆弧之后，由一个跳空向上的缺口确认（图3.12）。

我们将会在第五章详细讲到转折点，确定每星期甚至每月的支撑和阻力转折点，就是为了在当大多数华尔街人搔着脑袋想市场发生了什么的时候，我们能从巨大反转中获利。前面提到的每一种方法都可以作为反转的信号，但是，精准买卖点策略与方法的目标是使用多个指标来提高获利的概率。

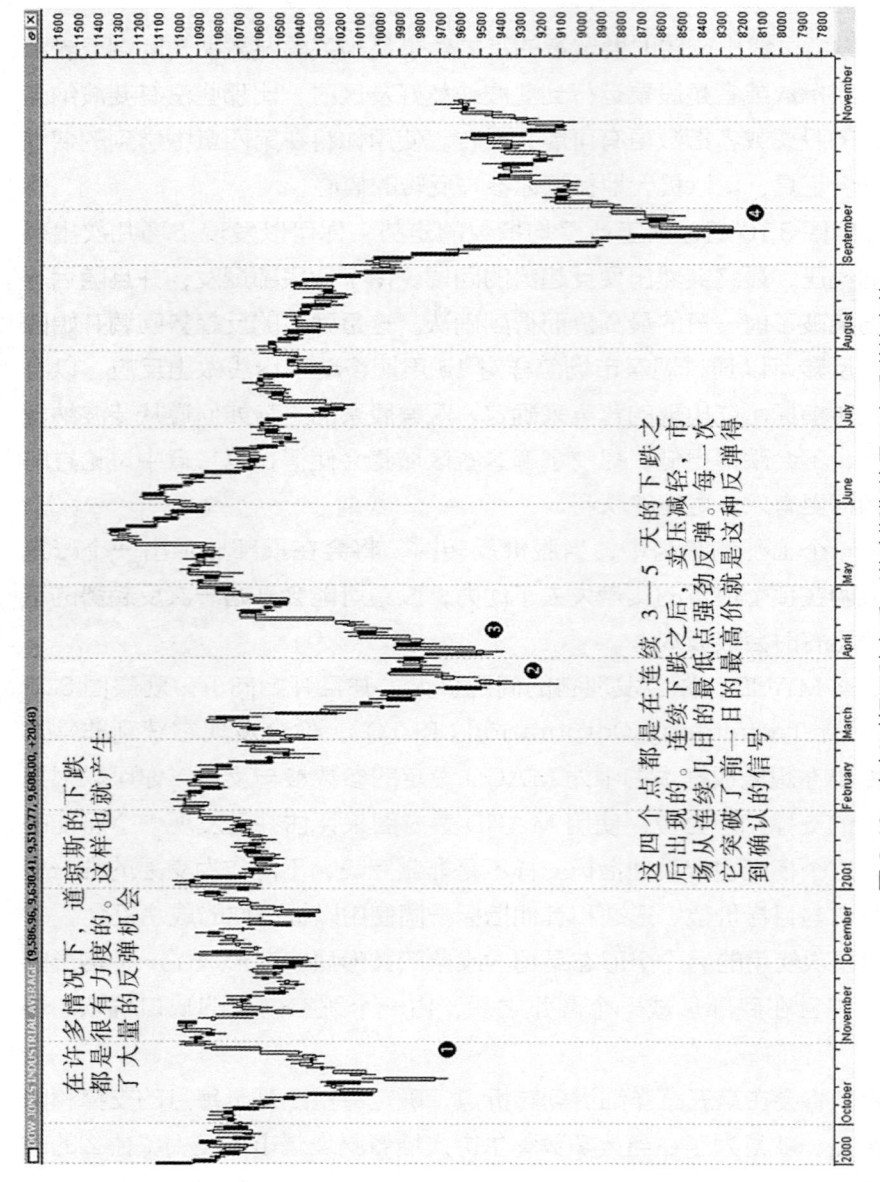

在许多情况下，道琼斯的下跌都是很有力度的。这样也就产生了大量的反弹机会

这四个点都是在连续 3—5 天的下跌之后出现的。连续下跌之后，市场从连续几日的最低点强劲反弹。每一次它突破了前一日的最高价这种反弹得到确认的信号

图 3.10 在长时间下跌之后，道琼斯指数显示出反弹的走势

第一阶段 基本交易策略 061

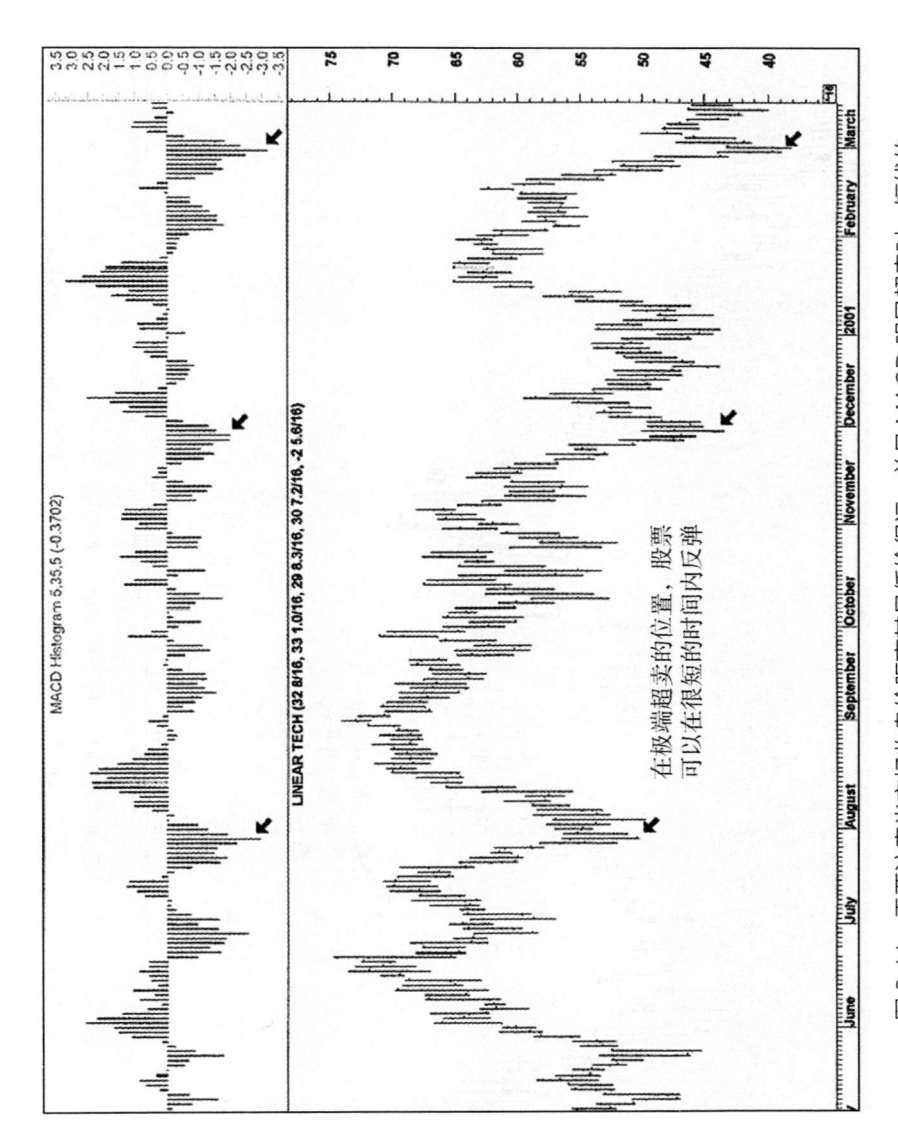

图 3.11 需要注意当市场收盘价距离其最低价很远，并且 MACD 明显超卖时，短线的趋势就会改变

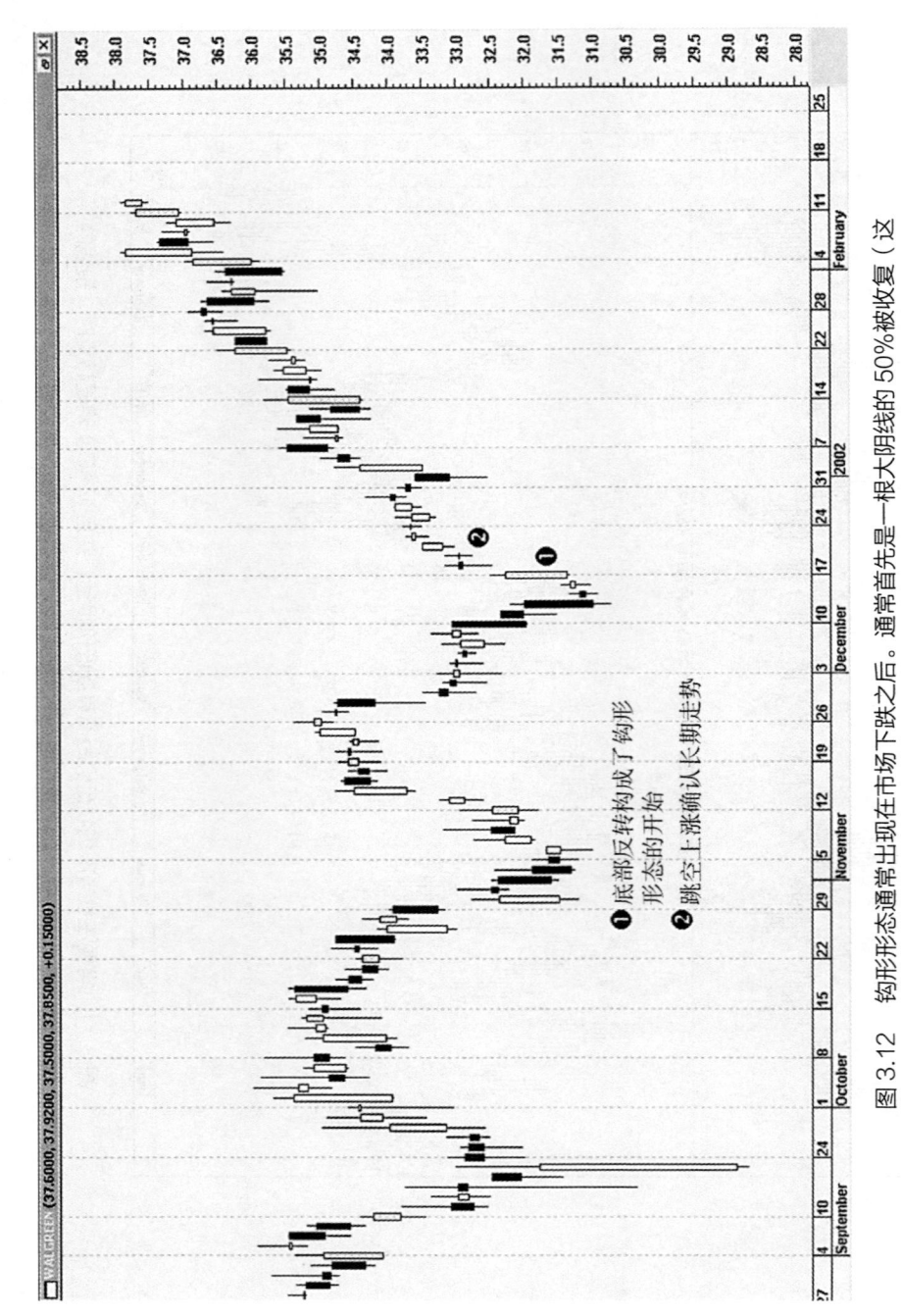

图 3.12 钩形形态通常出现在市场下跌之后。通常首先是一根大阴线的 50%被收复（这标志着建仓位），随后是跳空上涨，或者是连续上涨。这种形态孕着低风险的获利机会

❶ 底部反转构成了钩形形态的开始
❷ 跳空上涨确认长期走势

图表所显示的是市场日线图上常见的反转形态。辨别它们需要一些经验和技巧。但是，了解这些形态可以使你作为交易者生存下去，如果你是投资者的话可以保护你的投资资金。

参与突破

从盘整期参与突破，不论是在日内图还是在日线图上，对于很多交易者来说都是多年来一个持续的获利方式。耐心和纪律是这种情形出现时的关键。按照精准买卖点策略与方法，你可以紧盯着获利性来参与这些形态。

向上和向下的突破一般出现在股票冲击盘整区之后，到达盘整区之后就横盘整理，在进行下一个走势之前积聚力量。因此，一旦它突破了来自多头或者是空头的努力（这种情况一般发生在盘整期），之后它就目标确定，一发不可收拾了。

突破盘整一般发生在一只股票盘整了一段时间之后，通常是5~15个周期，或者更长一些。尽管处在盘整期，股票还是在构建基础，并且准备下一次大的走势。你的计划就是在下一次的走势中交易。图 3.13 的 Maxim Integrated Products（MXIM）显示了一只股票盘整了 15 天之后，向上突破。

股票盘整的时间越长，突破也就越强有力。如我们所料，股票回调了一段之后进入了另一个盘整区，范围是 57~64 元。15 天之后，该股向下突破。这些向上或者向下的突破可能非常强大，但是不应该去追。

业余的投资者追逐突破！专家知道多数突破通常会回调，验证它们最初的转折点位。你应该寻找这种回调，因为一般来说如果指标也一致的话，这种回调可以让你参与到交易中。通常这是一个分批建仓的好机会。确定这些关键点，15 周期移动平均线和斐波纳契好友出现是衡量在何处平仓的精确标准。

另一种突破是"茶杯和杯柄"形态。"茶杯和杯柄"出现在股票上涨时。然后股票回调筑底，为下一次上涨积聚力量。它回头验证其最初的阻力位。这个走势通常会失败，因为那些在上一次高点买入的人会利用这次机会卖出股票，只为打个平手。图形回调筑底的走势状如茶杯（图 3.14）。

"杯柄"出现在股票没有突破阻力位，它略微回调，构成了如同茶杯

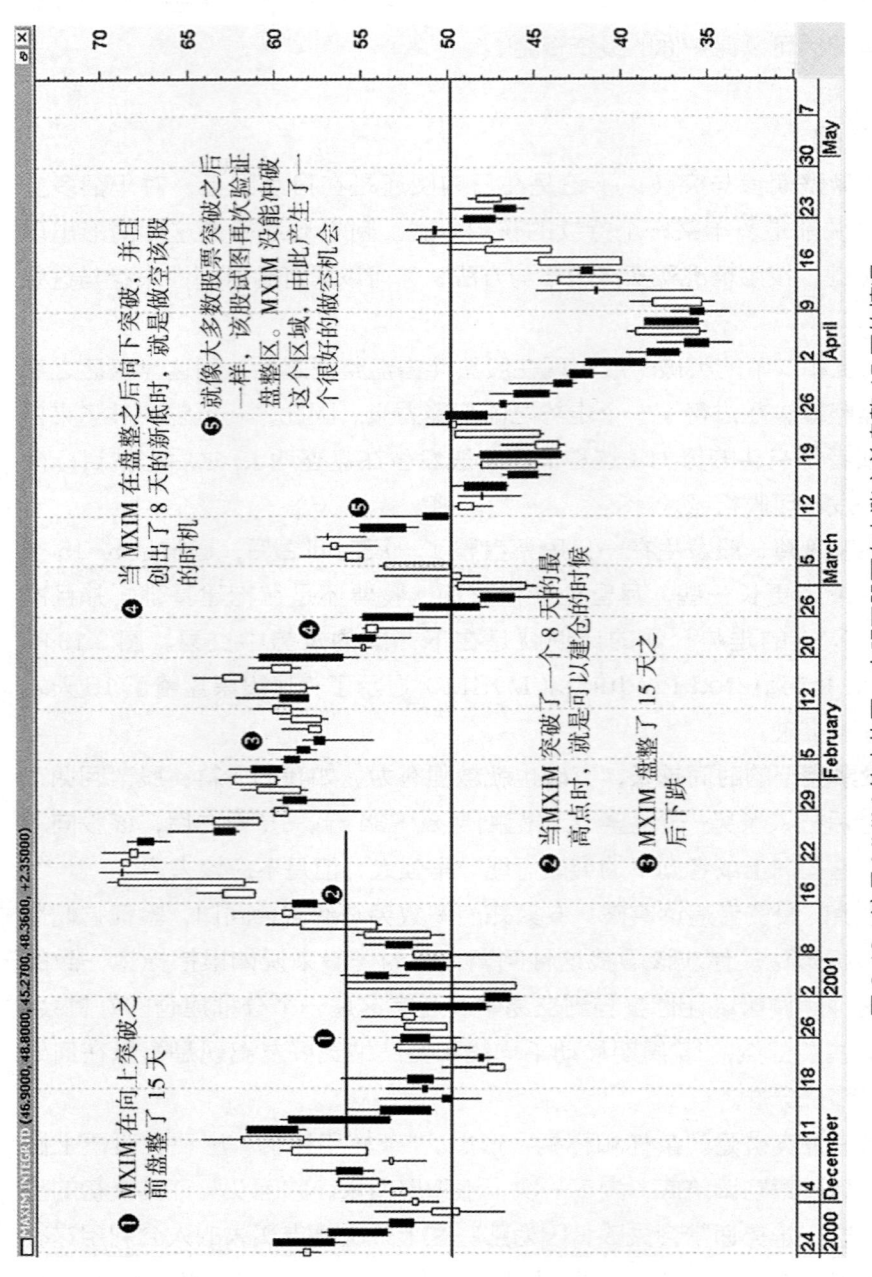

图 3.13　这是 MXIM 的走势图，表明了股票在上涨之前盘整 15 天的情况

第一阶段 基本交易策略 065

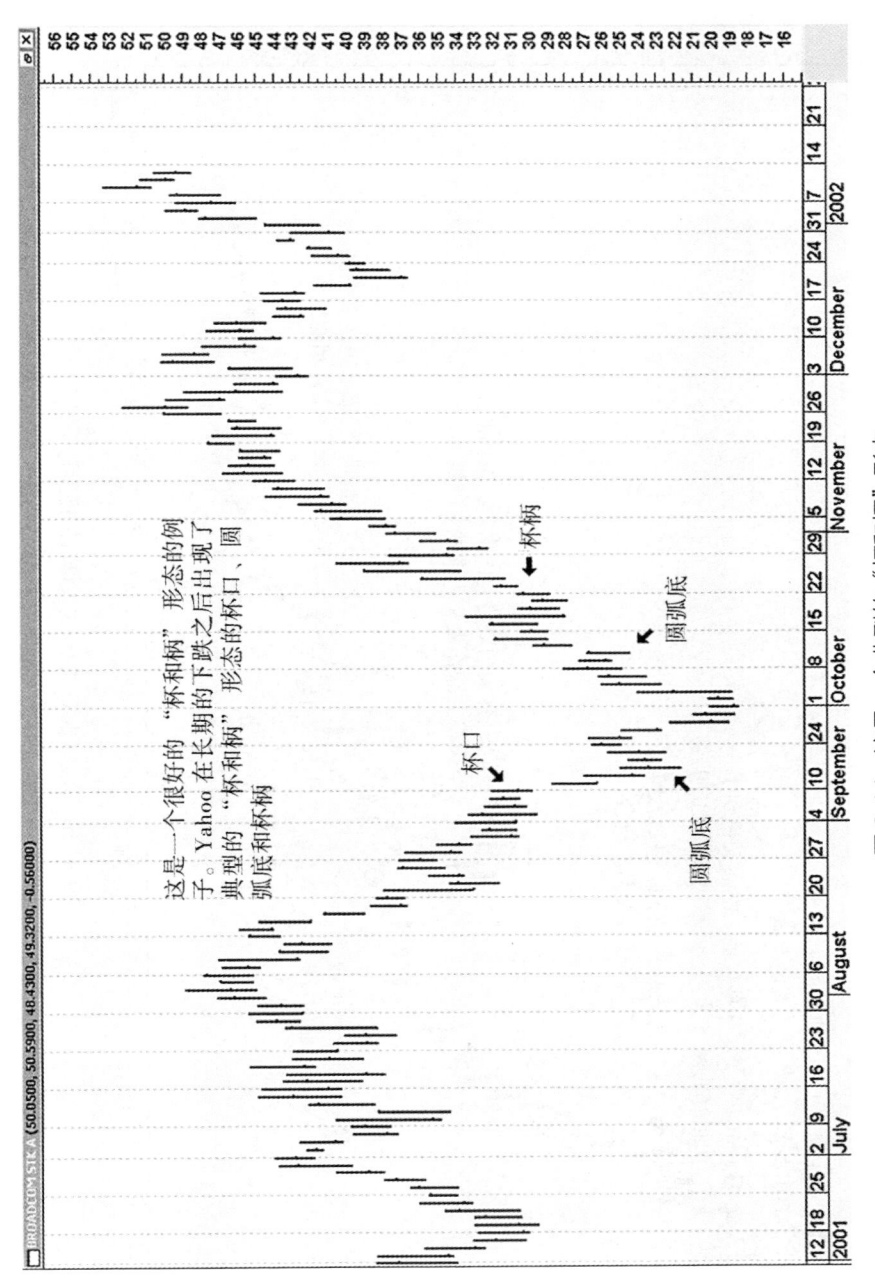

图 3.14 这是一个典型的"杯和柄"形态

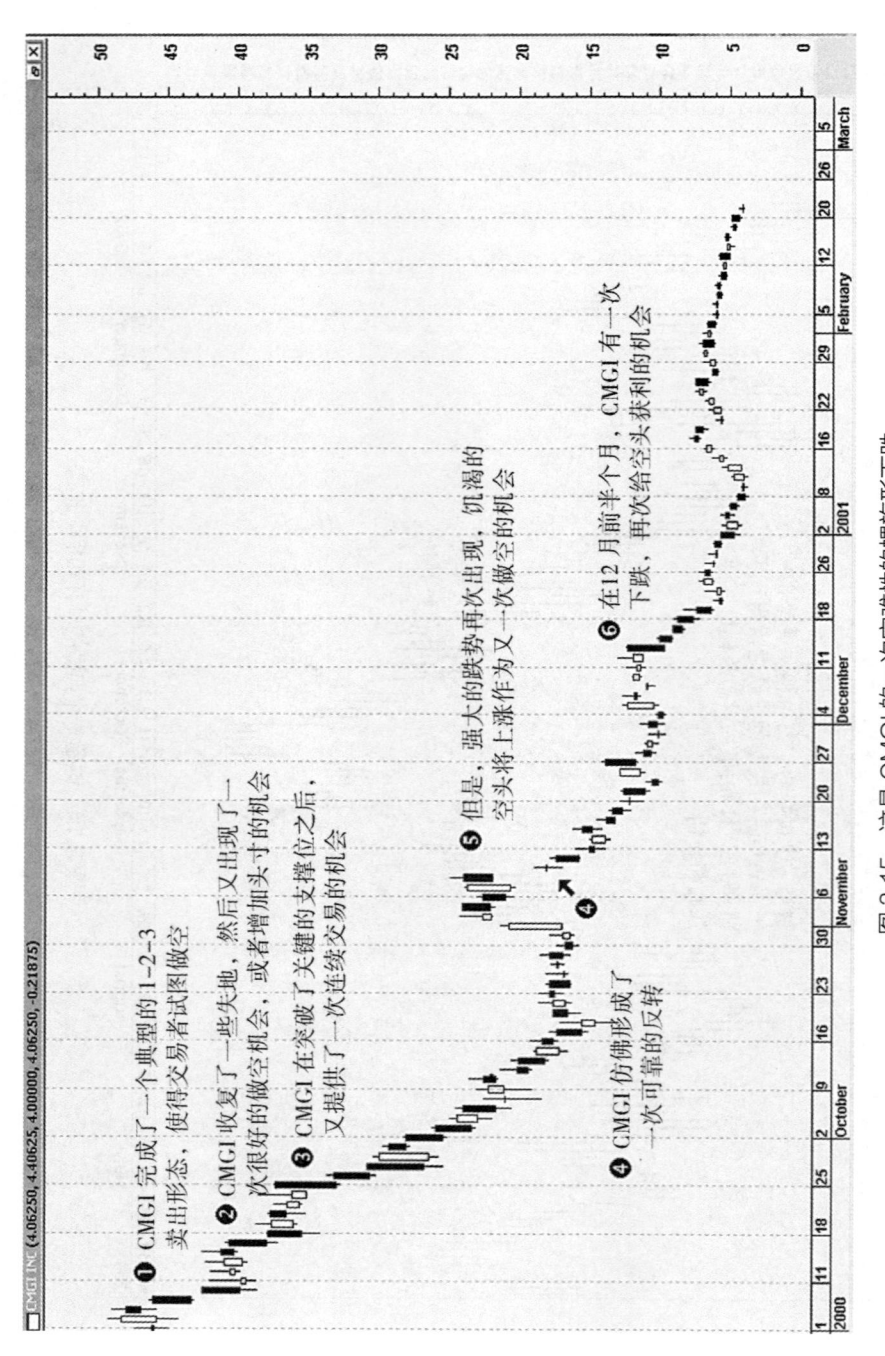

图 3.15 这是 CMGI 的一次灾难性的螺旋形下跌

柄一样的形状。然后股票再次上涨，但是这一次它突破了阻力位，以不可阻挡之势上涨。

再重复一次，这些突破通常会回调，给你一个再次参与交易的机会，如果你没能在最初的走势中寻找到合适的机会进入的话。这些突破经常会在斐波纳契扩展点位（下一章中解释）遇到阻力，非趋势摆动指标、趋势反转指标和垂直/水平过滤器会告诉你平仓的时机。

下一个例子是一只股票从双顶盘整后下跌，并且继续走低。

图 3.15 显示了 CMGI 在从 50 美元大幅上涨到 163 美元之后出现灾难性的下跌，然后在 35 美元附近获得支撑，因为出现了一些投机盘和空单平仓盘。

尽管股票在下跌，但它会在继续下跌之前不断进行盘整。

最终，对于多头来说很明显该股不会再上涨了。它不断突破盘整区的下方，并且更加快速地下跌。但是，如同很多下跌突破一样，它也回调了几次，给那些做空的人几次逢高做空的机会。如 CMGI 的图所显示的那样，市场通常会给你多次交易的机会。了解这些使得那些专业人士可以头脑冷静地寻找最好的建仓机会。

像本章所讨论的有获利机会的图表形态一样，单独的图表形态不能成为交易的理由。得到其他的精准买卖点策略与方法中的指标的确认，对于提高你交易成功的概率很关键。

小结

如同本章介绍前述的图表形态时所解释的那样，精准买卖点策略与方法是在上涨的市场中逢低买入，在下跌的市场中逢高卖出，并且在预定的目标价位平仓获利。图表形态构成了"内托数字"30 分中的 10 分。像双顶、双底和上升三角形这样的形态在市场中非常常见，提供了很好的交易机会。但是，追逐这些形态最初的启动不是我的风格，我更愿意等待下一次走势，因为通常这会有更好的风险收益比。知道这些形态当中，不论做多还是做空都有好点位和坏点位之分很重要。在主要趋势的回调时介入，在目标价位时离开，你通过这些形态获利的机会最多，在市场中赚钱的机会也最多。

第四章 斐波纳契位
——目标价位的基础

精准买卖点策略与方法现在已经涉及建立"内托数字"30点中的另外20点的问题。以后我会讨论怎样把它们运用到发现出手必赢交易机会中去。正如本书中所说,你根据市场的主要转折点位买入和卖出,使得你能够在下跌的市场中逢高卖出,在上涨的市场中逢低买入,这很大程度要归功于斐波纳契回调和扩展。这些斐波纳契数字使你可以比市场先行两到三步,并且可以合理地预测何时牛熊会出现斗争。

确定目标价位使你能够参与那些风险收益比非常好的交易。应用第二章中的指标,正确理解第三章中的图表形态,再加上本章所讲述的斐波纳契位,共同构成了理解精准买卖点策略与方法的基础。在我们继续了解怎样正确计算和应用"内托数字"的过程中,本章提供了对斐波纳契位的解释。

斐波纳契的简史

在精准买卖点策略与方法中对于目标价位建立的一个主要的贡献因素,来自一个叫作莱昂纳多·皮萨诺(Leonardo Pisano)的人,他大约于1170年出生在意大利的比萨。他在童年时代获得了一个"斐波纳契"的绰号。斐波纳契数列与很多交易者有很大的关系。因为它们与精准买卖点策略与方法相关,因此本章将会详细解释斐波纳契位,以及怎样在交易中有效地使用它们。我感谢斐波纳契,因为我喜欢让其实至名归。只要我告诉你一点关于他的事就会使你更加尊重他。

在1192年之后的某个时候,莱昂纳多的父亲将他送到了布吉亚(Bugia)。莱昂纳多的父亲希望他成为一个商人,因此安排他接受计算技术的教育,尤其是那些涉及阿拉伯数字方面的教育,这些东西在那时还没有传入欧洲。斐波纳契是阿拉伯数字的坚定支持者,并且是最早使阿拉伯数字成为欧洲标准的人之一。最终他的父亲也开始支持他，将他送到埃及、叙利亚、希腊、西西里和普罗旺斯。莱昂纳多利用这个旅行的机会学习了各个地区的数学技术。

大约在1200年，斐波纳契返回比萨，在那里他专注于自己的数学作品长达25年。他完成的五部作品分别是《计算书》（1202，1228）、《实用几何》（1220~1221）、给泰奥多勒斯——霍亨斯道芬皇帝腓特烈二世的皇家哲学家——未注明日期的信、《花朵》——腓特烈二世时期数学问题解决方案的合集、《象限仪书》（1225）——一本关于两个以上变量二次等式联立解的书。由于这些作品，莱昂纳多数学家的名气传开了，腓特烈二世在1225年前后召见了他。

斐波纳契在1228年之后的生活鲜有人知。斐波纳契大约在1240年以后的某个时间在比萨去世。很多年来交易者对于斐波纳契数字非常着迷。

如我的方法所描述的那样，那些掌握了斐波纳契回调和扩展位的交易者在交易方面有明显的优势。

除了他在传播阿拉伯数字方面的作用，斐波纳契对于数学的作用被大大地忽视了。他的名字之所以为现代数学家所知，主要是因为他的著作《计算书》中的斐波纳契数列。

某人将两只兔子放在一个四面是围墙的地方。如果假定每对兔子每月产下一对小兔，每对小兔在第二个月可以产崽，那么一年之后这个人能够得到多少只兔子？

产生的数字序列为1，1，2，3，5，8，13，21，34，55（斐波纳契省掉了第一个数字），每一个数字是前面两个数字之和，这是欧洲的第一个回归数列（两个或者更多个连续数字的关系可以用一个公式表示）。

在19世纪，斐波纳契数列一词首先由法国数学家卢卡斯（Edouard Lucas）提出，此后科学家们开始在自然界中发现这样的数列。例如，他们在太阳花的螺旋线中、在松球中、在雄蜂的子孙（家谱）中、在蜗牛壳的对数（等角）螺旋线中、在树枝的叶芽排列中以及在动物角中都发现了这个数列。

斐波纳契比例在市场中的重要性

今天的交易者有很多方法确定买入和卖出点位。许多交易者看的第一个位置是以前的支撑和阻力位。这些位置可能使你了解怎样保护合理的利润或者使损失降到最小。斐波纳契数字是交易者和机构多年来确定市场或者个别股票潜在反转的工具。斐波纳契数字是许多职业交易者交易战略中一个有效的武器，由于在线交易者的涌现，在新的交易者中也非常流行。

什么是斐波纳契数字？一个例子就是 0.382 和 0.618，用它们乘以上一次的上涨或者下跌以确定下一次的走势可以走多远。假设你有一支趋势很强的股票，在几个星期内从 20 美元涨到了 45 美元。然后失去动力，开始下跌。经过这样的走势之后，许多交易者可能会疑惑应该在哪里买入，或者平掉空单。了解这种信息的一个很好的办法就是计算上涨的斐波纳契比例，使用第一个斐波纳契数字：0.382。

1. 首先，确定上涨结束和开始之间的差：

  45-20=25

2. 然后将这个差与 0.382 相乘：

  25×0.382=9.55

3. 现在，从最高点减去这个数字：

  45-9.5=36.5

这个 36.5 的位置就是股票未来的位置。但是如果股票下跌到 36.5 以下，就好像是热刀子在黄油上那样，那么支撑位又在何处呢？

这就是为什么我们要计算下一个斐波纳契比例，使用下一个数字：0.618。

1. 与前面说的一样，首先确定上涨结束和开始之间的差：

  45-20=25

2. 然后将这个差乘以 0.618：

  25×0.618=15.45

3. 如上面做的那样，从最高价减去这个数字：

  45-15.45=29.55

29.55 的位置就是股票回调的第二个支撑位。从中，你得到两个反转和平掉空单或者做多的机会。幸运的是，大量的软件可以进行这种计算，将结果明确显示在图表上，因此你不必为不断计算这些数字而烦心。使用斐波纳契分析来确定目标价位有很多技巧，将会在本章和本书的后面介绍。

例如，让我们考察纳斯达克一年内的价格走势。在1999年10月底，纳斯达克开始破纪录的上涨，指数在3月末几乎翻了一番。但是，在2000年5月，纳斯达克看起来厄运当头了。在形成了一个间距较短的双顶之后，它立即掉头向下。卖压既大又疯狂。

在随后的两周内，指数几乎跌了2000点，到达3227点。从那时开始，指数开始调整，从3月的5046点到4月的3227点，留下了大量的工作要做。反弹恰在下跌的0.382斐波纳契阻力位停止（图4.1）。

在那次反弹之后，市场再次下跌，继续之前的趋势，并且创出3042点的新低。纳斯达克在随后的七周内强劲反弹，到达4289的高点，而这又恰好是从5100点下跌到3100点的另一个完美的0.618斐波纳契回调。

关于图4.1中走势的注解如下。观察这个图表，你可以看到市场试图突破0.382斐波纳契位，但是，事后证明这仅仅是两周的盘整，在此处多头有理由获利了结。在反弹到4289点之后，指数从斐波纳契阻力位再次下跌，最终到达最近走势（从3042~4289点）的另一个0.618回调位，然后下跌到3540点（图4.2）。

然后市场又再次反弹，在几乎整个8月中反弹到4260点，然后下跌到3760点，而3760点又恰好是另一个0.618斐波纳契回调位。

你真的应该重视斐波纳契位在市场中的重要性。纳斯达克经常在斐波纳契回调或者扩展位出现明显的反转。本章着重让你熟悉斐波纳契回调分析的基础，并且将其运用到市场中。许多了解斐波纳契比例的交易新手和老手会在了解这些比例与市场的神秘关系之后对斐波纳契数字非常着迷。在完全了解了斐波纳契分析之后，他们经常会想不通过去自己怎么能够不运用它们而进行交易。

在盯市的时候，你必须特别注意主要的斐波纳契回调位的位置，通常在0.382或者0.618位置市场会经历一次强劲的反趋势的回调或者开始反转。

这些基本的解释仅仅是怎样使用技术分析和斐波纳契位来确定最好的潜在交易机会的皮毛而已。当斐波纳契位与精准买卖点策略与方法的其他工具结合起来时，它会成为交易者交易计划中最有价值的部分。在交易过程中你应该一直牢记斐波纳契位，这样你就可以清晰地了解如何从那些经

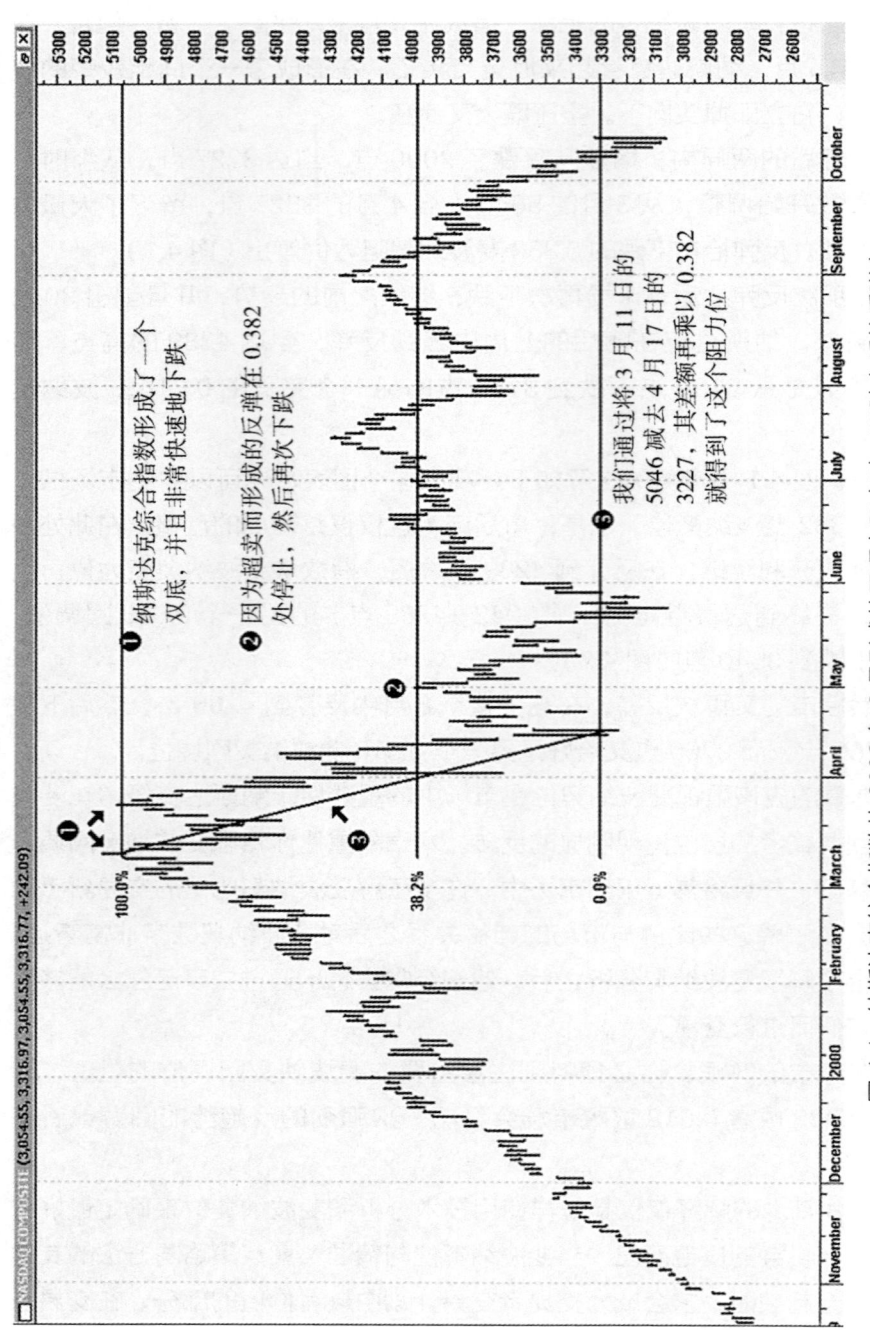

图 4.1 纳斯达克综合指数从 2000 年 3 月形成的双顶向下突破。下跌之后的反弹在 0.382 的位置形成了一次完美的做空机会，然后它再次下跌并且创出了新低

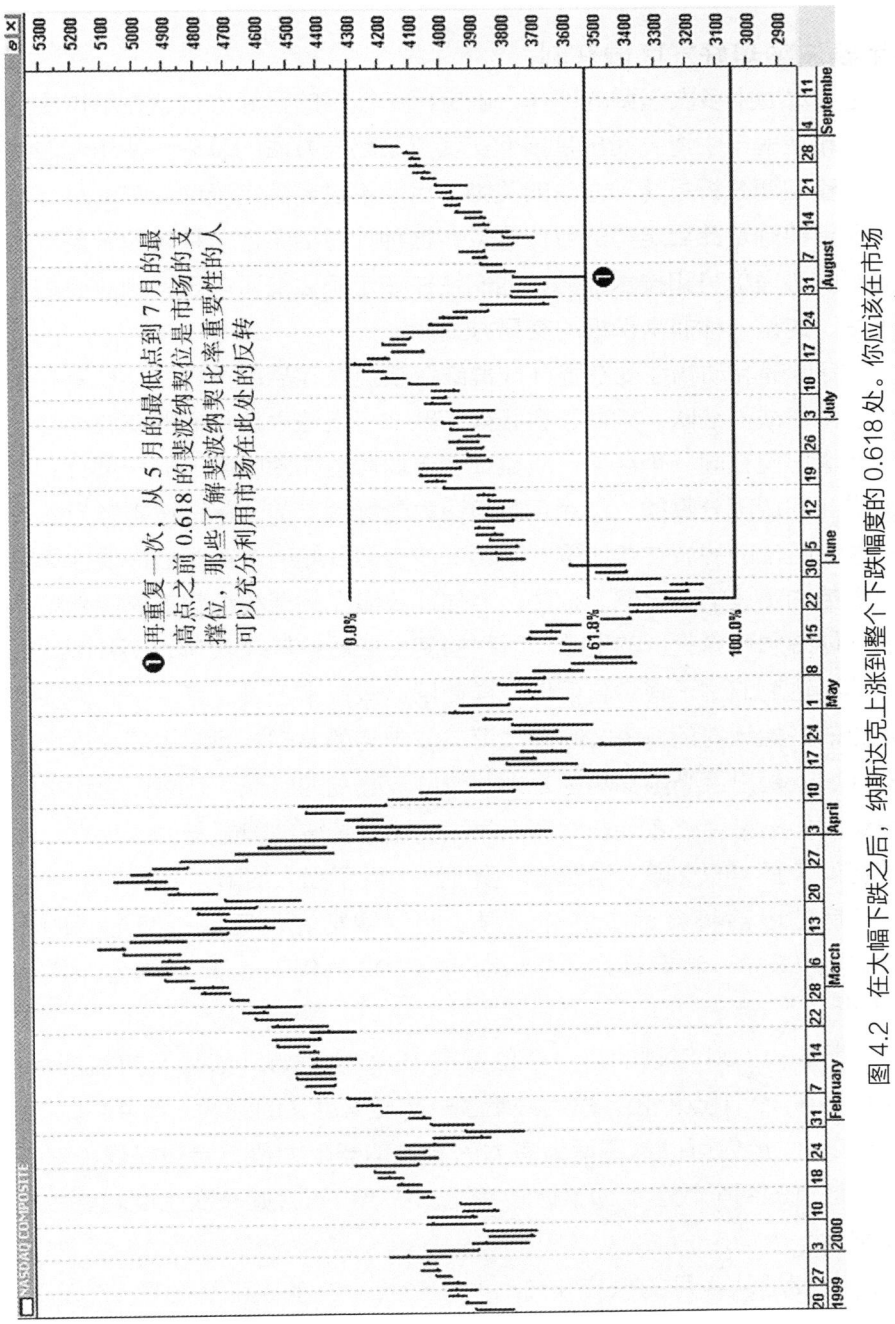

图 4.2 在大幅下跌之后，纳斯达克上涨到整个下跌幅度的 0.618 处。你应该在市场到达这些点位之前就清楚它们的存在，因为它们可以形成非常强大的机会

❶ 再重复一次，从 5 月的最低点到 7 月的最高点之前 0.618 的斐波纳契比率位是市场的支撑位。那些了解斐波纳契比率重要性的人可以充分利用市场在此处的反转

时间检验的支撑和阻力位获利。

利用斐波纳契好友区域获利

正如本书中多次强调的那样，确定概率很高的目标价位，在强市中逢低买入和在弱市中逢高卖出是精准买卖点策略与方法的基础。使用斐波纳契扩展和回调分析是这种方法的关键。目的不仅要确定当前走势的目标价位，而且要确定此后走势的目标价位。这种计算给了你一种类似于象棋比赛冠军的心理优势和技术优势，他们往往在走子之前可以预料到对手的几步走法。这是一种非常积极的交易方式。

就好像哺乳动物往往在野外成群结队来提高存活率一样，交易者在市场中也常常成群结队。因此，在长期下跌或者上涨之后你们的斐波纳契比例多数也出现在同一个区域。股票或者市场可能作为强趋势的一部分。市场通常会回调部分收益，然后积聚更多力量继续向前。第一波走势自然产生一系列特定的斐波纳契比例。当第二波走势开始时，很明显需要计算第二波走势的斐波纳契比例。记住，当你计算潜在的斐波纳契支撑或者阻力位时，你必须计算股价的上涨和下跌幅度，然后将其乘以 0.382 和 0.618，以下纳斯达克的例子将会告诉你怎样使用这些技术工具。这两个计算表明从走势的开始计算的 0.382 回调与第二波走势的 0.618 回调相邻。这个接近的区域就是出手必赢交易称之为斐波纳契好友的区域。交易界也称之为斐波纳契价格集束或者斐波纳契汇集区。这些斐波纳契好友区域为进一步上涨提供了坚实的支撑，也为进一步下跌提供了强大的阻力。

以后的段落将会逐步讲解你寻找斐波纳契好友区域所要进行的步骤。在图 4.3 中，我们看到一个纳斯达克 100 的例子，从 1348 点上涨到 1981 点。

纳斯达克 100 停顿的第一个位置在 1600 点附近，然后又重拾涨势。走势最终在 1981 点停止，然后开始了一次更有意义的回调（图 4.4）。

从 1981 点你可以遭遇两组有力的斐波纳契阻力位，希望找到能够在同一个区域的两个数字。如果你够幸运，从该位置开始一次主要趋势的概率非常大。

第一段是从 4 月的低点 1348 ~ 1981 点，0.382 回调位是 1742 点，0.618 回调位是 1626 点。第二段是第二个 1743 点到高点 1981 点的支

第一阶段 基本交易策略 075

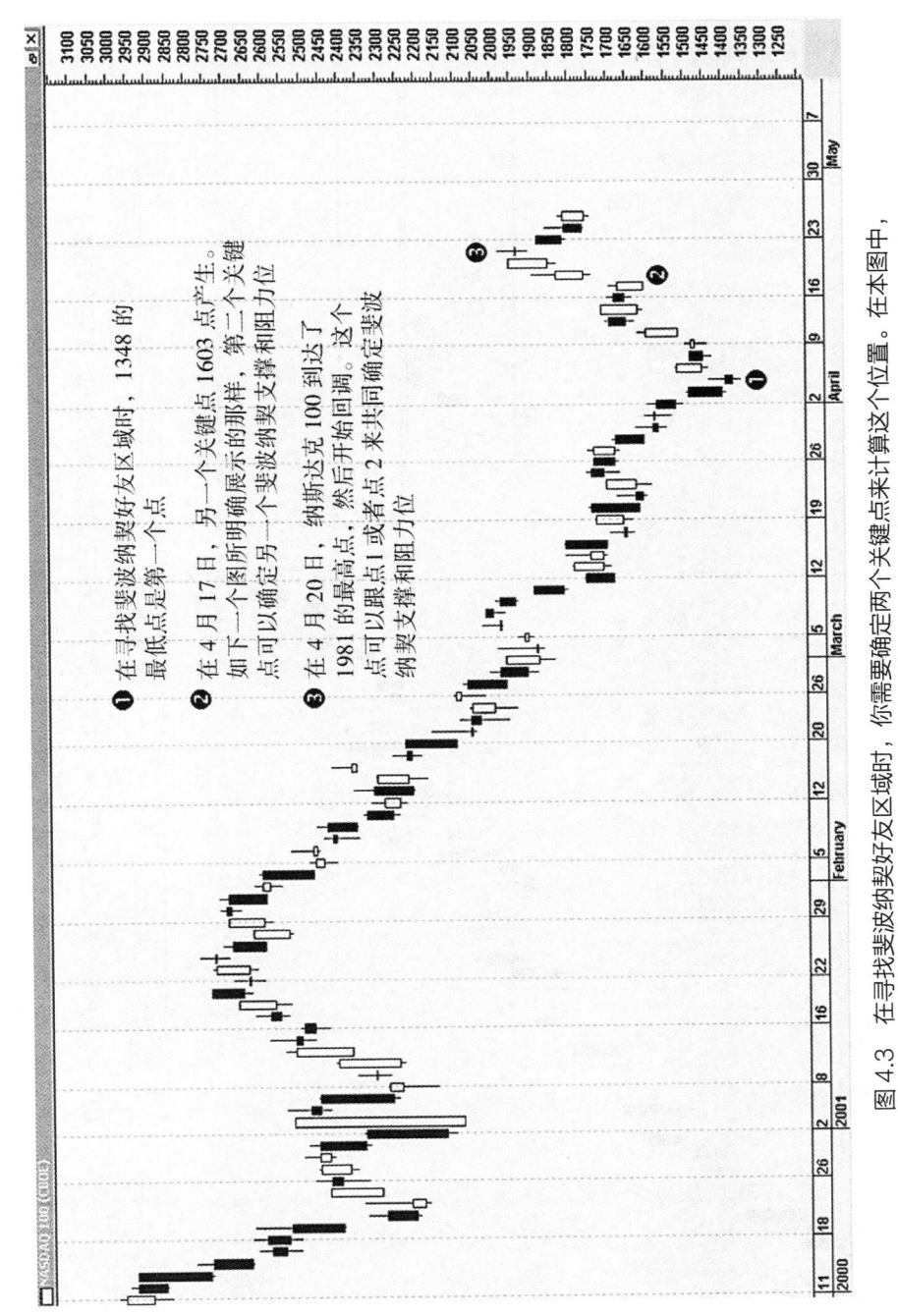

❶ 在寻找斐波纳契好友区域时，1348 的最低点是第一个点

❷ 在 4 月 17 日，另一个关键点 1603 点产生。如下一个图所明确展示的那样，第二个关键点可以确定另一个斐波纳契支撑和阻力位

❸ 在 4 月 20 日，纳斯达克 100 到达了 1981 的最高点，然后开始回调。这个点可以跟点 1 或者点 2 来共同确定斐波纳契支撑和阻力位

图 4.3 在寻找斐波纳契好友区域时，你需要确定两个关键点来计算这个点位置。在本图中，点 1 和点 2 是你计算从点 3 开始的回调所需要的关键点

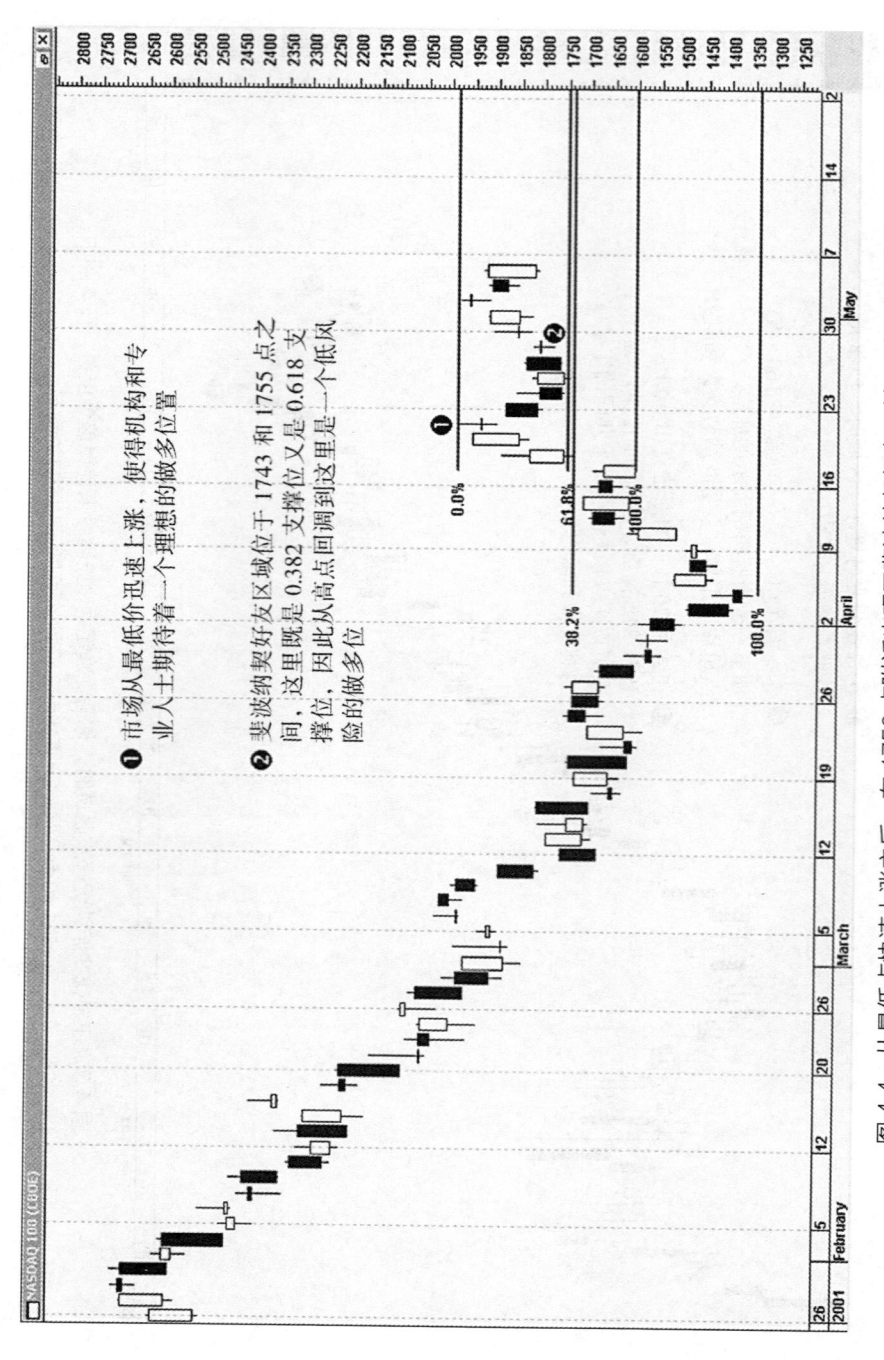

图 4.4 从最低点快速上涨之后，在 1750 点附近出现了斐波纳契好友区域，到这个位置的回调可以提供低风险的出手必赢交易做多机会

❶ 市场从最低价迅速上涨，使得机构和专业人士期待着一个理想的做多位置

❷ 斐波纳契好友区域位于 1743 和 1755 点之间，这里既是 0.382 支撑位又是 0.618 支撑位，因此从高点回调到这里是一个低风险的做多位

点。0.382 斐波纳契回调是 1837 点，0.618 回调是 1743 点。这两段在 1743 点产生了一个斐波纳契好友区域，因为第一段的 0.382 位和第二段的 0.682 位落在同一个区域，如图 4.5 所示。

对于那些更习惯斐波纳契扩展分析（将在后两节讲到）的人来说，还会观察到从低点 1348 到高点 1714 还产生了一个 374 点的上涨。如果你从下一个低点 1603 投射 374 点，你将会得到一个 1×1 斐波纳契投射高点 1977 点。纳斯达克的高点为 1981 点。这样你做多之后，并且寻找一个预定的目标价位来获取你的利润，或者寻找一个位置来做空，使用斐波纳契 1×1 扩展，或者图 4.6 中由线 AB 和 CD 所确定的较高的目标价位将会为你提供这样的机会。但是，在你能够熟练使用出手必赢方法之前，你应该循序渐进地进行这种交易。

许多短线交易者利用这些数字的方式是取如上的长期斐波纳契数字，然后进行日线交易。在前述的走势中，一个精明的日交易者可以使用这些信息进行交易，并且保守地确定一个 12∶1 的风险收益比，在接近斐波纳契好友区域冒 10~15 点的风险来参与回到前次高位的走势。这种有效的策略就是出手必赢交易的精髓所在。

使用斐波纳契好友区域非常平常，许多机构和职业交易者都了解这种技术支撑位作为参与市场上涨的方式。在图 4.5 中，如我们所预测的那样，纳斯达克回到斐波纳契好友区域，使那些心中有目标价位的人以很好的风险收益比做多。如本书中反复说明的一样，不能把单独一个指标用作交易的唯一基础。

将这个指标和其他特定的指标联合起来会使你在交易时更加自信，因为你知道你成功的概率很大。

使用斐波纳契好友区域对于理解精准买卖点策略与方法非常关键，能使你的交易得到有利的风险收益比。

斐波纳契扩展分析

在制定目标价位方面最重要的工具之一就是使用斐波纳契扩展分析。你不必了解为何使用它，但是正确使用它可以提高你对市场的直觉。

与自然的斐波纳契回调一样，斐波纳契扩展在确定目标价位和确定建仓的顺序中起到非常关键的作用，使交易者可以比市场先行两到三步。使

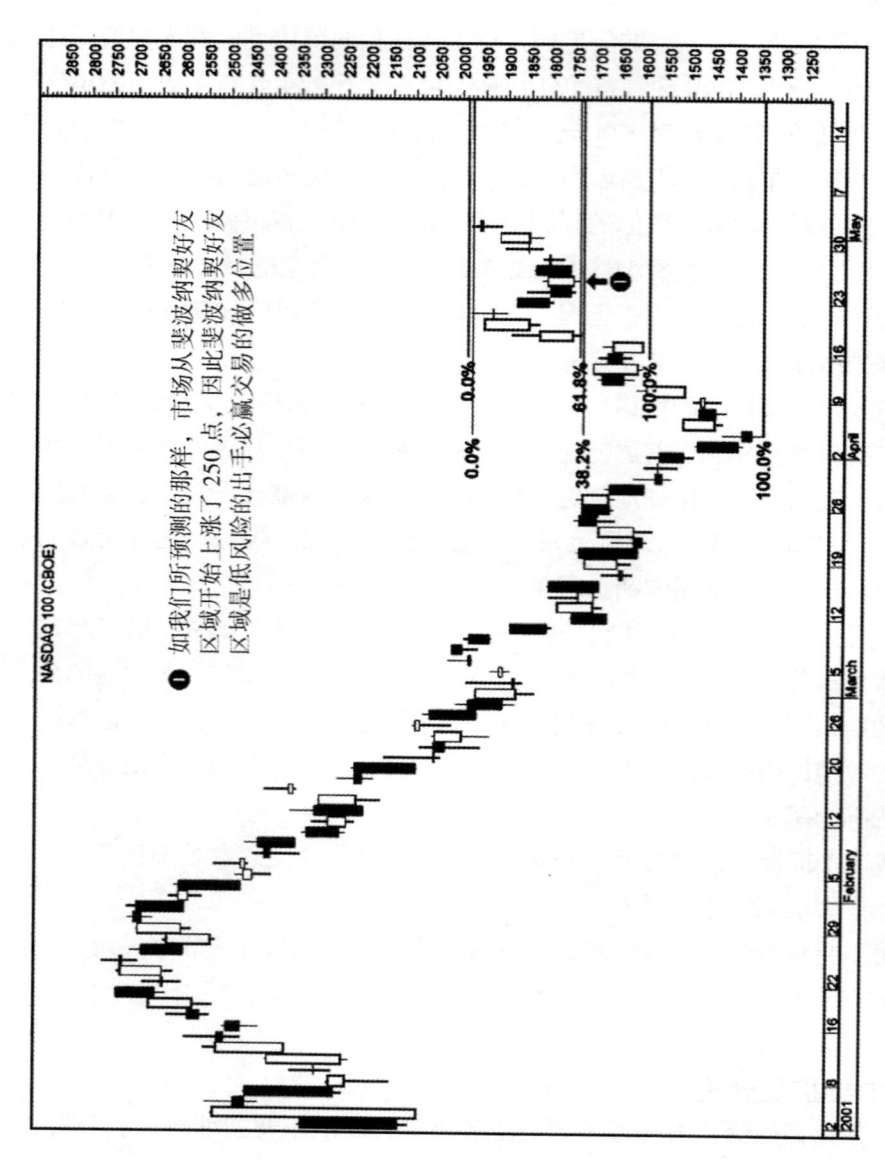

图 4.5 市场从斐波纳契好友区域反弹给了交易者极好的低风险买入机会

第一阶段 基本交易策略 079

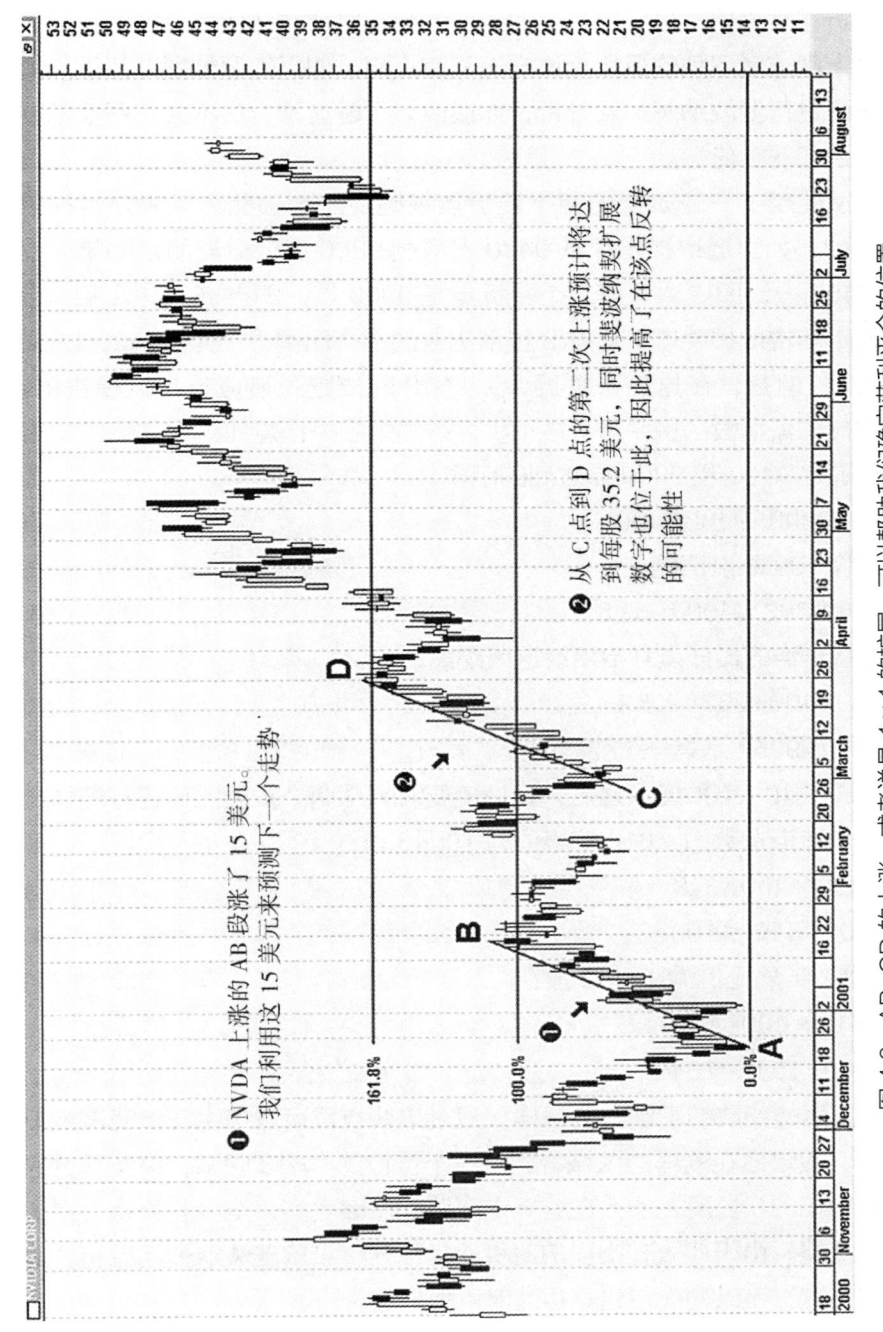

图 4.6 AB=CD 的上涨，或者说是 1×1 的扩展，可以帮助我们确定获利平仓的位置，然后等待回调再买入。在 NVDA 的例子中，1×1 的扩展发生在日线图中

用几种软件或者只使用通常的 Excel 电子表格，就可以非常轻易地进行这种分析非常简单。目前市面上的斐波纳契专家软件在使用斐波纳契数字来预测上涨或者下跌的目标价位方面略有不同。如果你遵循精准买卖点策略与方法进行斐波纳契扩展分析，你很快会了解这种方法不会花费很多时间，但是却非常值得。

通过使用上一轮走势的两个转折点来确定三个预测点以确定目标价位。例如，如果道琼斯指数从 9400 点涨到 9800 点，你要测定的第一个点是 9400 点，即点 A。第二个转折点是 9800 点，即点 B。点 A 和点 B 之间的距离构成扩展点。从点 B 投射出去的三个比例分别为 1.382，1.618 和 2.618。但是，在这三个扩展中，1.618 的位置是最应该加以重视的。因此在道琼斯指数的例子里，三个扩展点的第一个计算如下：

1. 确定 9400 和 9800 点之间的距离：
   9800−9400=400
2. 将 400 乘以比例：
   1.382×400=552.8
3. 从走势的最低点开始投射这段距离：
   9400+552=9952

因此，9952 是第一个斐波纳契扩展点。

完成了第一个扩展点之后，我们还要对另外两个扩展比例进行同样的操作，道琼斯指数的 1.618 扩展位为 10048 点：

1.618×400=648

9400+648 = 10048

2.618 扩展比例为 10447 点：

2.618×400=1047

9400+1047=10447

与自然的斐波纳契回调位一样，通过这些点位可以产生一个斐波纳契好友区。假定你在同样的区域看到从一个价位的 0.618 回调，以及从另一个价位的 1.618 扩展，那么在这一点回调的概率更高，至少股价也会在这个位置盘整。由于买入和卖出的时机非常重要，了解斐波纳契回调和扩展点位的位置，可以使你在建立头寸时更加自信。

如图 4.7 所示，纳斯达克在 2001 年"9·11"事件之后一路振荡下

第一阶段 基本交易策略 081

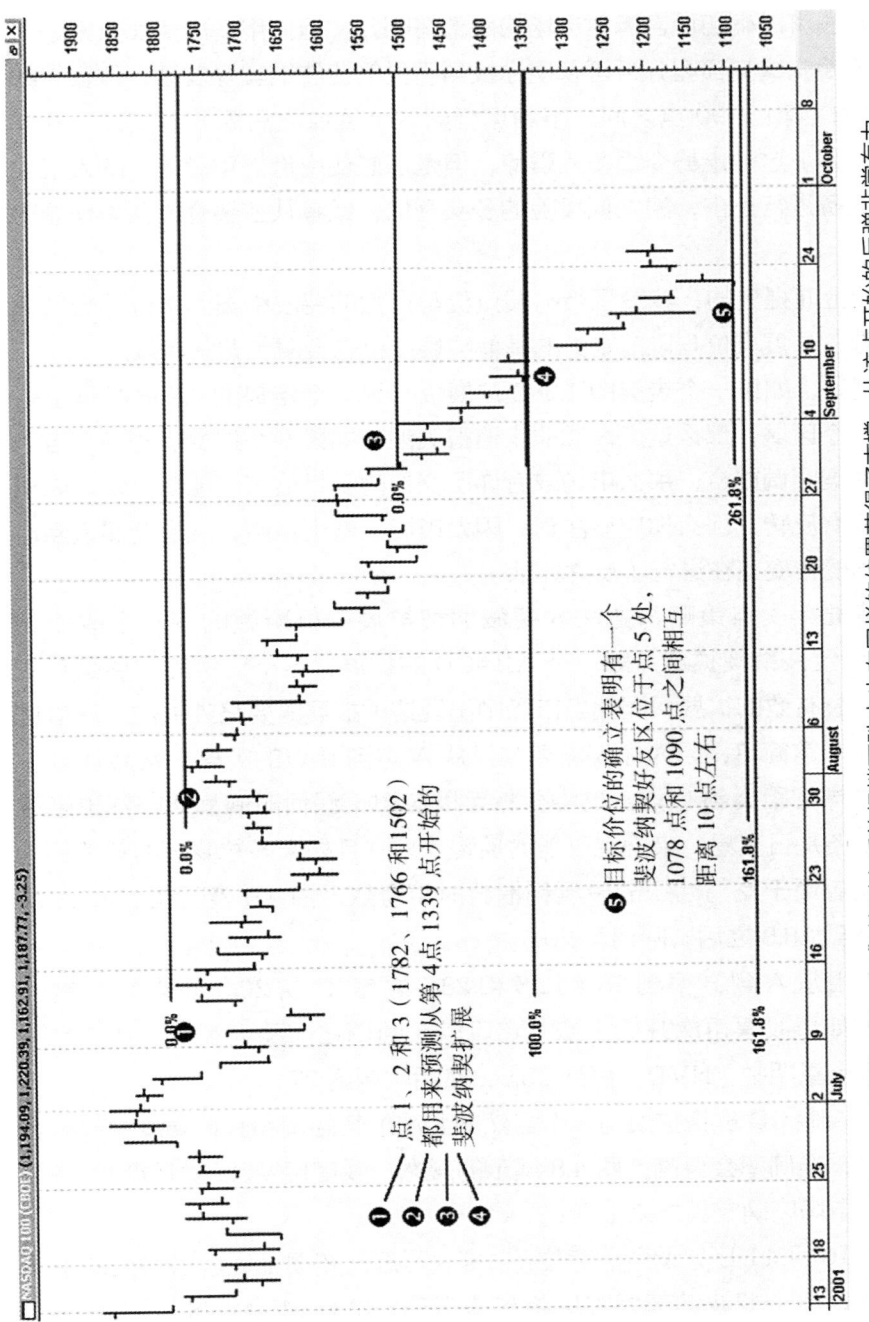

① 点 1、2 和 3（1782、1766 和 1502）
② 都用来预测从第 4 点 1339 点开始的
③ 斐波纳契扩展
④
⑤ 目标价位的确立表明有一个
斐波纳契好友区位于点 5 处，
1078 点和 1090 点左右相互
距离 10 点左右

图 4.7 市场在 "9·11" 惨剧之后的极端下跌中也在同样的位置获得了支撑。从该点开始的反弹非常有力

行。市场经受着强大的卖压，许多人都在问市场的底部在哪儿。尽管没有什么方法可以确切地告诉你市场的底部在哪儿，但使用精准买卖点策略与方法的斐波纳契预测分析可以使你找到明显的斐波纳契好友区，位置大约在 1072 点和 1090 点之间。市场运行到这个区域之后即获得支撑，并且强劲反弹。这种走势令很多人震惊，但是那些使用价格预测方法的人已经做好准备进行出击，建立低风险的多头仓位，或者从空头仓位获得理想的盈利。

如上面提到的，我发现当扩展点位与自然的斐波纳契回调位吻合时非常有效。扩展点位与以前走势的其他扩展点位吻合时也非常有效。

例如，如果一个走势的 1.382 扩展位与另一个走势的 2.168 扩展位处在同一个区域，那么这个区域非常值得关注。如果多个扩展点与多个自然斐波纳契回调重合，那么市场或者你所交易的工具很有可能会反转。如果市场没有反转，那么你应该注意，因为市场正做出声明，从逢低买入到逢高卖出的转变正在进行（反之亦然）。

精准买卖点策略与方法为斐波纳契扩展分析所做的下一个改变是 1×1 的斐波纳契扩展，即一个 AB=CD 的扩展。这个比例的扩展是我所使用的最有效的扩展，因此当市场中出现这种扩展时要格外关注。获得这个位置非常简单，因为你仅需要测量从 A 点到 B 点的距离，然后从 C 点延伸同样的距离到 D 点。这种分析可以应用于任何时间框架，不论是日内交易还是日交易，来确定可能的反转点。并且如大多数斐波纳契工具一样，在应用于交易活跃的股票和指数时更有效。图 4.6 表明在 NVDA 从 13.5 涨到 28.5 之后，回调至 20.5。

使用从 A 到 B 得到 15（13.5 和 28.5 之差），从 20.5 延伸 15，这告诉我们如果股票再次开始上涨，它可以在回调之前涨到 35.5。在 4 月以后的五个星期中，NVDA 涨到 35.5，然后回调到 27。

当 AB=CD 价格扩展与一个自然的斐波纳契回调和其他斐波纳契扩展重合时，准确率会更高。图 4.8 展示的形态，我使用斐波纳契位和趋势线来分析市场以确定其未来走向。

在 10 月 11 日，纳斯达克位于 1389 附近。在图上你可以看到向下的趋势线，一个斐波纳契好友区将走势带到 1428~1452 点区域，从 1973 点到 1610 点一路下行最低点 1088 的过程中许多中间高点的自然的回调。

第一阶段 基本交易策略 083

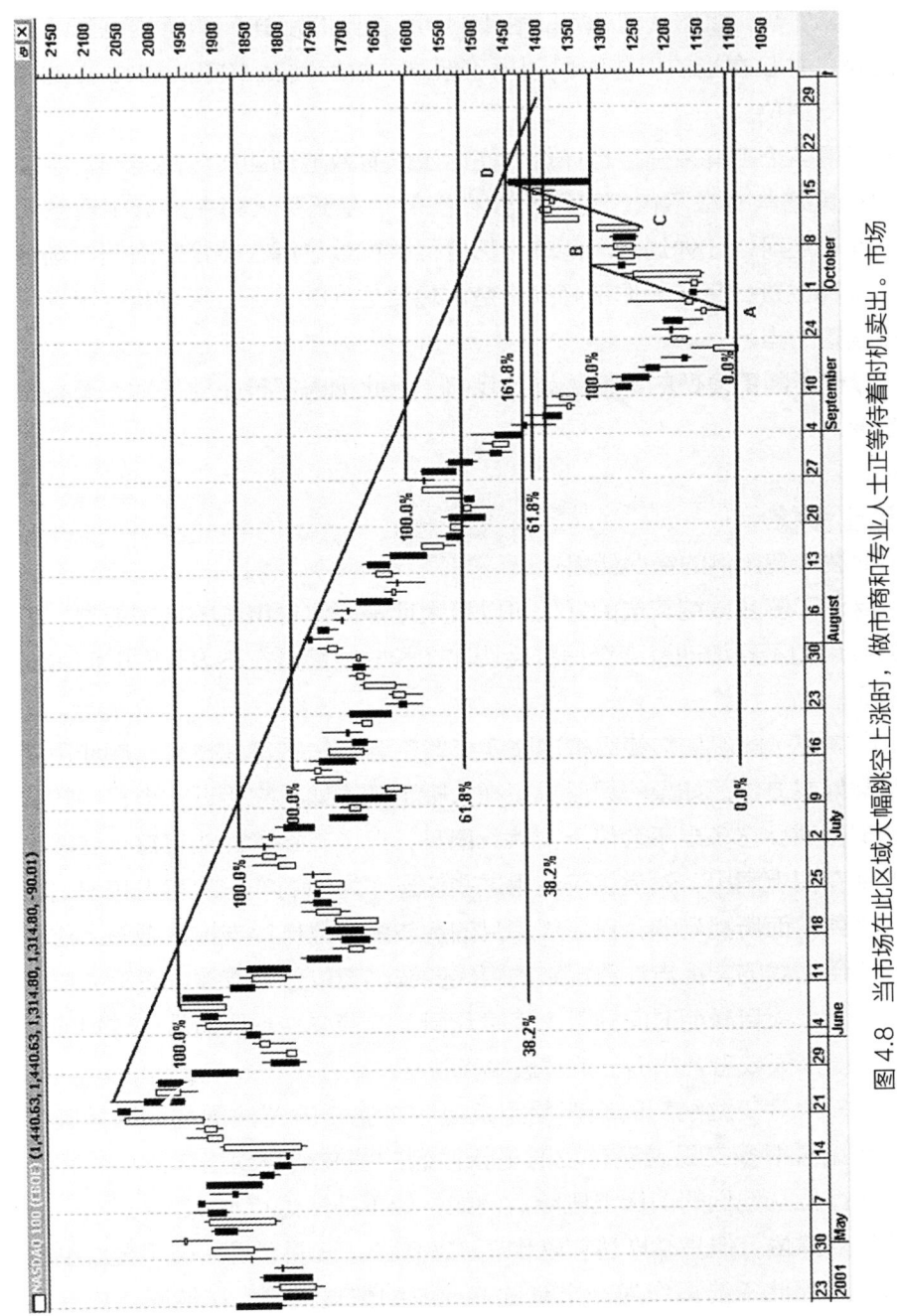

图 4.8 当市场在此区域大幅跳空上涨时，做市商和专业人士正等待着时机卖出。市场在这个位置的反应非常强烈，当天即跌了 100 点

从 1101~1313 点的 1.618 自然扩展位为 1450 点，一个 AB=CD 的扩展位于 1433 点。如你从图 4.7 和图 4.8 中所看到的那样，纳斯达克到达这个区域，并且在当前早些时候创出了新高，然后回到 1305~1315 点的斐波纳契支撑位。

使用多个工具来确定目标价位使你可以有效地预测市场的走向。精准买卖点策略与方法不仅仅可以帮你在涨势中逢低买入和在跌势中逢高卖出，而且还可以让你通过可能的目标价位敏锐地了解在特定的时间市场将处于何种位置。每一天你都必须清楚你想要达到的目标，通过紧盯市场可以做到这一点。

我们不断重复做的事情成就了我们。因此优秀不是一种行为，而是一个习惯。

亚里士多德

斐波纳契比例的错误使用：

尽管了解斐波纳契位的好处可以极大地提高你对市场的认知能力，错误的应用和不严谨的资金管理将会使你在长时间甚至在不太长的时间内损失资金。

你需要了解怎样与使用精准买卖点策略与方法的其他技术一起使用斐波纳契好友方法。如果一只股票正在大幅下跌，如果它接近一个日内的斐波纳契位时，它多半不会停止下跌。但是，很多交易者埋头将每个斐波纳契比率在图上画出，然后仅仅使用这些信息作为他们唯一的买入和卖出指标。正如前面所提到的，日、周和月的斐波纳契位作为支撑或者阻力位的概率比用短线的转折点计算出来的短线斐波纳契位作为支撑或者阻力位的概率更大。来自长期时间框架（持续几周）的斐波纳契位通常比较短的时间框架（几天或者几小时）的斐波纳契位更准。

另一种对斐波纳契的错误使用是当一个主要的斐波纳契区域被破坏时。我见过很多交易者没有及时更新他们的斐波纳契网格，并且将那些旧的支撑位从他们的图标上删除。例如，如果纳斯达克在 1330 点有一个重要的支撑位，但是纳斯达克跌倒了 1300 点，这明显是跌破了斐波纳契支撑区，因此不能再作为一个有效的斐波纳契支撑位。在纳斯达克跌破这个位置之后，在以后的几天里，它反弹到了 1360 点，然后再次下跌到

1330 点。但是这次我对这个位置不再给予同样的重视，因为它在下跌途中已经被明显地破坏了。你还应该注意，将旧的斐波纳契好友目标价位网格删除，并不断更新。

许多交易者盲目地用斐波纳契位进行反趋势操作，不断提高他们的止损位而不是及时止损。我见过很多交易者将卖单设在作为阻力位的斐波纳契好友区域之前，试图再次参与长期的下跌趋势。他们的卖单成交了。建仓本身没错，因为这是你通常建仓的点位。但是，市场穿过斐波纳契好友区域继续上涨。这时他们不是止损出局，而是寻找下一个斐波纳契好友区域来设定他们的止损位，而下一个斐波纳契好友区域往往还相距甚远。交易者最初进行交易的目的无非是为了使自己以一个好的风险回报比进行交易，并且能够很顺利地从不利的交易中退出。但是，通过提高止损位，该交易者完全破坏了他的战略，并且丧失了战略优势。这种对斐波纳契分析的应用无异于自杀。我们在本书中寻求的形态是我们想要成百上千次使用的，因此，不断地在同样的参数建仓和平仓对你的成功至关重要。

了解斐波纳契目标价格的位置，你可以在进行交易前监视支撑和阻力位的出现。这种观察可以通过观察日内反转指标表现出背离来支持你的头寸，市场回到 15 周期移动平均线，日线图的垂直水平过滤器显示趋势正在丧失动力，日线的非趋势摆动指标显示极端的超买和超卖。

除了上面提到的错误，人们还使用斐波纳契位作为反趋势交易的一种方式，对此我坚决反对。如果大量技术指标——例如，上涨的移动平均线、向上的趋势通道和趋势线，以及正的 MACD——提示你不要使用主要的斐波纳契阻力位了结多头获利，你就不应该做空，反之亦然，因为股票正在下跌。这不是说对这些点没有强大的作用，但是当你进行反趋势交易，而斐波纳契位作为你的主要理由时，你通常会有一个较小的"内托数字"。通过结合使用指标、图表形态和斐波纳契位可以提高获利机会，因为指标的联合是交易者获利的强大同盟军。

在使用精准买卖点策略与方法的任何一种工具时，耐心都非常重要。进行日内交易时，几分钟就可能意味着几百或者上千美元的盈亏。在开始交易时时机非常关键，并且，正如耐心是交易者的可贵品质一样，时机到了的时候不犹豫、立即行动也同样重要。在正确使用精准买卖点策略与方法时，必须避免上述对斐波纳契比例的错误使用。

小结

　　本章讨论了三种斐波纳契方法：回调、扩展和投射，所有的这三种方法与其他的技术指标和图表形态结合使你获得了预测正在交易的股票或者市场目标价位的工具。"内托数字"由 30 点构成，而斐波纳契目标价位的确定占了其中的 10 点。确定一个斐波纳契好友区可以使你在图表中找到在上涨的市场中逢低买入和在下跌的市场中逢高卖出的点位，并且在预定的目标价位获利。现在你已经有了关于斐波纳契分析的基本知识，第五章将会使用以前学过的工具帮助你强化早先学到的观念。

第五章　利用转折点位获利

学习使用转折点交易是使用精准买卖点策略与方法最关键的部分。应用于某个价格区域的时候。转折点的概念需经过前几章知识的积累方可领会。本章将会利用前面学到的工具，并且教给你作为一个交易者如何应用它们提前两三步预测市场的走向的方法。能够预测市场的走向，你可以比大多数人超前一步，并且可以有计划地从市场中获利。

利用转折点交易

当市场从主要的转折点启动时，可以创造惊人的交易机会，并且产生极好的风险收益比。转折点出现在图表中牛熊为获得控制权而争斗时。争斗在这些点位发生，因此，你应该特别注意是否应该在此逢低买入或者逢高卖出。

那些对市场的多数买卖计划负责的机构交易者经常使用转折点。了解了这些转折点的位置，你可以推断出市场下一步的走向。这种顺势交易，或者是预测性交易，无论市场的当前的走向如何，可以使你客观地思考。精准买卖点策略与方法中的转折点可以使交易者更具优势。

转折点可以用在交易债券、外汇、股票和期权合约中。但是，当把它们与斐波纳契分析进行比较时，市场交易越深入、流动性越强，在这些点位的预期反应就越有可能出现。换句话说，一只交易清淡的股票不太可能像纳斯达克 100 或者标准普尔 500 指数那样会对转折点做出反应。

最初阶段，要成为一个成功的交易者需要学习很多东西。记住：本书的内容和目的能为你做出正确的交易决策打下一个非常坚实的基础。从这里开始，你可以确定适合你自己的风格以及要将多少东西融合在你的交易中。

确定纳斯达克 100 指数的转折点：

转折点交易的第一个例子就是纳斯达克100。以下要讨论的方法帮助我留在市场中，因此你也应该对它足够重视。

　　第四章包括了斐波纳契计算的三种重要的类型。斐波纳契回调，即0.382和0.618，斐波纳契扩展，即1.382，1.618和2.618以及斐波纳契投射，即我称之为1×1的上涨或者下跌。使用这些计算方法，同时使用其他辅助的技术工具如趋势线、移动平均线、趋势反转指标、垂直水平过滤器、MACD和非趋势摆动指标，交易者可以预测到买入卖出的关键点。

　　如果你观察2002年9月的纳斯达克100指数，你会注意到市场已经在历史上最混乱的熊市第三年中又经历了长达9个月的下跌（图5.1）。回顾第四章，你在所进行的每笔交易中都试图确定斐波纳契好友区。你可以利用转折点来确定上涨或者下跌的目标价位。在图5.1所展示的情形中，自2001年12月以来的最高点位于1734点。在2002年5月大幅下跌之前还有一个相对高点，位于1350点。我们的目的是要从这两个重要的转折点获得向上和向下的斐波纳契好友区域。因此，你现在必须问你自己：哪个区域可以形成从1734点的0.382回调和从1344点的0.618回调的斐波纳契好友区域？

　　答案是向下跌至795~805点。在2002年9月，这个位置还有120点的距离，因为当时纳斯达克100指数位于920点。许多人试图在这个低位买入抄底，但是那些心目中有一个可行的目标价位的人了解即将出现的转折点能量。

　　在长期图表上形成了在795~805点的转折点区后，你现在开始寻找一个更短期的斐波纳契比例来确认该支撑区的可靠性。你知道看到795~805点的目标价位将会在1144~1155点位置建立一个斐波纳契好友区域。这种认识是正确的，因为从1144~1155点这个区域是5月走势的底部。正如已经说过的那样，不要去追逐向下或者向上的突破，因为通常情况下市场会回到突破位再次验证。因此，斐波纳契好友区与5月的关键低点相吻合的事实使纳斯达克在795~805点位置反弹的可信性进一步加大。

　　这一点仅仅是转折点交易顺序的第一步，在这种情形中你会了解怎样确定和交易这些转折点。

　　纳斯达克继续其向下的轨迹，到达预计的价位795.25点获得支撑

第一阶段　基本交易策略　089

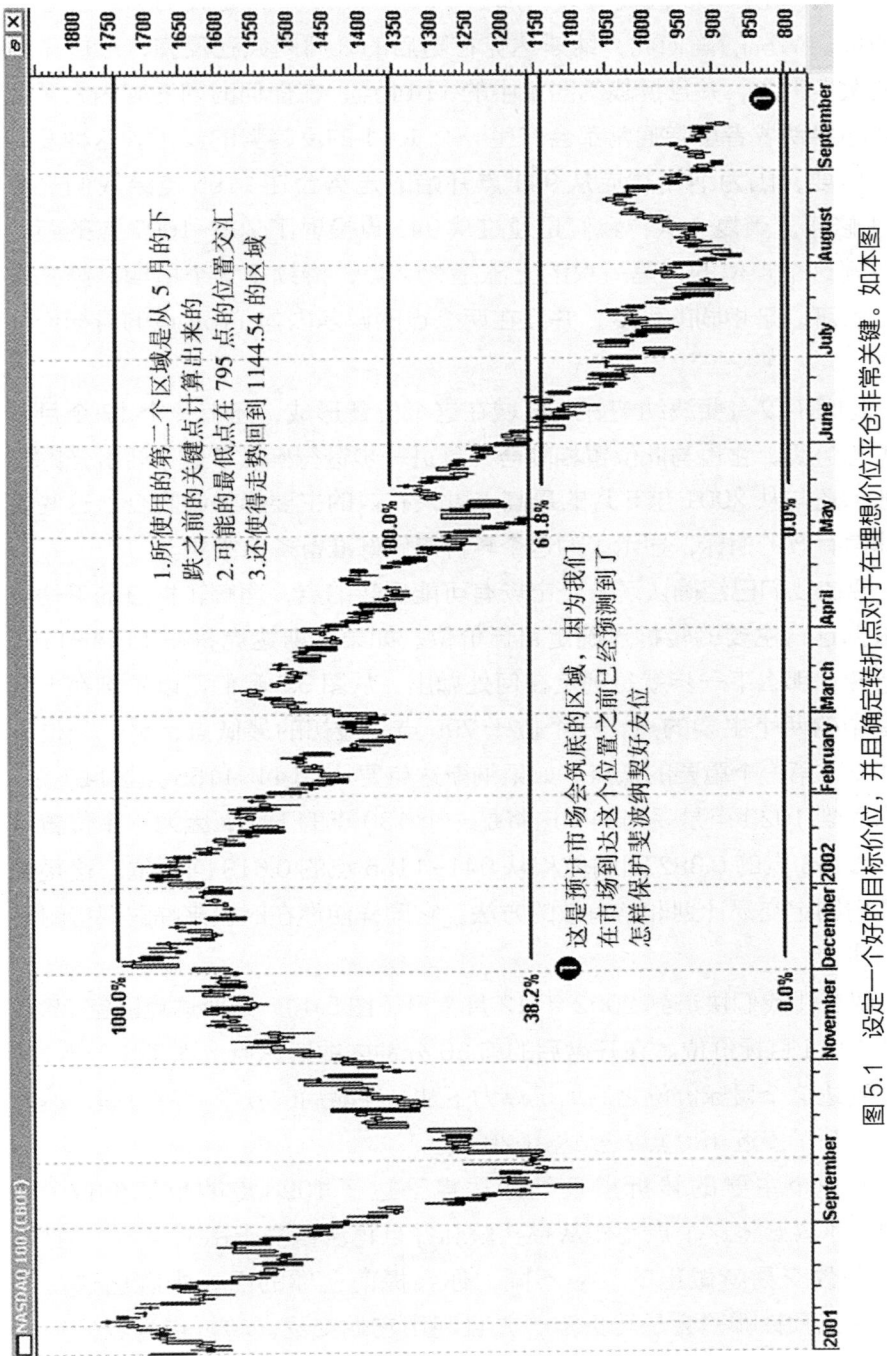

图5.1　设定一个好的目标价位，并且确定转折点对于在理想价位平仓非常关键。如本图所示，800点即是纳斯达克指数的一个重要转折点

❶ 这是预计市场会筑底的区域，因为我们在市场到达这个位置之前已经预测到了怎样保护斐波纳契好友位

1. 所使用的第二个区域是从5月的下跌之前的关键点计算出来的
2. 可能的最低点在795点的位置交汇
3. 还使得走势回到1144.54的区域

（图 5.2），如果 795 位置有效，那么 1144~1155 点的斐波纳契好友区为阻力位。情况的确如此，纳斯达克在随后的 8 周内疯狂反弹，形成了大量的做多机会，并且挑战第四章中的 1144 点，在任何时间框架内大多数主要的暴跌或者反弹通常都会产生一个 1×1 的反趋势的修正。这种发展非常重要，因为纳斯达克从 941 点开始的走势会在 1155 点给我们一个 1×1 修正。重复一次，我们是通过从 941 点投射了 795~1007 点的距离来得到这个点位的，第一次的上涨是 212 点，持续了 3 个星期。第二次的上涨可以是相同的程度，并且在两个点的误差内与 1155 点的目标价位吻合。

此间不仅有斐波纳契好友区域在这个位置形成，还有一个 18 个月的向下趋势线。它也与此位置相吻合并且进一步进行确认了这个转折点的重要性，还与从 2001 年 5 月的最高点以来有效的主要趋势线吻合。这些都是非常有效的指标，显示了为这个转折点做好准备多么重要。

现在我们已经确认了一个市场有可能反转的点，理解转折点的下一步是根据这些主要的转折点确定目标价位。如果纳斯达克将在 1144~1155 点反转，那么下一步就是确定在何处抛出。从图 5.3 我们可以看到在上涨过程中的两个主要的点，一个位于 795 点，最初的最低点，另一个位于 940 点，第一个重要的低点。如果纳斯达克要从 1144~1155 点区域下跌，那么回到 1020 点是妥当的。这将是一个 130 点的下跌，因为这个位置从 795~1155 点的 0.382 回调位和从 941~1155 点的 0.618 回调位。这是提前几周制定交易计划非常有效的方法。它同样使你在时机来临时保持耐心和纪律。

现在让我们快进到 2002 年 12 月 2 日（图 5.4）。纳斯达克跳空 25 点到达 1144 目标价位。在开盘后的前 30 分钟内纳斯达克上涨了 11 点，然后在到达这个目标价位之后加足马力下跌。在随后的 5 个交易日里，纳斯达克下跌了接近 130 点，到达 1020 点。

下一个主要的转折点是纳斯达克到达了 1020 点的目标价位（图 5.5）。你应该将这个点用作从空头获利并且再次参与上涨的点位。但是，与大多数交易者做出的反应不同，你会提前在你的图表中画出这些价位，并且预计哪里会是转折点，并且利用它们交易。转折点为我们提供了良好的风险收益比，利用它们进行交易是用好精准买卖点策略与方法

第一阶段 基本交易策略 091

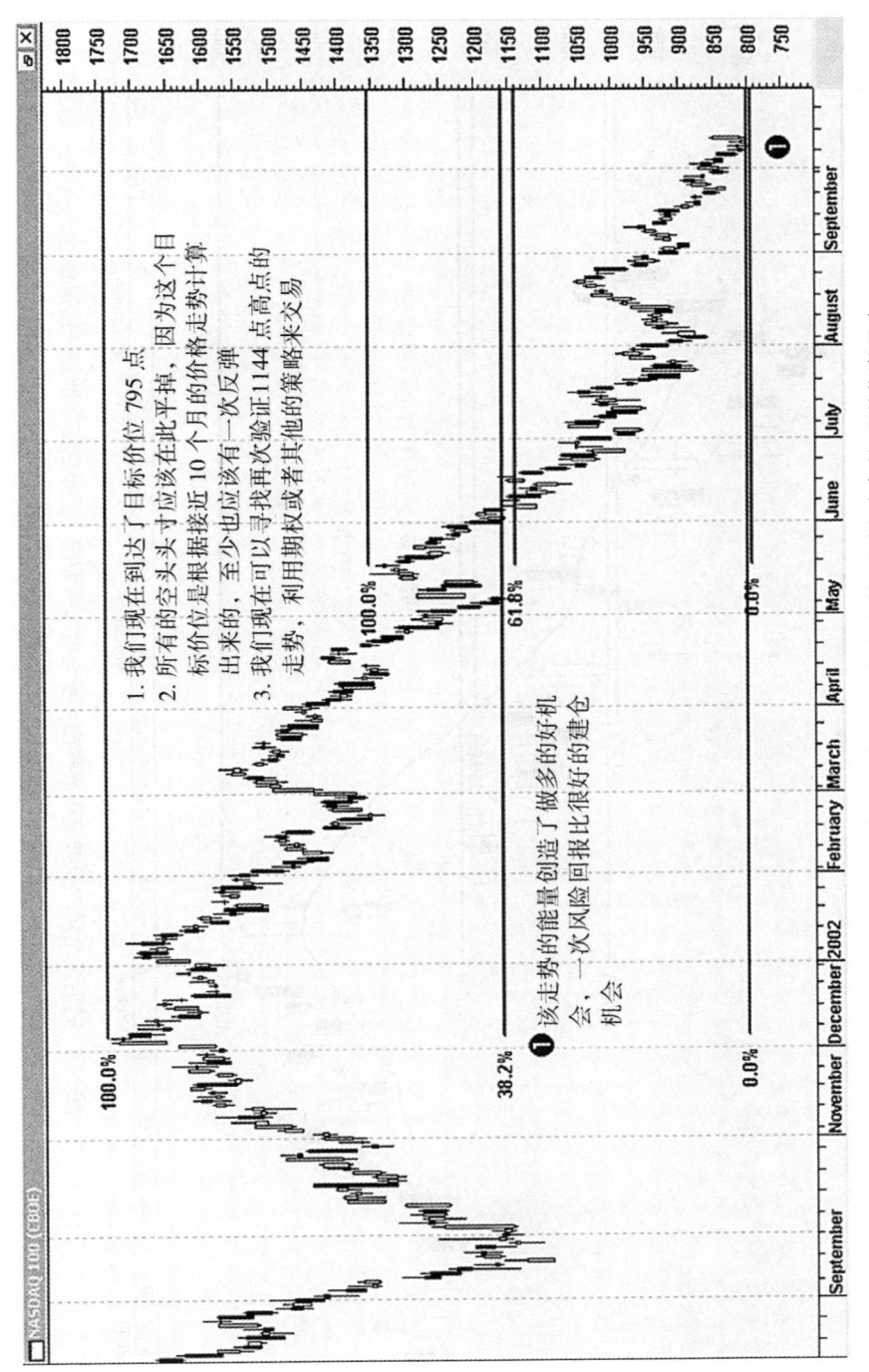

1. 我们现在到达了目标价位 795 点。
2. 所有的空头头寸应该在此平掉，因为这个目标价位是根据接近 10 个月的价格走势计算出来的，至少也应该有一次反弹。
3. 我们现在可以寻找再次验证 1144 点高点的走势，利用期权或者其他的策略来交易。

❶ 该走势的能量创造了做多的好机会，一次风险回报比很好的建仓机会

图 5.2 从 800 点（这个点位你可以在几周前就预测出来）的反弹非常强大

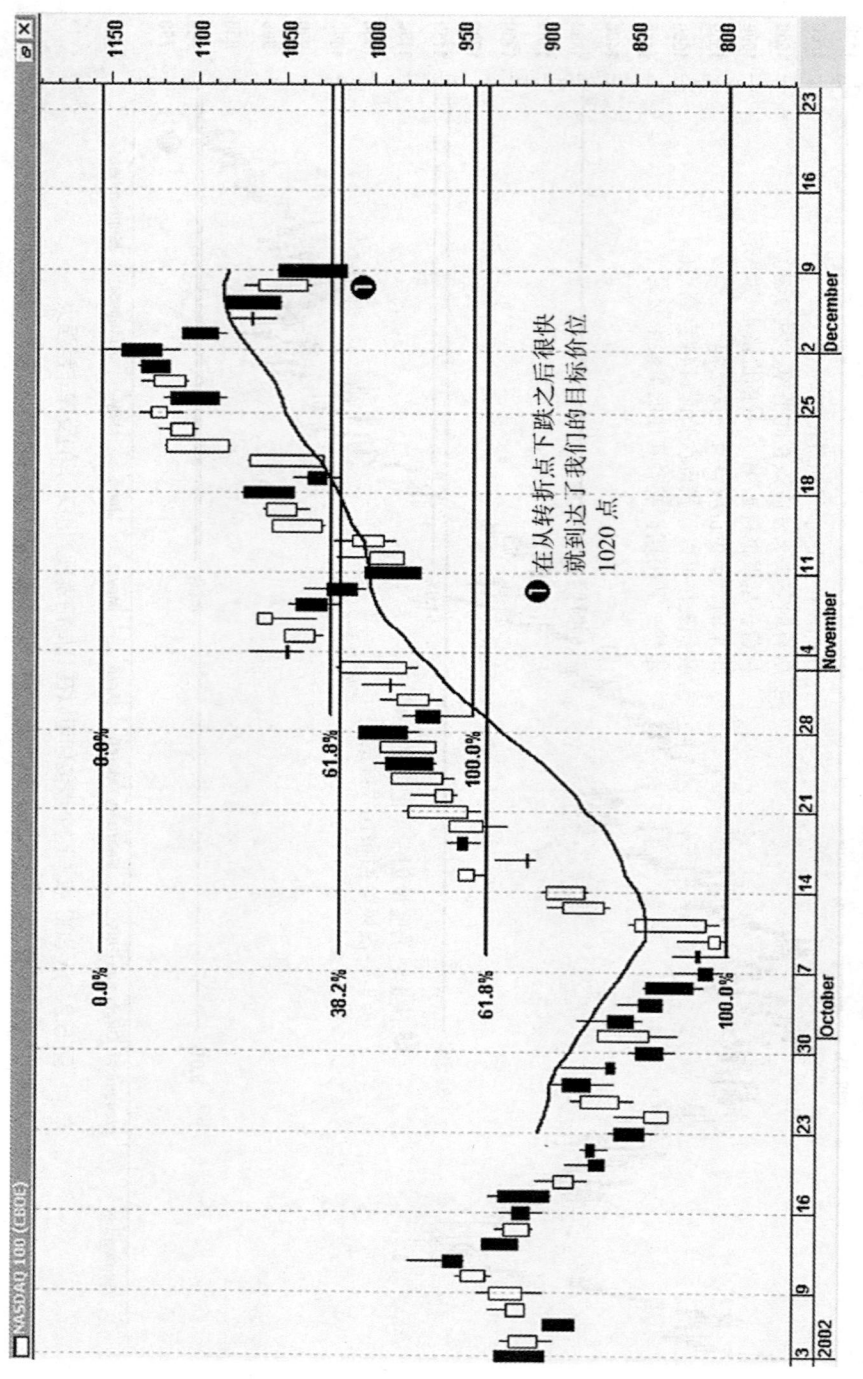

图 5.3 随后几个月的反弹使得很多市场参与者非常惊讶。但是它给了那些一直留心这种走势的人一次低风险的交易机会

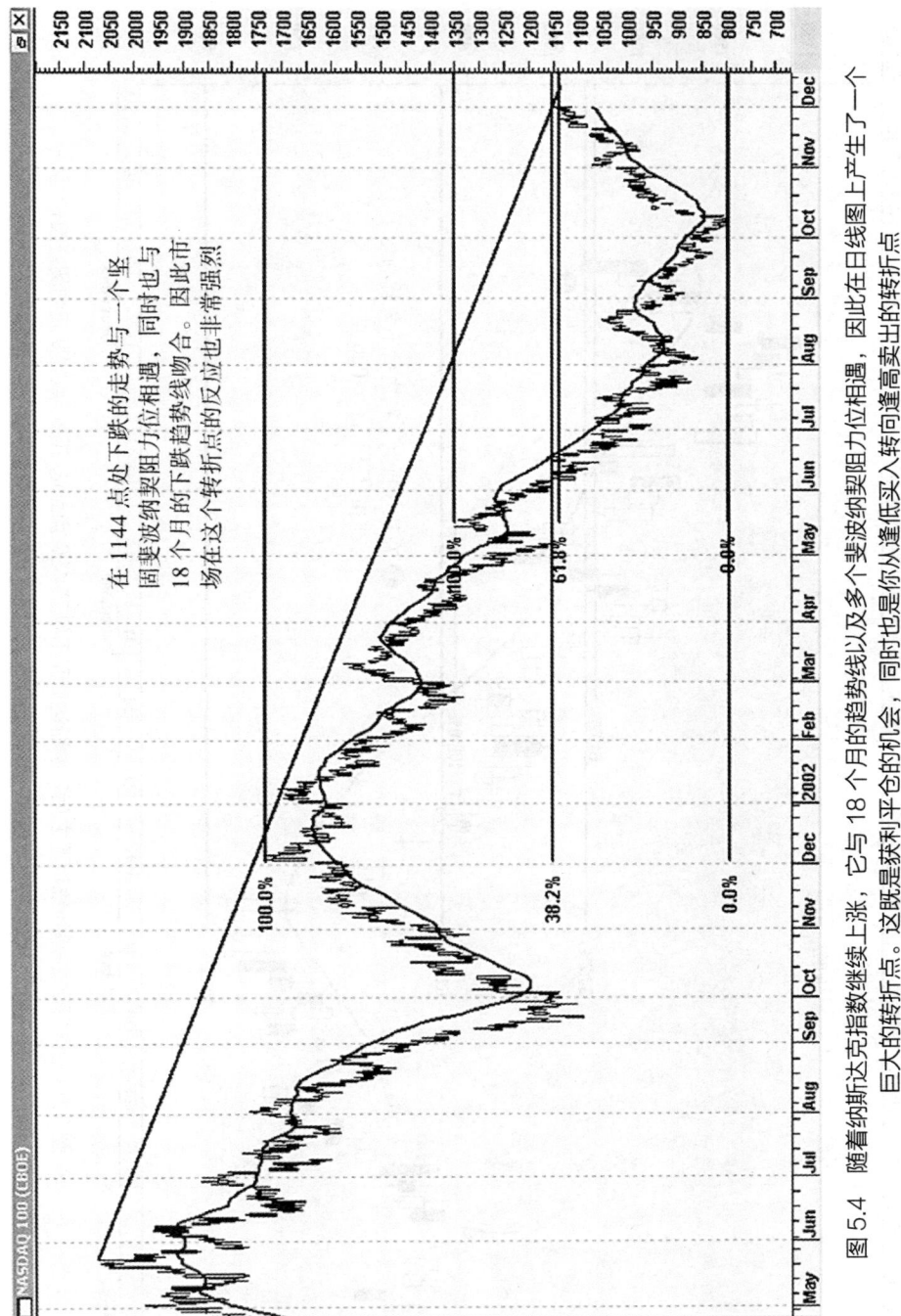

图 5.4 随着纳斯达克指数继续上涨,它与 18 个月的趋势线以及多个斐波纳契阻力位相遇,因此在日线图上产生了一个巨大的转折点。这既是获利平仓的机会,同时也是你从逢低买入转向逢高卖出的转折点

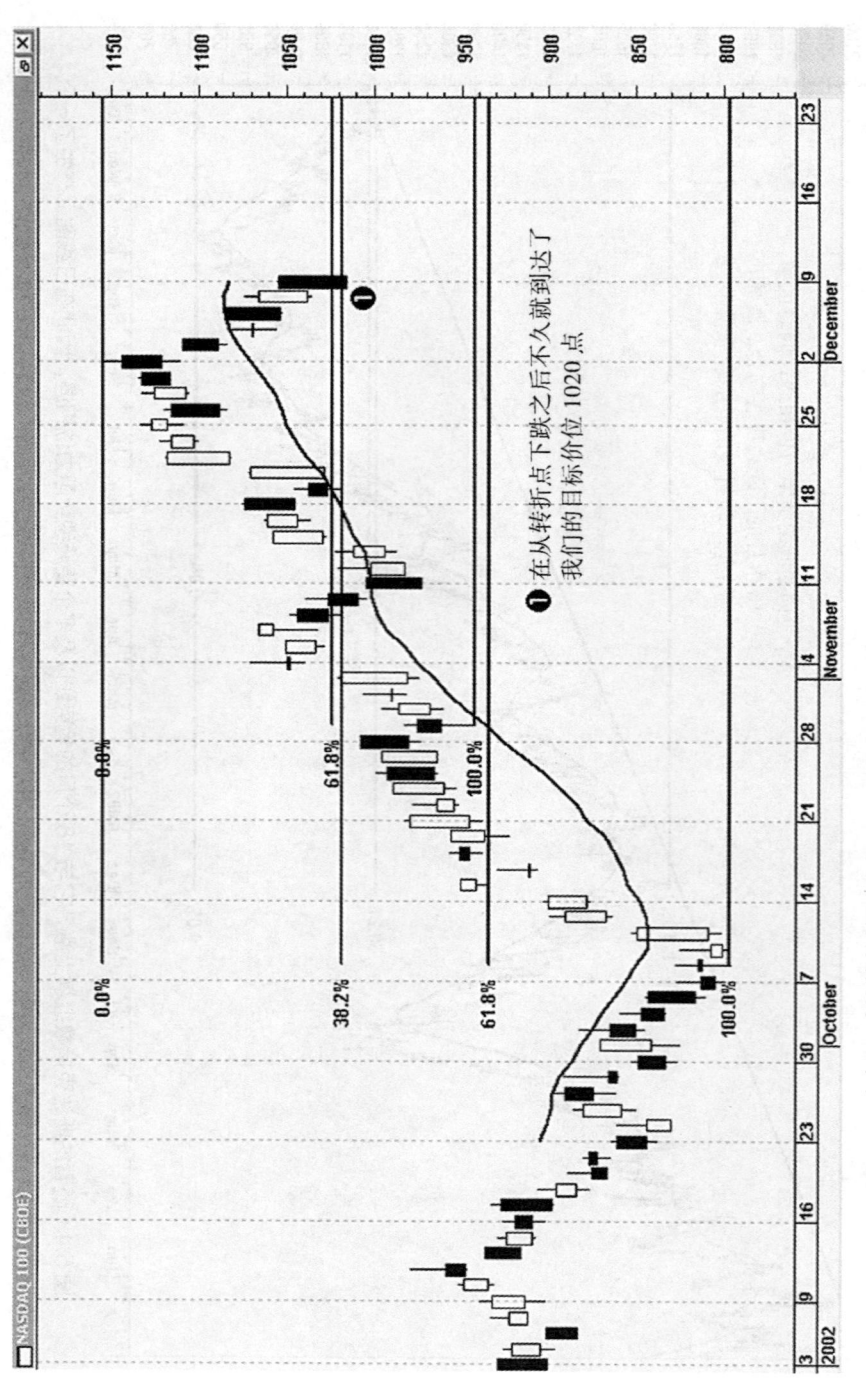

图 5.5 在与下跌的趋势线相遇之后，纳斯达克又下跌了 130 点到达 1020 点的斐波纳契好友位

的关键。

交易就是让你自己始终处在一个良好的位置，不断进行交易，同时控制风险。参与前述的交易形态为你提供了一个在大多数时候处于有利的位置可行的方法。对于日交易者和其他短线交易者来说，了解长期的转折点位于何处，并且据此交易可以获得很好的收益。

利用 Expedia（EXPE）的转折点获利

下一个利用精准买卖点策略与方法进行转折点交易的例子是关于一只股票——Expedia（EXPE）的例子。该股从 8 个月前开始上涨，之后出现了疲态，构成了一个类似双顶的形态（图 5.6）。当计算斐波纳契扩展点时我喜欢使用的方法之一是取一个主要的高点或者低点，并且从那里进行扩展或者回调。例如，图 5.7 显示 EXPE 在挑战其最高点 42.5 之前创出了一个关键的低点 36。再次验证最高点的努力失败了，交易者必须计算哪个区域会成为从最高点 42 的 0.382 回调位。这个点位就是你寻找的在反弹之前的最低点，在这个例子中这个最低点位于 31.5 附近（图 5.8）。

除了通过扩展点形成了一个 31.5 的低位，你还可以看看这段走势是否与哪个自然的斐波纳契回调位重合。在这个例子里，有一波从 12 月的 16.5 的最低点到 42.5 的最高点的走势。在 32.5 附近有一个自然的 0.382 回调，接近 31.5 的扩展位，并且接近 EXPE 32 元的历史支撑位。因此，根据这条信息，你应该寻找向 32 美元的下跌，大约比图 5.8 上的 39 美元的价位低 7 美元左右。

如同纳斯达克中的例子一样，你还可以期望当价格到达 31.5~32.5 美元的支撑区时能够发生反弹。随后 EXPE 下跌到转折点 31.5 美元附近。从这个点位开始，你开始寻求反弹，因为股票和市场往往以一种自然的涨跌交替进行，使你能够在下跌的市场中逢高卖出，在上涨的市场中逢低买入，并且在预定的价位获利（图 5.9）。

如同我们预料的那样，EXPE 开始了一次像样的反弹，直到 35.5 的转折点，这同样也是从最高点 42 点的斐波纳契阻力位以及下跌的 15 周期移动平均线（图 5.10）。这是一个经典的出手必赢交易形态——向下突破之后在随后的反弹中卖出，并且计算一个 1×1 的下跌，直到下一个斐波纳契支撑位（图 5.11）。如果你已经做多，那么你应该卖出你的多头头寸，

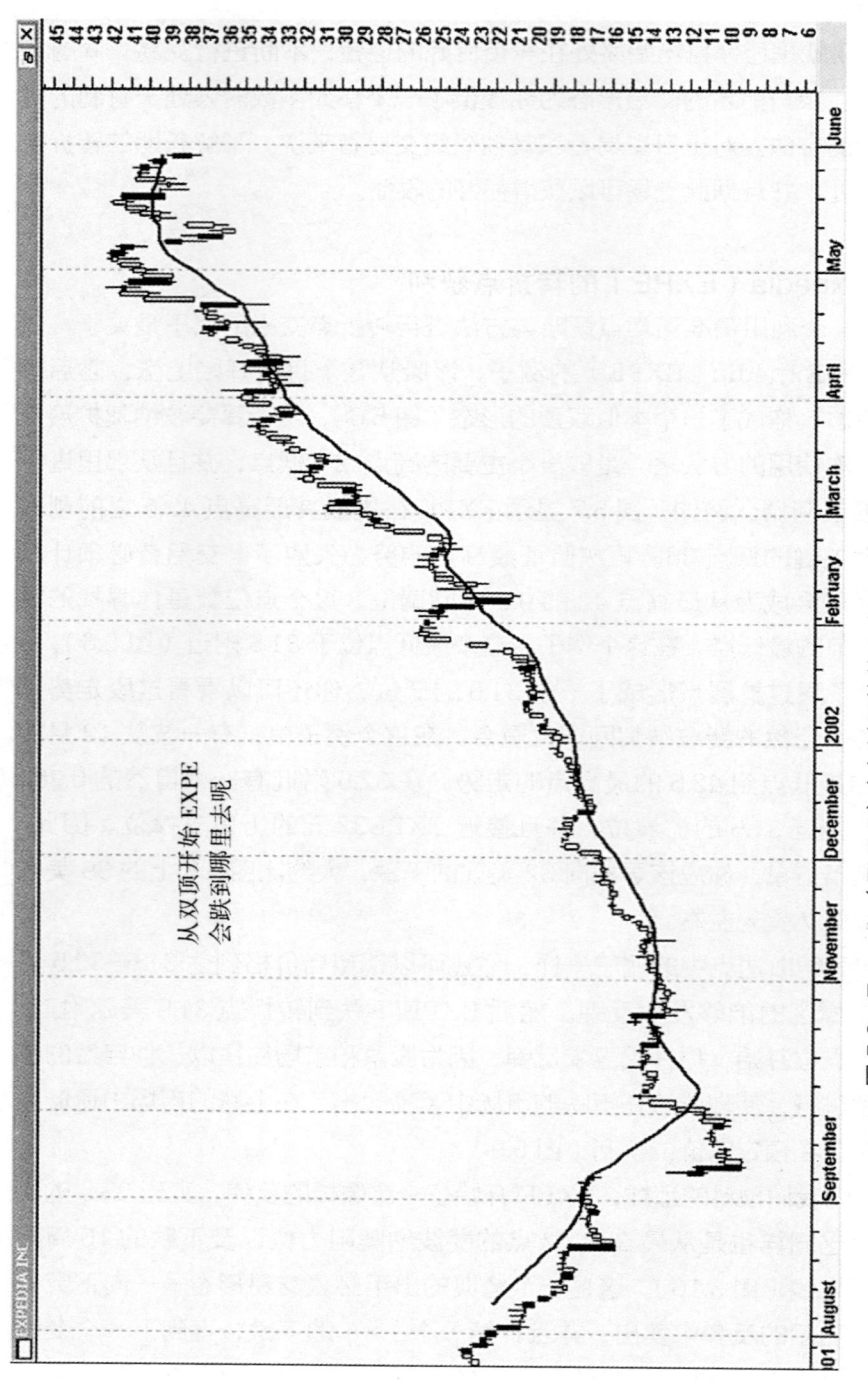

图 5.6 Expedia（EXPE）在经过强势的上涨和形成双顶之后正在进行回调

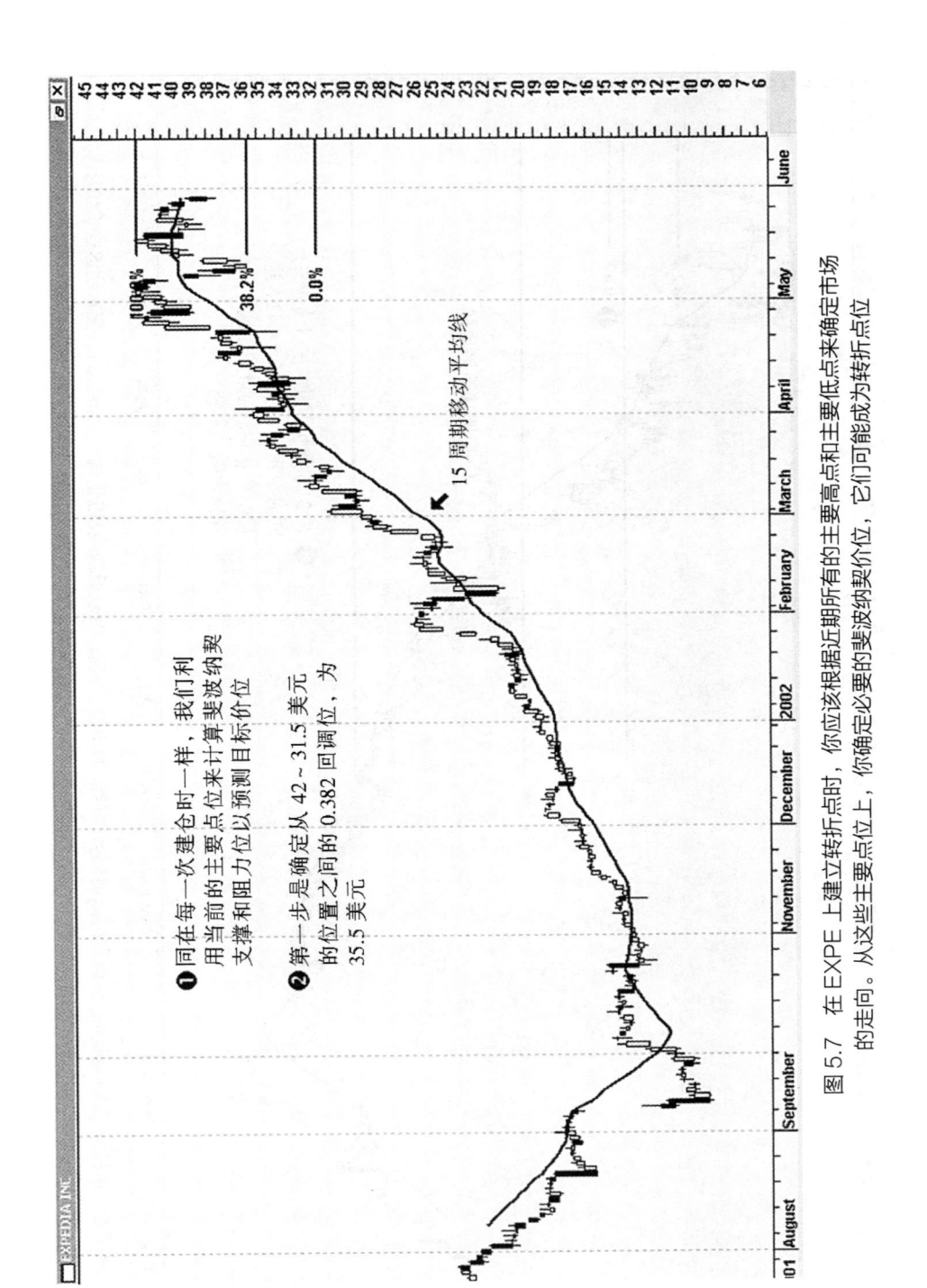

图 5.7 在 EXPE 上建立转折点时，你应该根据近期所有的主要高点和主要低点来确定市场的走向。从这些主要点位上，你确定必要的斐波纳契价位，它们可能成为转折点点位

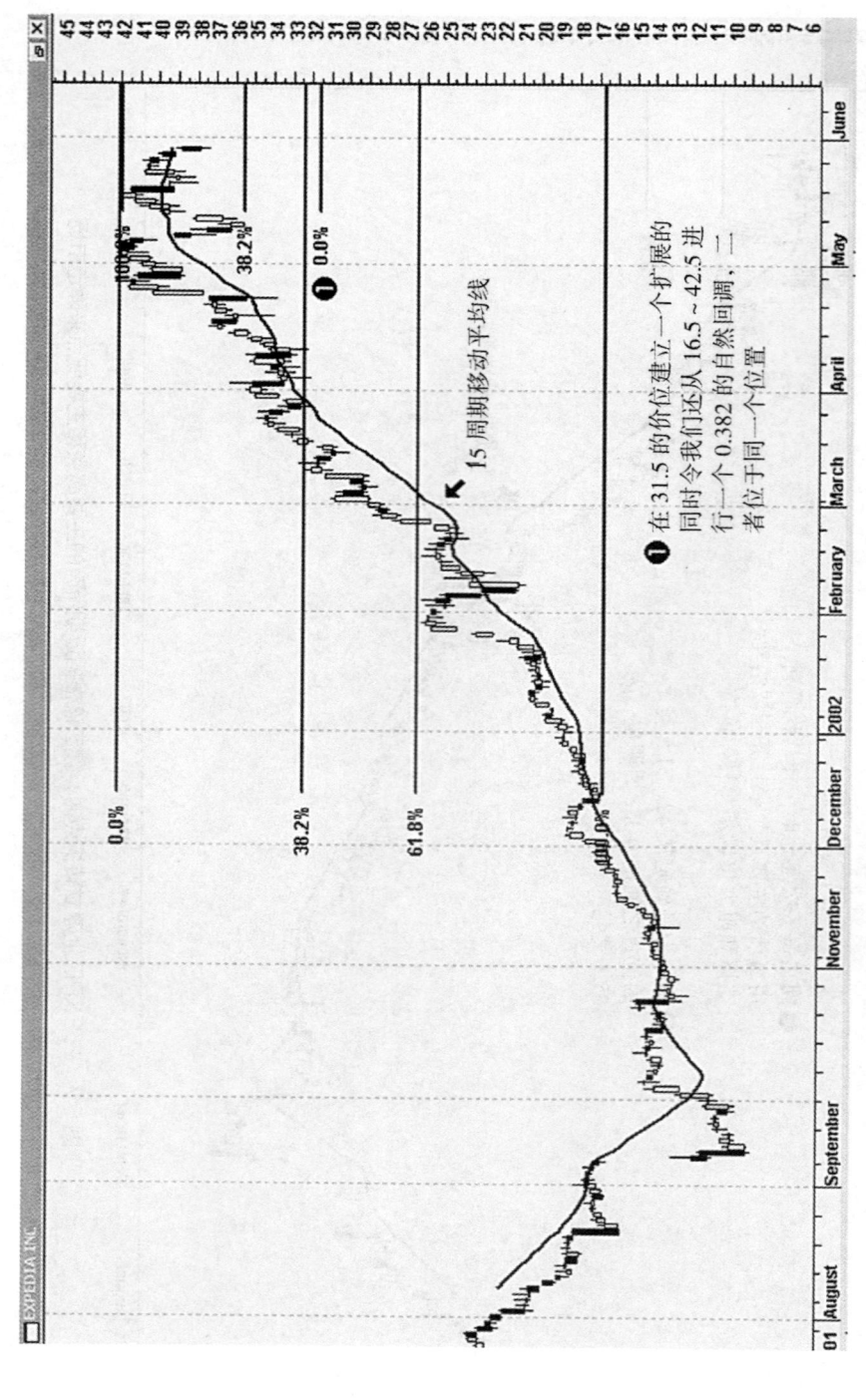

图 5.8 这种理想的情况出现在当你可以得到多个斐波纳契位,或者斐波纳契好友位于同一个价位时。在看到这些价位出现之后,你应该能够在此处确定你的目标价位。在 EXPE 的例子中,31.5～32.5 美元之间同时平掉空仓位并且寻求做多的好位置

第一阶段　基本交易策略　099

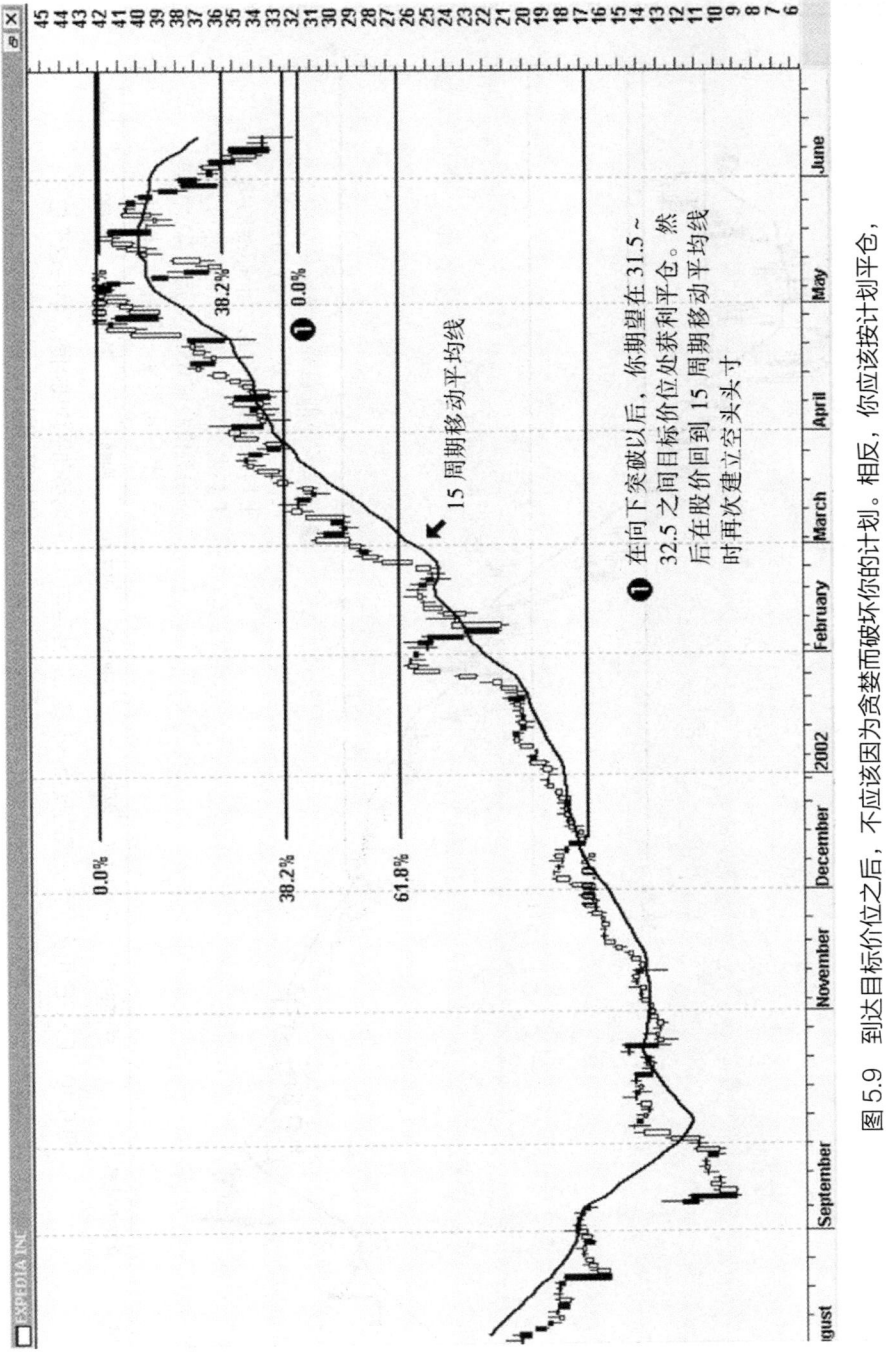

图 5.9　到达目标价位之后，不应该因为贪婪而破坏你的计划。相反，你应按计划平仓，然后耐心等待反弹时再做空，或者建立一个短线的多仓参与反弹

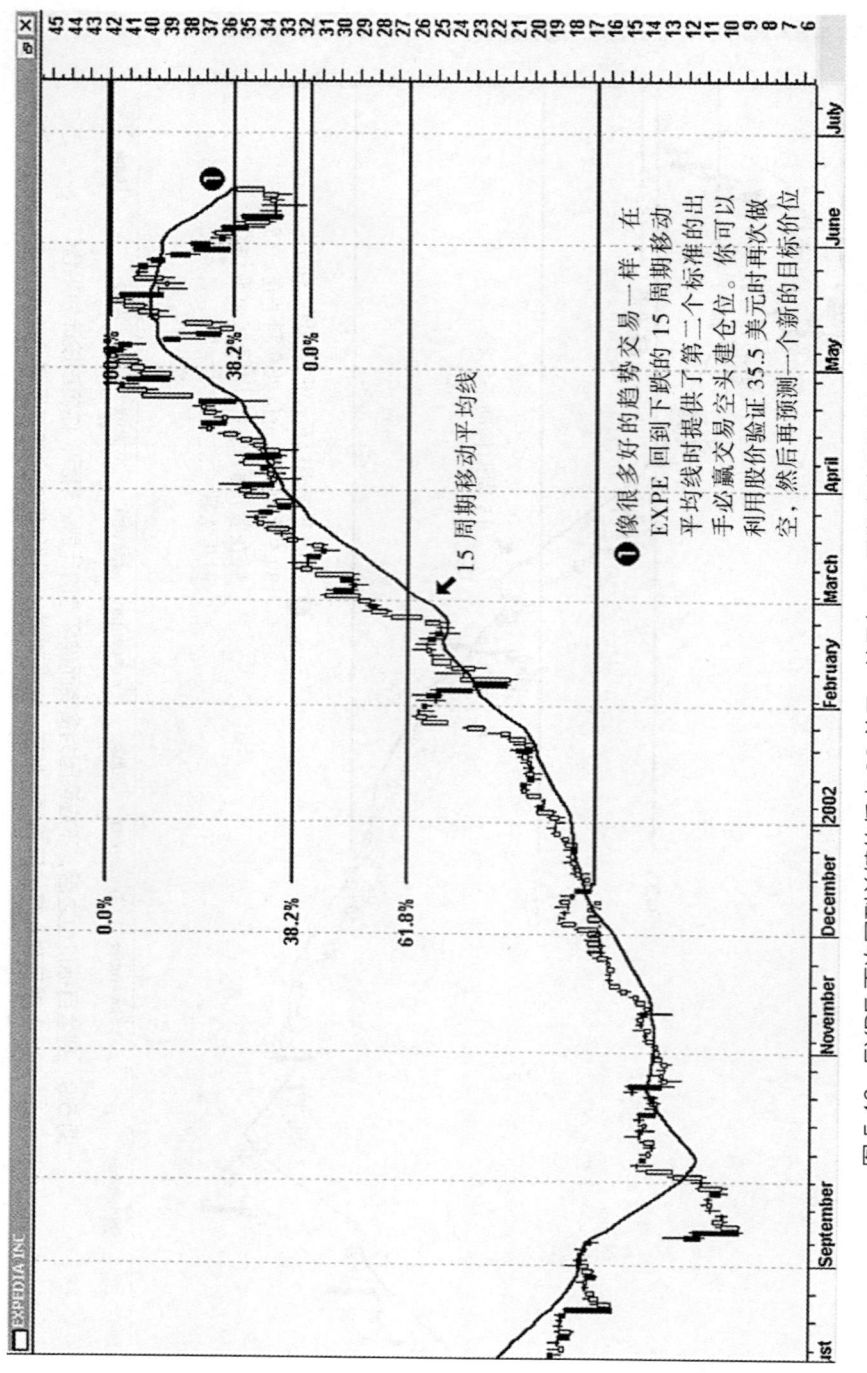

图 5.10 EXPE 再次回到关键的低点 36 美元, 并且与 15 周期移动平均线相遇。然后这个位置就成了再次建立空头头寸的一个低风险的建仓点, 期望能够获取下一段的跌势

第一阶段 基本交易策略 101

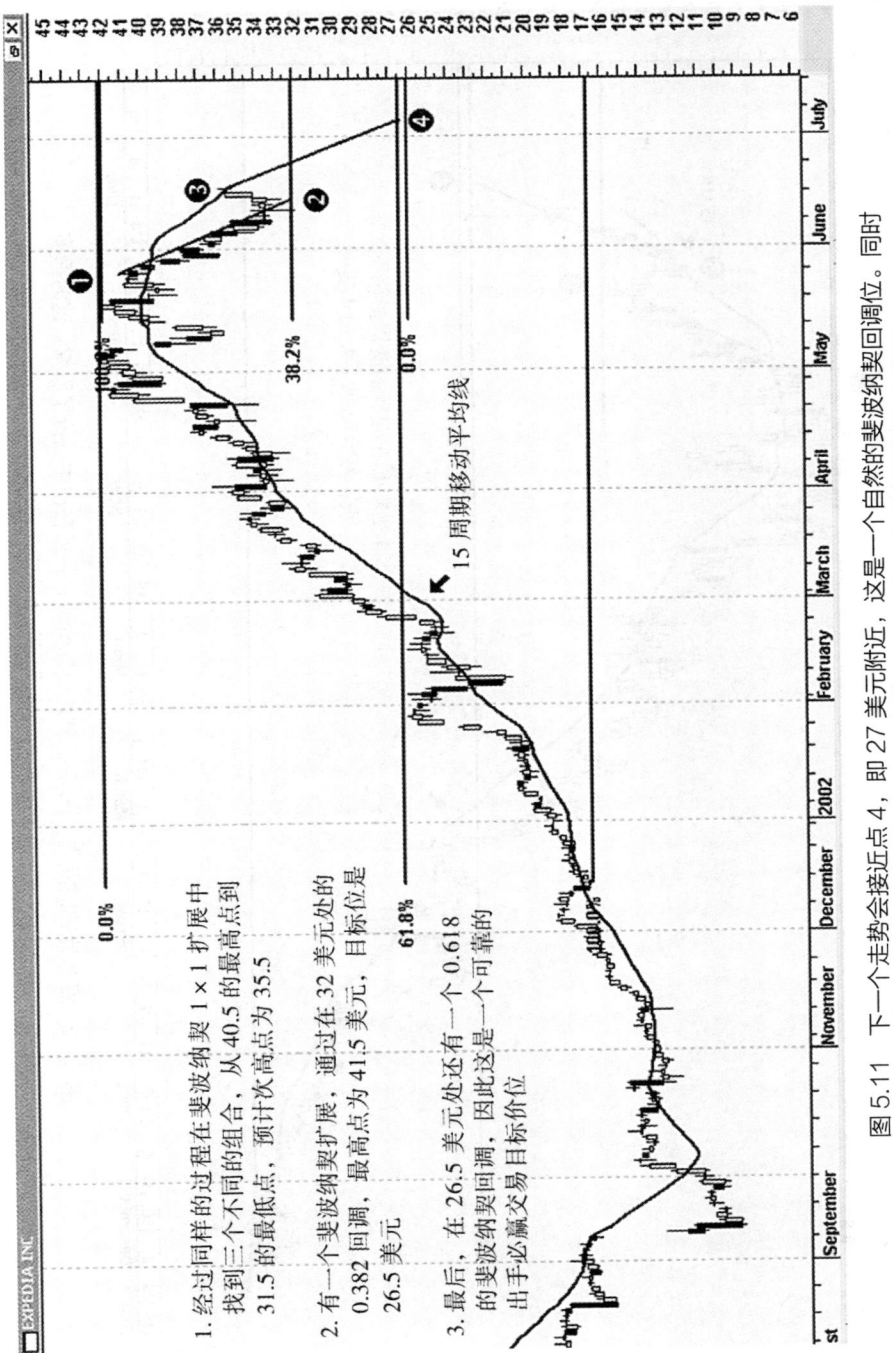

1. 经过同样的过程在斐波纳契 1×1 扩展中找到三个不同的组合，从 40.5 的高点到 31.5 的最低点，预计次高点为 35.5

2. 有一个斐波纳契扩展，最高点为 41.5 处的 0.382 回调，目标位是 26.5 美元

3. 最后，在 26.5 美元处还有一个 0.618 的斐波纳契回调。因此这是一个可靠的出手必赢交易目标价位

图 5.11 下一个走势会接近点 4，即 27 美元附近，这是一个自然的斐波纳契回调位。同时这也是斐波纳契 1×1 扩展的位置，因此这个目标位的就更加有效了

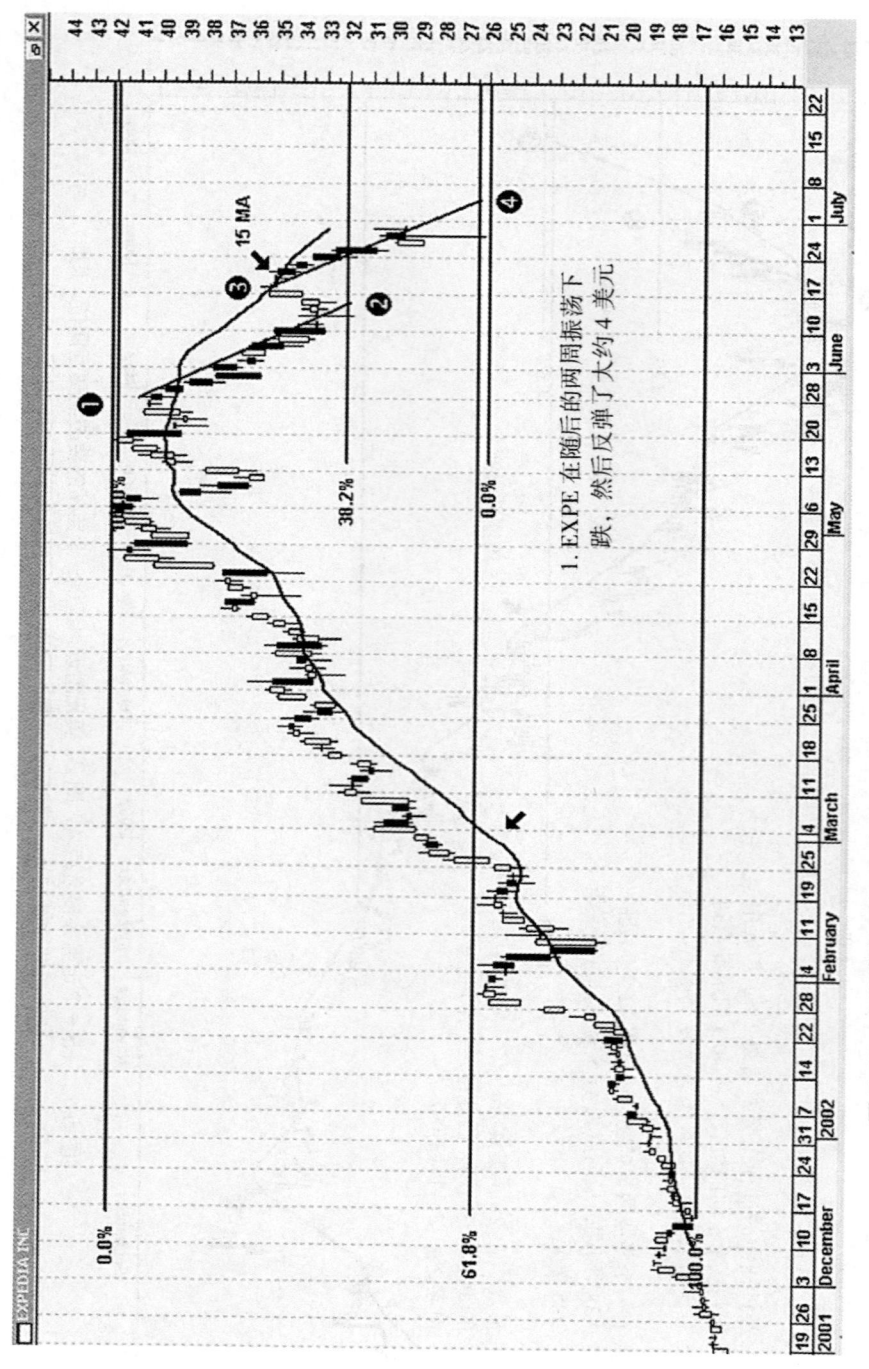

图 5.12 在预定的时间内，EXPE 到达目标价位，并且在日中进行了反弹。这时很多交易者都希望做多同时平掉空头仓位

当它突破前一天的最低价 35 美元时开始做空。在做空之后，你寻求 1×1 的下跌，41~31.5 点的下跌为 9.5 点，从 36 减去 9.5 点，即得到 26.5 点，这同时也是一个 0.618 的回调位。在做空之后，你可以将止损设为在前一日最高价之上 50 美分，获得 10 美元盈利，风险大约为 1.5 美元，不包括你后来增加的头寸（在第十章中讨论）。

有了这个获利目标，EXPE 振荡下行至 26 美元——这只股票的一个主要的转折点，同时也是交易者期望获利的位置，因为该交易的溢价已经不存在了。如果市场继续下跌，而你还没有参与进去，那你也不要担心，因为下一次反弹可能会回到你平掉多头的位置。再说一次，交易就是让你自己始终处在一个有利的处境。你应该等待目标价位的出现来平掉你的空头仓位，并且在上一次的关键低点 31.5 元开始做多（图 5.12）。

小结

本章关于转折点的内容就是想要教给你——未来的出手必赢的交易者，为了积极参与未来的市场走势，如何使自己不断处在有利的仓位中。为了以这种风格进行交易，你必须在市场之外做大量工作。对于那些不能或者不会花费时间和精力进行这种研究的交易者来说，这种方法是不适当的。

前四章和本章为你提供了一些非常有效的了解怎样成功地在市场中交易的工具。你需要不断做记录，并且回顾你的交易来看看你是否处在有利的仓位中，以及你是否在目标价位平仓。学习这种方法很容易，能够完美地使用这种方法才是最困难的部分。转折点可以用于做多和多空市场，这就是为什么第六章会着重介绍空头形态，以及利用市场的大幅下跌获利的机制。

第六章 做 空
——从不聪明的人手中获利

精准买卖点策略与方法并没有做多还是做空的偏见，它期望从市场的上涨和下跌中都能获利。但是，由于从历史上看股票往往下跌比上涨要快得多，并且由于人们对于做空比做多更缺少经验，因此做空是你可以掌握的一个有力工具。本章将会讲述做空股票的方式以及这样做的意义。在讨论"内托数字"之前我们应该首先对这个问题有全面的了解。

为什么做空可以获利丰厚

因为缺乏了解，人们对于做空有很多的错误观念。大多数人对于卖空他们没有拥有的东西，并且期望以后以较低价格买入方面有观念上的障碍。一般的公众（如果你学习了我的方法，那就不包括你）很少获得做空的利润。很明显，做空股票有一种投机的成分，由于缺乏了解，多数人望而却步。一个只愿意做多的人就好像一个只想跟红头发人约会的人一样。作为一个交易者，你应该两边都能做。精准买卖点策略与方法教给你充分利用市场所带给你的每个机会。正确的风险管理与其他交易工具一样是成功的必要条件。但是，做空并非仅仅是投机。它是一种保护你的投资免受市场突然下跌的损失并且积极利用这种下跌的有效手段。通过获得双边参与市场的能力，作为一个交易者你可以从两个方向在市场中获利。

正如你从以前的市场经验中了解的一样，股票下跌比上涨要快得多。事实上，平均来看，股票下跌比上涨要快60%～75%。一个不幸的现象是人们辛辛苦苦赚到的钱大部分因为突然的迅速下跌而损失一空，而这种情况在多数情况下是可以避免的。我认为这种现象是可以避免的是因为通常情况下会有不祥之兆出现。本章将会讲述股票和市场在下跌时会发出什么信号，以及怎样利用这些形态进行交易。记住，大多数做空股票的人是专业人士：做市商、专家、对冲基金经理人和机构。了解这些专业交易者的方法和风格对于你成为一个成功的交易者非常关键。

一天内的反转

一天内的反转是一种最有利可图的做空形态，因为它清晰地描绘出了一只股票的涨势趋弱的情形。两种类型的一天内反转对我们非常重要。

第一种日内反转信号是超卖的短线反弹将要结束。通常，股票下跌了 5~8 天之后开始反趋势的上涨，一般反弹持续两天半到三天半的时间。这种日内反转一般在下跌的 15 周期移动平均线、斐波纳契阻力位、稳定的超卖位置以及短线时间框架如小时或者 30 分钟图短线超买的位置附近会遇到某种类型的阻力。这些形态是出手必赢交易者寻求建立做空头寸的位置，当然我们交易者要在下跌的市场中寻求逢高卖出的机会。通过在这些位置做空，我们让自己始终处在趋势中风险相对较低的位置。如果这种情形如我们所希望的那样出现，该股将会失去动力，掉头向下，使得短线的反弹结束，继续恢复其下跌的走势。

第二种日内反转类型一般在 7~10 个周期的上涨，并且经历了一个爆发性的顶部之后出现，这将导致股票剧烈反转并且收盘在其当日价格范围下方 25% 左右的位置。第二种日内反转类型也会带来一个很好的"内托数字"，因为它仍然显示出牛市偏好。然而，你需要在较短的时间框架内，如一个小时或者 30 分钟图上了解何时来了结多头头寸，或者开始做空，因为较短的时间框架更容易显示出熊市的特征。这种日内的反转通常是伴随着抛物线似的走势出现的。这种形态可能会产生利润非常可观的交易，因为伴随着上涨出现的贪婪现在被害怕成为"瓮中之鳖"的恐惧所代替了。

对于这两种形态，股票的指标都会出现超买，是一个向上的走势的结束或者主导的下跌走势的一部分。这些就是我们想要利用的形态。这种常见的形态对于垂直水平过滤器来说就是接近其最高点，对于非趋势摆动指标来说就是表现出超买的形态，对于趋势反转指标来说就是在较短时间图表中如小时图和 13 分钟图中显示出主要的熊市背离。

对于那些学会利用这些信号的人来说，最有用的是斐波纳契扩展分析。通过这个分析，你可以预测出市场或者股票反转的可能价位，因此可以更加确认日内反转。我教给我的学生将它作为一个确认工具。如果这些指标一致，那么你做空和管理风险的条件会非常好。看一下图6.1，Rambus（RMBS）公司2000年3月和7月的图表，它已经保持稳定的上升趋势一段时间了。

该股猛烈启动，并且拆股之前的价格在2000年5月达到了48美元一股，而这处在当日交易价格范围的下半部分。这个收盘价是该股的买力开始丧失动力的信号。

开始做空或者是如果做多止损的话应该是当股票跌破上一日的最低价时。一些交易者试图在顶部做空。一个出手必赢交易者偶尔也会根据市场情况进行反趋势的交易，如果风险收益比很理想，并且交易规模不大或者是通过期权交易。但是，我们在第一种日内反转类型，即下跌的股票反弹到阻力位的情形中大手笔做空。

本节的两种形态也会在随后的两节中进一步讨论，下一节讨论更多的是关于走势的猛烈程度，再后面一节则是关于参与"死猫反弹"，这与其他的出手必赢交易形态类似。

猛烈的上涨

猛烈上涨出现在那些显示出极端的上涨行为的股票中，这种上涨走势往往不会持久。这些股票因为某些原因启动，但是它们通常会在回吐大部分收益后让投资者"套牢"。猛烈上涨在每一种时间框架——从5分钟图到月线图内都会出现。一个猛烈的上涨将贪婪表现到极致，买方争先恐后地进场做多。

在一个日内图表形态中，猛烈上涨一般发生在交易日的头20~30分钟内。看一下图6.2，它表明在某一天纳斯达克100启动了一轮猛烈的上涨。

这种情形对投资者非常具有诱惑力，他们想要追逐涨势买入，因为市场看起来已经失去控制，想要把那些尚未参与的人留在后面。了解在这些情形中该怎样做可以创造出巨大的财富。记住，这种情形会不断重复出现。知道这一事实可以使你了解迅速止损的重要性。因为会存在大量交易

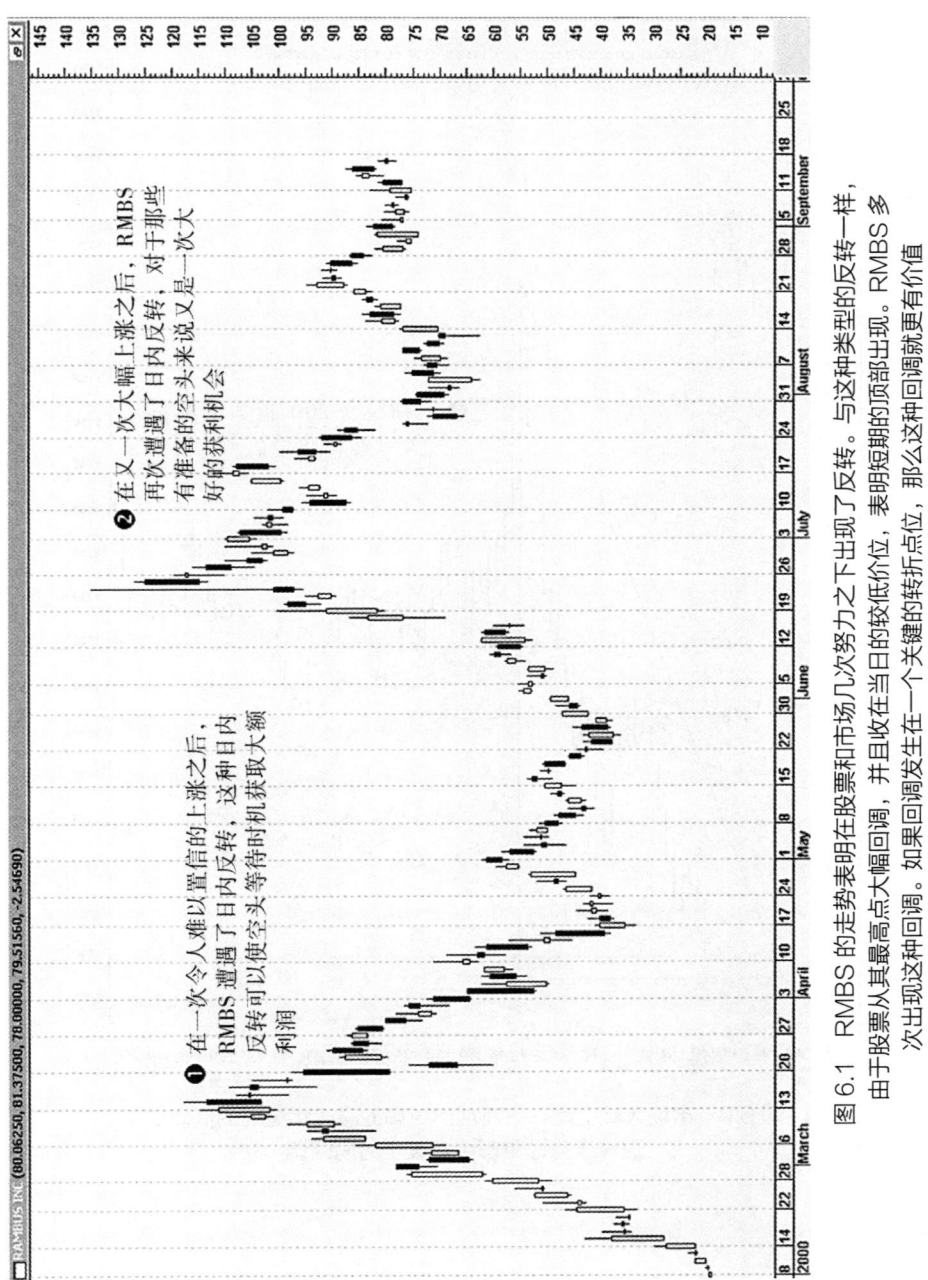

图 6.1 RMBS 的走势表明在股票和市场几次努力之下出现了反转。与这种类型的反转一样，由于股票从其最高点大幅回调，并且收在当日的较低价位，表明短期的顶部出现。RMBS 多次出现这种回调。如果回调发生在一个关键的转折点位，那么这种回调就更有价值

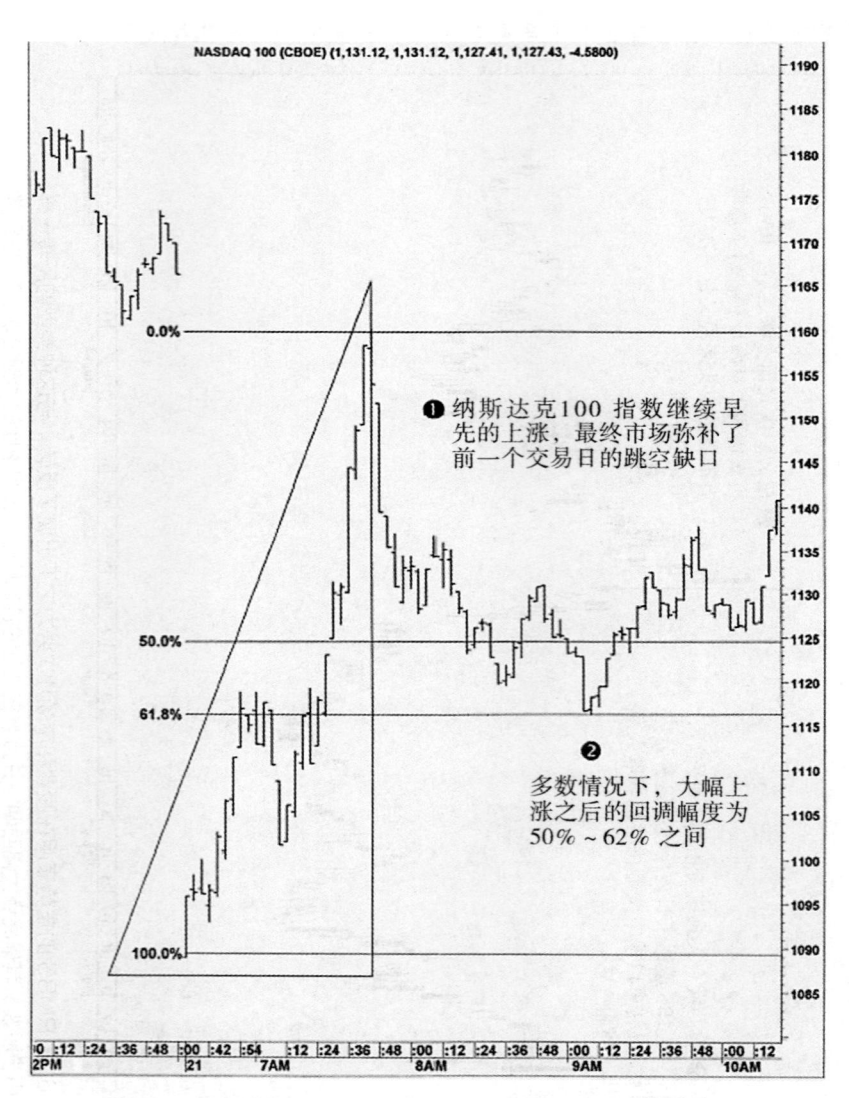

图 6.2　市场大幅上涨，不断创出更高的高点和更高的低点。这种走势通常都会在某个时间回调

机会，因此没有理由留在不利的股票中。这些走势通常为做空的交易者提供了非常好的获利机会，并且帮助你确定何时了结多头头寸。

猛烈上涨通常持续 3~5 个时间周期。在 5 个时间周期之后，多数股票会盘整或者回调。了解猛烈上涨背后的自然循环，会使你不断从中获利。图 6.3 展示了一个猛烈上涨和随后的深幅回调。

许多投资者都记忆深刻的这次猛烈上涨因为 Sonus（SONS）的首发而出现，这在图 6.3 中表现出来。SONS 也不想落后，年内上涨了 900%，其中 6 月和 7 月涨幅最大。但是，8 月的第一周 SONS 创出了 52 周最高价，然后迅速反转。该股立即面临巨大的卖压，为那些准备进场做空的交易者提供了一个很好的获利机会。既然下跌一般比上涨快，这笔交易的潜在利润非常客观。SONS 分别在 82 美元和 74 美元发出了出手必赢交易卖出信号，在日内反转的次高点之后确定了一次意义重大的趋势反转。该股最后一直跌破 20 美元才开始反转。

下一个猛烈上涨的例子见图 6.4。Krispy Kreme（KKD）是逼空可以怎样影响图表形态的一个标准"教材"。

如图 6.4 所示，KKD 从 15 美元爆发性地上涨到 45 美元，然后回调。在该轮走势中，短线利润平均接近 50%。如果你方向做反，这些猛烈的上涨可能非常可怕，但是如果你使用精准买卖点策略与方法交易，它们则可能会带来丰厚利润。如果你决定卖出这些股票，你有必要确认日内反转、我们技术指标库中的超买指标以及有效的斐波纳契扩展点，这些可以提高走势结束的可能性，否则你就会像很多其他的交易者那样不断因为反趋势交易而损失资金。

看到"猛烈上涨"你应该在头脑中做出反应：卖空的机会正在形成，并且应该尽快了结多头头寸，或者两者都做。

"死猫反弹"

"死猫反弹"是机构利用无知的投资者和没有经验的交易者的一种方式。我在本书中不断重复的主题就是精准买卖点策略与方法要在下跌的市场中逢高卖出，在上涨的市场中逢低买入，在预定的价位平仓，这样做的风险收益比很好。

寻找"死猫反弹"是手段之一，这并非火箭科学。你所做的无非就是

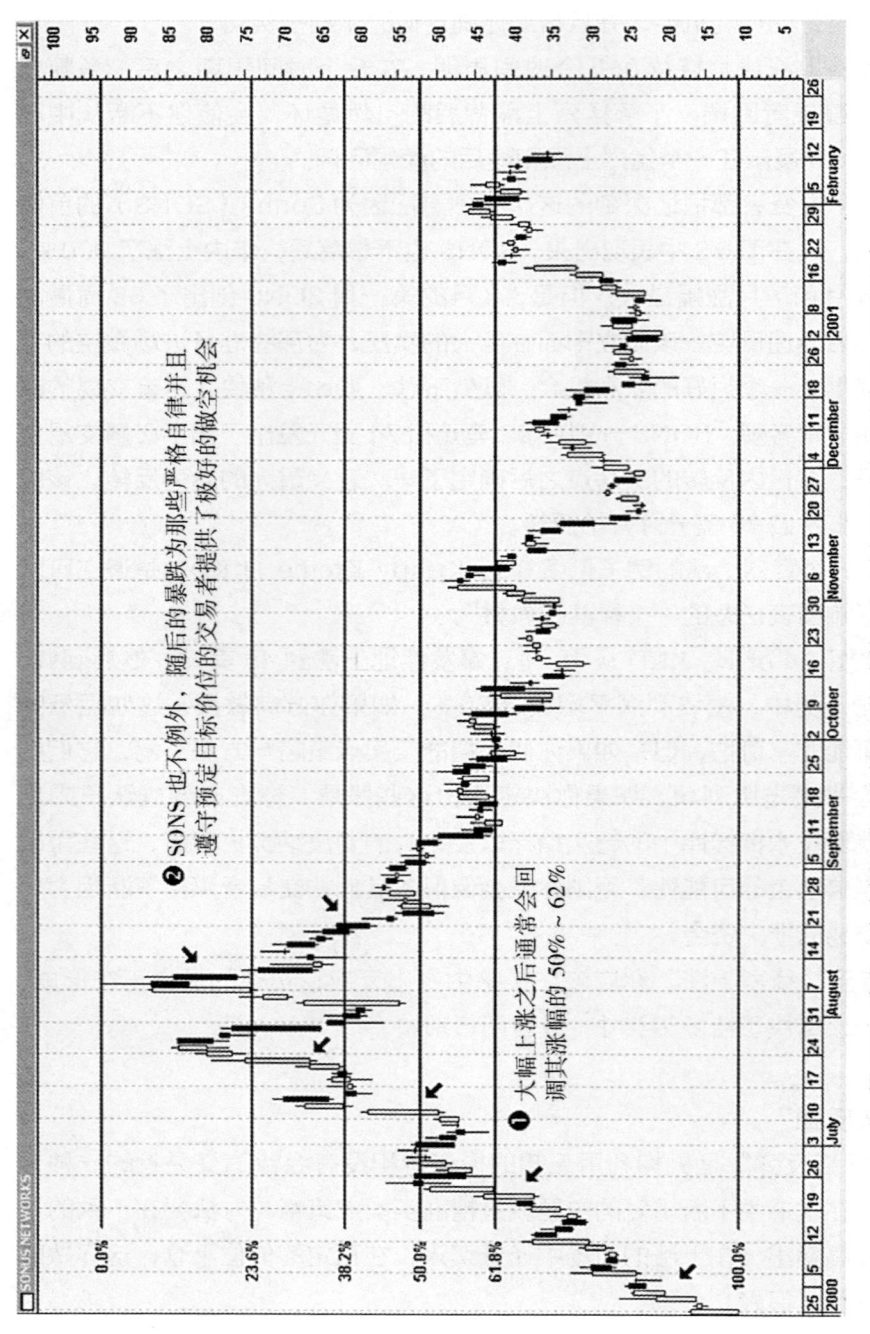

图 6.3 这是一个大幅上涨和大幅回调的走势。在大幅上涨或者下跌之后，交易者会平仓。一般来说，一个走势可以回调 62%而不改变其大趋势

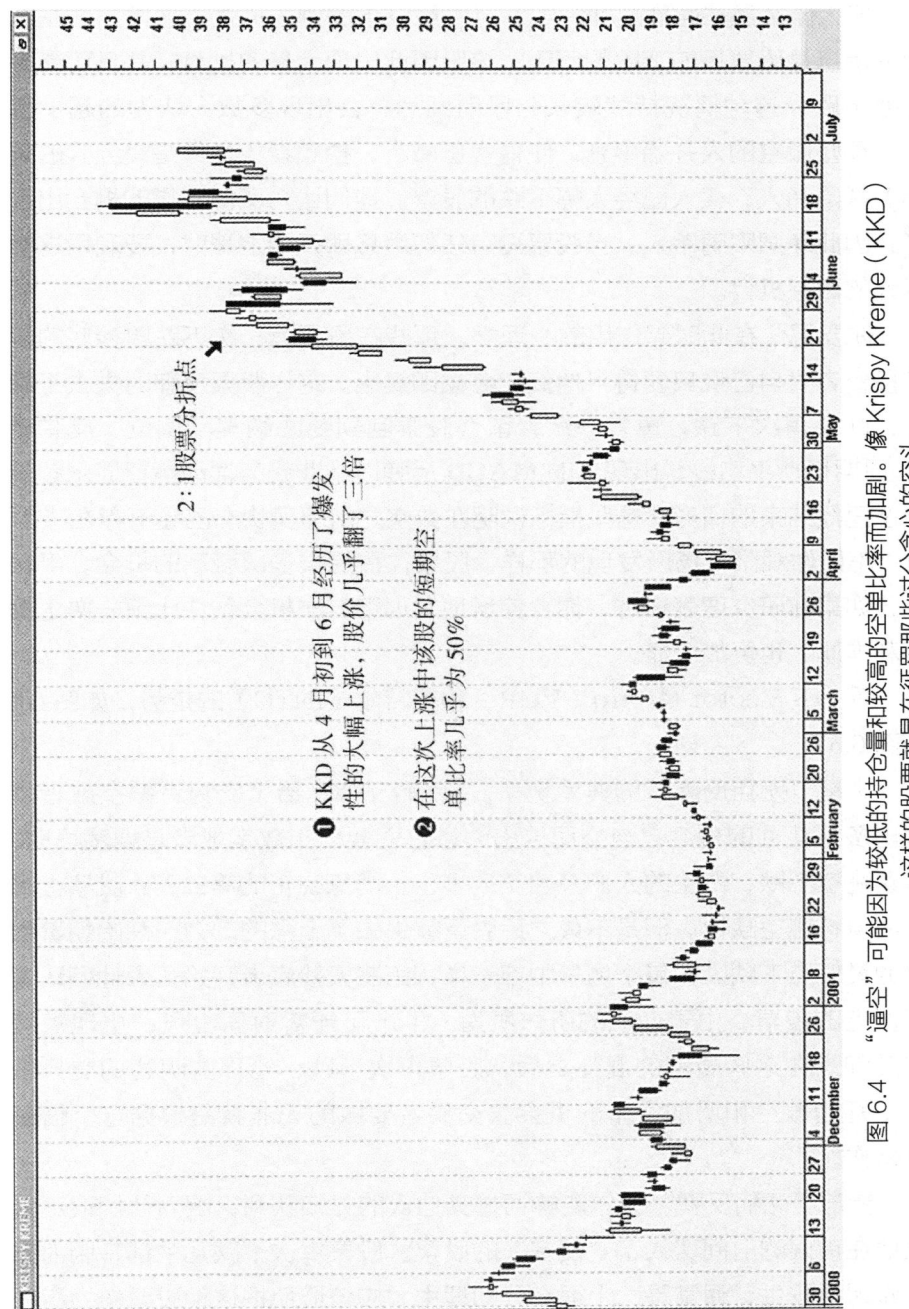

图 6.4 "逼空"可能因为较低的持仓量和较高的空单比率而加剧。像 Krispy Kreme（KKD）这样的股票就是在惩罚那些过分贪心的空头

❶ KKD 从 4 月初到 6 月经历了爆发性的大幅上涨，股价几乎翻了三倍

❷ 在这次上涨中该股的短期空单比率几乎为 50%

2：1 股票分折点

在反弹时进入，而不是追逐跌势，使你自己处于不利的位置。

那么什么是"死猫反弹"呢？可以用以下的例子描述。通常一些基本面的消息是股票最初下跌的原因。该股因此出现大量的抛盘，并且可能会跳空下跌。这种情况持续较长一段时间后，会出现多数人认为的超卖状态。那些做空的人开始平仓，使得卖压减小，抄底者（多数是没经验的新手）开始涌入，买入已经大幅下跌的股票。他们认为买便宜货的机会出现了，因此睁圆眼睛杀入。当股票没有任何消息即开始上涨时，要利用这个巨大的做空机会。

你要记住在此时起作用的心理学。那些在股票第一次下跌时抄底的很多投资者对自己说只要持平他们就会立即卖出。这样股票反弹时失去了动力，就会再次下跌。重复一次，留心股票回到斐波纳契回调位、反弹至15周期移动平均线、出现负的MACD反弹以及非趋势摆动指标显示超卖状态已经结束的情形。这些指标说明在做空之前超卖状态已经不存在了。

正如你观察市场所发现的那样，股票往往提供多次获利的机会。事实上，如果你研究图表形态，你会惊讶地发现第二次机会往往比第一次更加获利丰厚、也更加可靠。

看一下Vector Group（VGR）和英特尔（INTC）的走势，如图6.5和图6.6。

这是"死猫反弹"的典型例子。"死猫反弹"给了交易者做空或者是卖出多头头寸的机会。当公司传出消息它们要公布数字或者是要裁员时，股票跳空下跌，做空的人们开始买入平仓。消息公布的第二天，股票上涨试图填补跳空缺口。但是不久之后股票就失去了上涨的动力，开始朝着当日的最低点下跌。在每个例子中都一样，第三天抄底者开始买入他们认为很便宜的股票。由于他们的所作所为，牛市可能暂时居上风，出现短线的反弹。在这些短期的混乱之后，股票再次下跌，给那些明智的交易者一个开始做空和增加空单的机会。交易者要做的无非就是根据这个信息来操作。

参与"死猫反弹"使你能够通过其他人的无知获利，因为他们很不专业地在错误的时间买入了"便宜"的股票。股票每次下跌几乎都是因为某个原因而发生，通常是一个很充分的理由。应该避免把这种股票作为潜在的做多对象。了解怎样参与强烈的反趋势反弹是熟练的专业人士应该具备

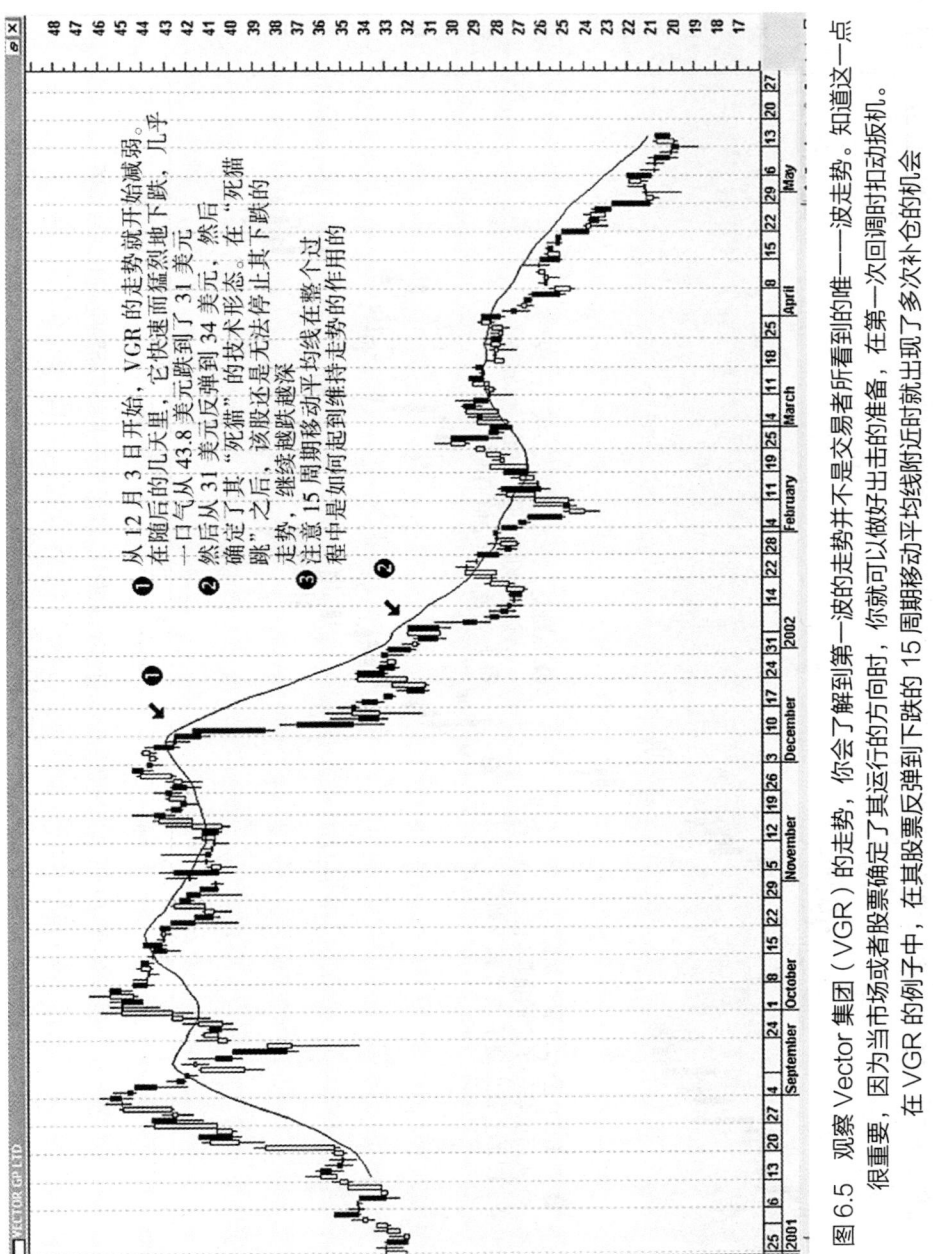

图 6.5 观察 Vector 集团（VGR）的走势，你会了解到第一波的走势并不是交易者所看到的唯一一波走势。知道这一点很重要，因为当市场或者股票确定了其运行的方向时，你就可以做好出击的准备，在第一次回调时扣动扳机。在 VGR 的例子中，在其股票反弹到 15 周期移动平均线附近时就出现了多次补仓的机会

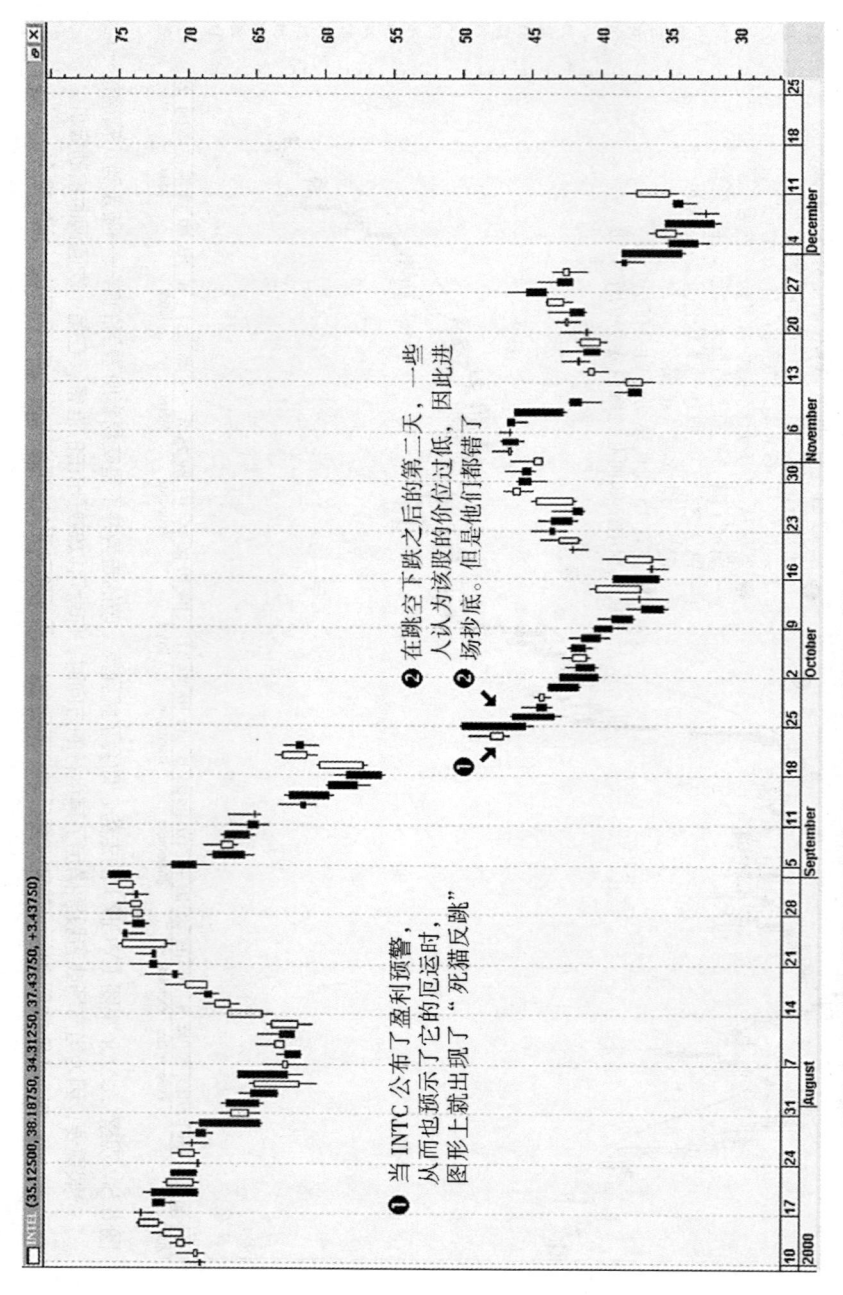

图 6.6 英特尔公司（INTC）在 2000 年遭遇了滑铁卢，随后几天更是不断跳空向下，跌得更深。我永远永远不会赞成任何一种使你处于这种境地的交易策略。但是，留心在跳空下跌之后的低风险做空机会

的素质之一。"死猫反弹"通常不会持续很久，因为如果它们持续了很久就说明它们不是"死猫反弹"。

留心这种形态的出现，因为它能给你再次做空的机会，或者为你提供一个情况不对时卖出多单的机会。大多数"死猫反弹"不会突破上次下跌的 0.382 斐波纳契阻力位。我使用 15 周期移动平均线作为限制"死猫反弹"的一个手段，因为通常此处会有加速"死猫反弹"的效果。这使得 15 周期移动平均线在确定走势的强度时非常有效。如果市场或者一只股票反弹到 15 周期移动平均线，然后下跌，那么这通常是做空的机会。成功的、有准备的交易者在这些点位伺机增加空单。

衡量"死猫反弹"做空交易成功与否，要使用精准买卖点策略与方法的各个因素（如根据斐波纳契数字和历史上的支撑和阻力位建立目标价位）在开始交易之前评估风险收益比。

人类的天性就是要以便宜的价格买入，买入股票也不例外。有这种倾向的人往往承担了那些机构和专业人士在最初的下跌时无法卖出的头寸。这是专业人士共同的一种操作手段。即使卖空和对冲是你所不愿意做的事，你也应该了解本节和本章的其他内容。了解卖空是如何进行的至少可以教给你如何卖出一个不好的多头头寸，以及怎样限制你的损失。

熊市向下跳空缺口

一般来说上午跳空向下的股票会使得神经紧张的交易者疑惑它们是否会回补缺口。这些熊市的跳空缺口通常因为公司披露出始料未及的坏消息而加剧，因为它们对市场的影响往往出其不意。基金管理者从不会被这样的消息吓住，也不想因此让他们的账户出现损失。

正因为这个原因，当出现缺口时，你应该关注每笔交易的价格和成交量信息，以便确定股票是否会反弹。如果一只股票在前一天晚上有坏消息出现，它很可能在第二天早上跳空下跌。这种跳空往往伴随着大量的零散抛单一同出现。我从来不在开盘时卖出大幅跳空的股票，因为这时风险收益比很差。但是如果大部分交易是几百股一手，市场很有可能正在期待着这条消息，并且准备通过震仓摆脱掉那些想要卖出头寸的人。我建议你使用精准买卖点策略与方法，不要参与这种类型的交易，因为这种做法会危及你的财富。但是，那些大幅跳空下跌并且无法恢复的股票在震仓之后是很好的做空机会。如果股票当日进行窄幅的反弹，并且随后再次下跌，你就得到了一个设定止损的更好位置。

因此，如果消息的出现伴随着开盘的大单子，如一笔超过 2500 股，那么卖方很可能有一定的能量。那么如我们一贯的做法，等待回调，看看市场会如何反应。如果回调遭遇更大的卖压，那么做空，并且将部分头寸的止损位设在当日的最高点之上 25 美分，部分设在最近的一个最高价。这种策略使你的做空位置很好，风险低，并且可以使你不会在任何反趋势的回调中牺牲。

观察图 6.7 中 International Rectifier Corporation（IRF）的走势。你可以看到在该公司刚刚宣布它不会盈利之后，出现了大量的卖盘。

当你看到这种情形出现时，就好像看到了你应该立即遵循的轨道——做空。该股在上午的大幅下挫之后，在当天的晚些时候试图反弹，使得那些聪明的交易者获得了已确定的风险再次做空的绝好机会。如果股票继续延续上午的下跌走势，这些精明的交易者可以获得更大的收获。趋势的确延续了，聪明的交易者将他们的止损设在当日的最高价之上。好的交易者在完美操作的同时还应该进行这样的观察。

图 6.8 是另一个例子。Emulex Corporation（EMLX）曾是纳斯达克交易量最大的高价股之一，不过它也宣布了一些不太好的消息。

该股放大交易量下跌。对于这种股票的走势，只有更加富有经验的做空者才能参与。但是任何人都可以使用这些策略来平掉走势不对的空单。该图清晰地反映了公众明显没有预料到这条消息，由于不可避免地会出现大量卖单，因此这是一个做空的好位置。但是，如同所有其他的交易一样，如果你不能参与第一次的走势，不要去追，因为耐心和纪律会使你获得第二次机会。

即使你不习惯做空股票也可以使用这个策略。如果你拥有发布了坏消息的股票，你有两种选择：如其他人一样在开盘时努力在好的价位平仓，或者看看股票在反弹之后的走向如何。如果该股反弹到接近开盘价之后开始下跌，那么这就是你卖出股票的最好机会。如果你是一个真正的交易者，并且见到这一切在你眼前发生而你没有采取任何行动，那么你应该停止自己交易，并将你的钱交给一个收益好的对冲基金去管理。当时在那之前，所有你作为一个交易者所做出的交易决策应该是仅仅根据你所发现的

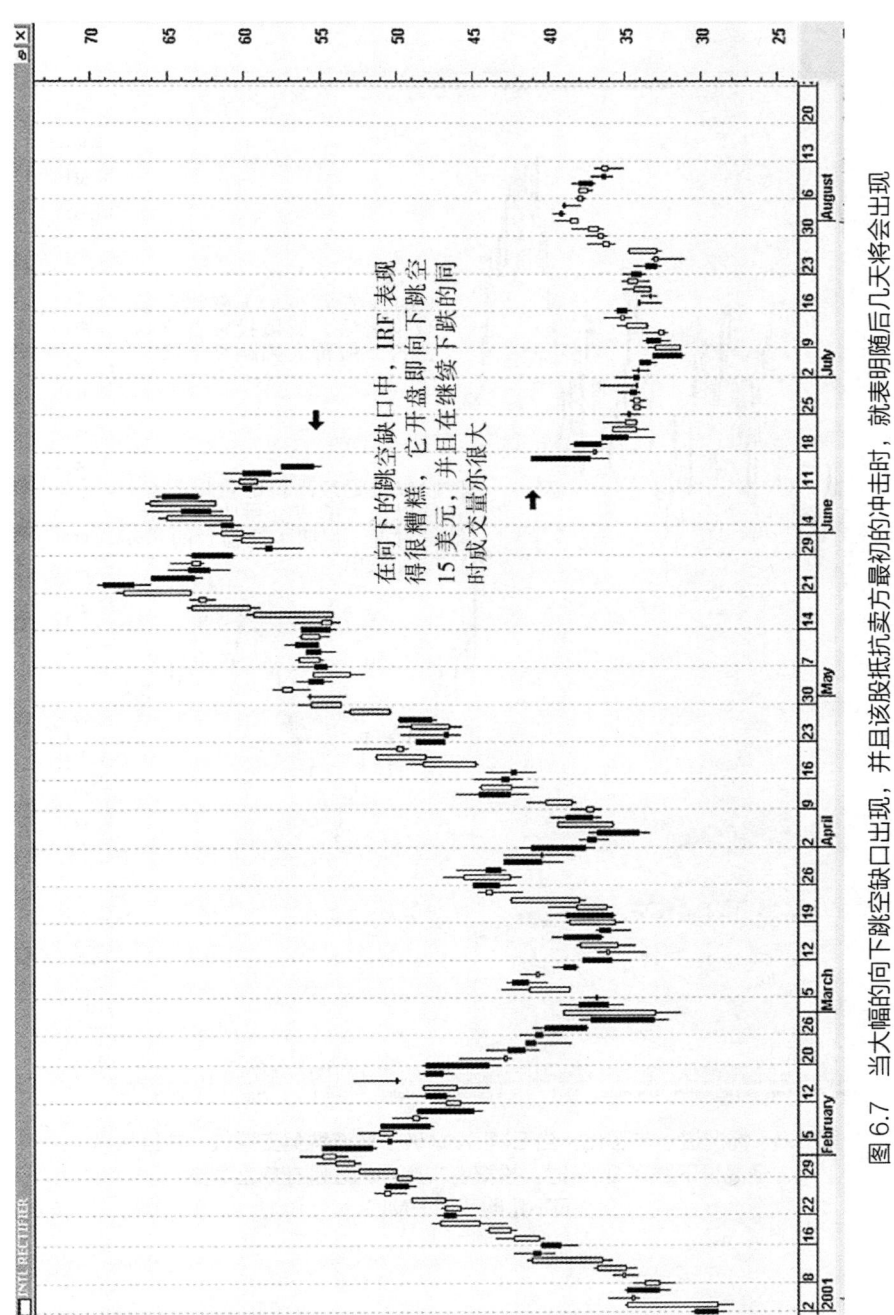

图 6.7 当大幅的向下跳空缺口出现，并且该股抵抗卖方最初的冲击时，就表明随后几天将会出现持续的下跌趋势。IRF 在最高价附近开盘，而收盘价却接近最低价，表明还会有进一步的下跌

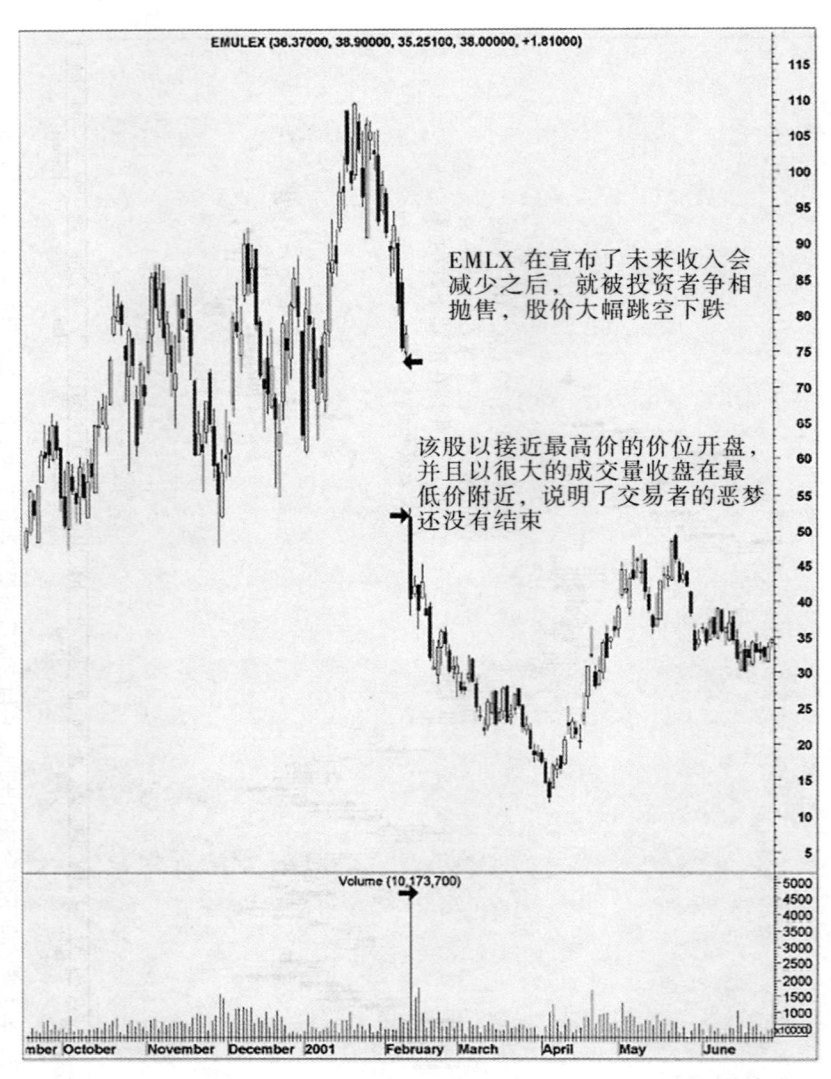

图 6.8 情况进一步恶化：当 EMLX 跌破了斐波纳契支撑位，并且从其最高价下跌了 90%时，投资者宁愿他们还躺在床上睡觉，而不是购买了 EMLX

事实而做出的，你的情感不应该在其中起任何作用。

总结一下，对于熊市的跳空下跌做以下的事情：

① 观察下跌时的每手的规模，确定在交易最初30分钟卖方是否有力量；

② 在第一次反弹失败之后进场做空，止损位设在当日最高价之上25美分；

③ 如果你当天开始交易，在随后的几天继续观察弱市是否会继续，并且给你自己第二次做空的机会。

熊市的向上跳空

熊市的向上跳空与熊市的向下跳空一样有趣，我更加擅长熊市的向上跳空。多年以来，在开盘时减少的交易量已经使得许多做市商和专业人士赚到了足够在汉普顿买房子的钱。熊市的向上跳空提供了另一个做空的好机会，通常以日内机会的形式出现。一只正在大幅下跌的股票试图吸引那些早期抄底的买家。该股上午向上跳空开盘，并且试图继续上涨。但是，通常在熊市的向上跳空中走势并没有真正的支撑。卖方利用这个机会卖出。这时你应该严密注视该股的动向。如果在交易的最初半个小时之后，该股仍然继续上涨，那么说明上涨真的有其合理性。但是，如果该股不能突破开盘价，那么你可以把它作为一个卖出的机会，并且将止损设在当日的最高价之上1/4点。

多数情况下，这种向上跳空出现在持续的反弹之后的一个主要的目标价位时更容易获利。一般来说，在几天的反弹之后，剩下的散户被送往屠宰场，因为市场是根据某条经济信息或者也许是亚洲市场在昨夜强劲反弹而大幅向上跳空的。欢乐的情绪继续着，每个人都因为再次买入了股票而感到高兴。这正是你使用斐波纳契目标价位以及客观的技术分析寻找的一个低风险的入市点。

在这种情况下，做市商预计市场需求会增加，市场条件使得股票跳空向上。但是，对于那些处于下跌趋势中的股票，这个点可以作为最佳的做空机会。建仓的规则相同。观察市场、股票所在的行业以及整个市场在开盘时如何表现。如果这三者都下跌，并且如果该股在开盘最初的10分钟之后没有表现出任何继续上涨的能力，那么激进的交易者可能会考虑建立三分之一仓位的空单，同时把当日的最高点作为止损。更多保守的交易者等待股票再次下跌，然后观察反弹确定趋势的强度。一旦股票再次下跌就跟进，将止损或者设在某个关键点之上，或者设在当日的最高价，根据你交易股票的时间框架而定。

第二种也是最重要的一个熊市向上跳空发生在 3~5 天的反弹之后，在这个位置每个人都确信真正的涨势开始了，都不想被落下。本书引言部分介绍了这种场景。与第一种熊市向上跳空类似，期货市场以较少的量即把价格抬高，做市商尽其所能在所有的电子通讯网（ECNS）中吃进所有的卖单。他们这样做的目的是让每个人都兴奋地期待股票继续走高，而他们这时已经将羊群的毛剪掉，准备把它们变成羊排了。

市场一般会跳空向上，并且持续一小会儿，然后音乐停止，没有足够的椅子让每个人都坐下。下跌的走势可以形成一次大规模的反转。在这种类型的熊市向上跳空中使用趋势反转指标可以在较短的时间框架内观察到背离。如果向上跳空出现在一个主要的斐波纳契阻力位上，那么对于空头头寸无异于火上浇油。一旦你看到了背离，并且市场开始挣扎，那么就立即加入做空一方。移动平均线还没有跟上走势，因此将你的止损设在当日最高价之上，或者是斐波纳契好友区域。在你做空之后，留心第一次的反弹。如果反弹创造了一个较低的高价，并且从那里开始下跌，那么就全仓杀入。将你的止损设在当日最高价之上，然后享受这段旅程吧。我见过很多次在大幅上涨之后的熊市向上跳空缺口，然后出现了两到三天的反转。留心这些机会可以极大地提高你的个股以及整体的盈利。

观察图 6.9 中 Qualcom（QCOM）的情形。该股在 1999 年大幅上涨。在开盘之前一些分析师发布了乐观的评论，因此该股大幅跳空高开。但是从那以后就一路下滑，并且因为高开引发了大量的卖盘，股价一泻千里。

如同在熊市的向下跳空中一样，你需要留心该股的成交量，看看上涨过程中买方是否有大单子出现，或者说是否有大的买方参与进来。我一般会留心每笔大于 2500 股的单子。大多数交易者会告诉你仅仅留心每笔 10000 股以上的单子，但是我认为这种做法是错误的。机构一个惯常使用的策略就是将他们的大单子分成较小的单子来隐藏其意图。因此，我在观察量的同时还留心成交的速度和成交量。

做市商和专业人士非常擅长赚取散户的钱，他们使用向上和向下的跳

第一阶段 基本交易策略 121

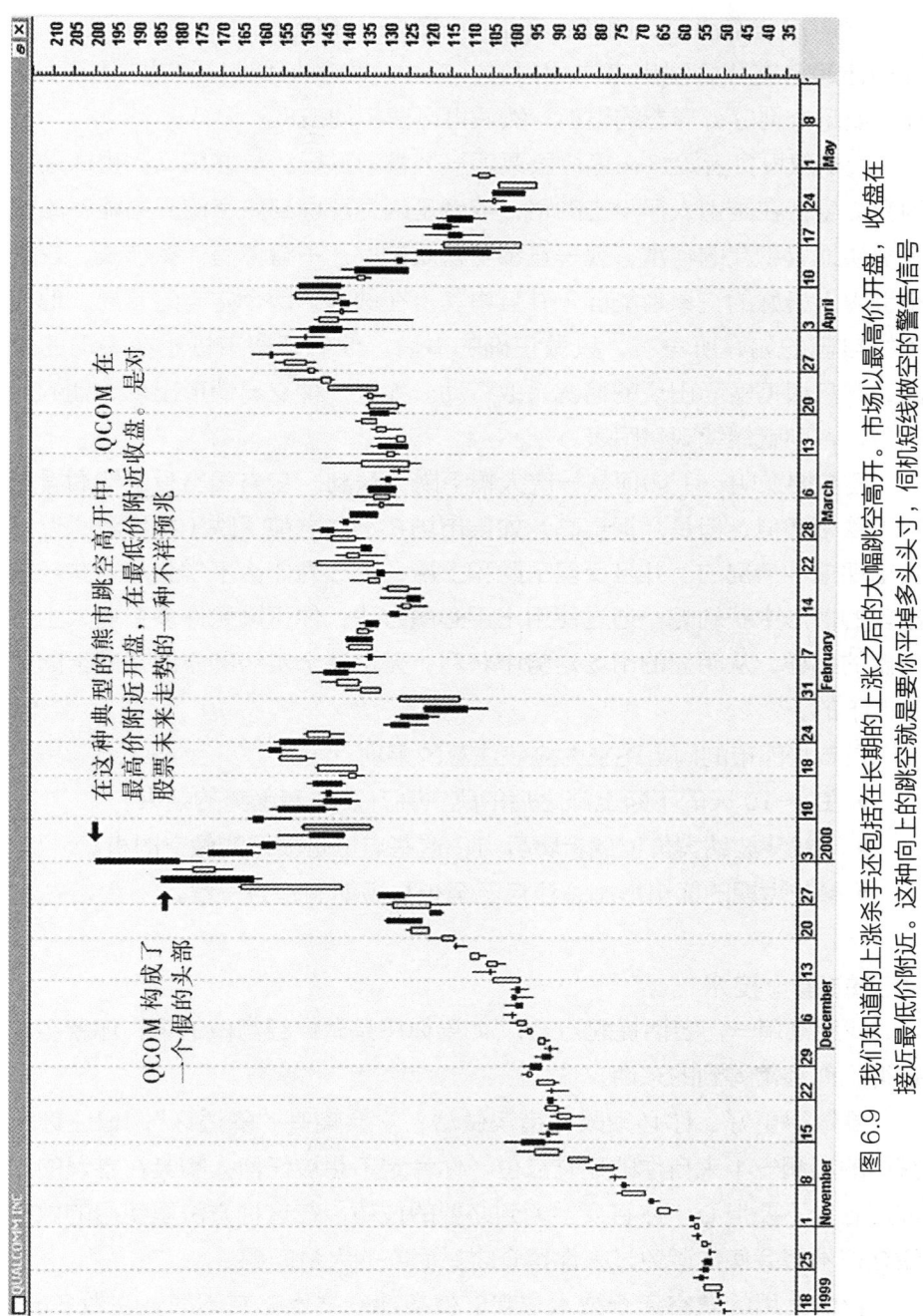

图 6.9 我们知道的上涨杀手还包括在长期的上涨之后的大幅跳空高开。市场以最高价开盘，收盘在接近最低价附近。这种向上的跳空就是要你平掉多头头寸，伺机短线做空的警告信号

空来达到这个目的。做市商对于单子的来源和在哪个价位会出现买方和卖方的平衡都非常清楚。因此，在这种情况下，你应该至少等到开盘后10分钟让趋势充分表现出来之后再进行交易。你就好像战场中的狙击手一样，要耐心地等待形态的出现，然后再迅速扣动扳机。

大多数投资者始终在等待股票朝一个方向运行。与之相反，也许是因为我终生都在走别人很少走的路，或者是因为意识到做空的交易能够比做多更快地累积我的财富，我一直都更喜欢做空。不管你有什么特长，在这个世界上最好的交易者能够（并且事实上在做着）两个方向的交易。他们不被自己的偏好所左右，只做正确的事情。他们观察市场正在表现的方向，并且根据实际出现的情况采取行动。如果一种交易情形出现，他们就出击，否则就继续观察图表。

还需要说明一下如何从一次大幅下跌中获利。它与卖出股票然后看着它下跌相类似，但是回报更高。如果市场在上涨之前下跌（相信我，迟早会出现这种情况的）并且反复下跌和上涨，那么为什么不学会从这些经常出现的情形中获利呢？通过使用出手必赢方法，你可以像许多专业人士每天做的那样，从明显的市场走势中获利，无论这个走势的方向是向上的还是向下的。

在参与熊市的向上跳空时应该注意的事项：
- 在7~10天的不断上涨之后的跳空高开意味着涨势的结束。
- 寻找斐波纳契价位或者转折点，这些点位是很好的做空时机。
- 参与短期的熊市形态，让自己至少与短期的趋势一致。

做空的建仓技术

我经常用一句老话提醒自己："如果你总是做你经常做的事，你就会总是得到你经常得到的东西。"

要做得更好，你必须改变错误做法，学会离开"舒适区"。记住你所获得的利润一半来自你的建仓点位。你肯定不想被任何人嘲笑在错误的点位建仓。不要担心，你将会学习到必要的技巧。在这种方法里使用的做空建仓技术将会使你避免过去你建仓之后面临的大量问题。

我所使用的做空建仓技术与我的做多建仓技术略有不同。在做多时，当前成交价比上笔成交价高或者低时你都可以买入，而与此不同（至少到我写这本书的时候），做空时，不可以卖出当前成交价比上笔成交价低的股票。如果你做的是商品期货或者是期权，那么这条不适用，因为在上涨或者下跌时你都可以做空。由于有"上涨规则"的限制，可能会出现以下情况：一只股票形成了很好的卖空机会，但是，一旦它开始下跌，可能会持续下跌，而不产生一个"外盘成交"。这样风险收益率更糟，使得该笔交易很不理想。

对冲基金和机构所用的共同方法是锁仓或者"证券转换"。这些交易工具使交易者能够在下跌时做空股票。因为许多散户不使用锁仓单，因此不要杀跌。大多数向下突破的股票会在继续大幅下跌之前尝试再次验证初始的突破位。再次验证的失败为做空提供了最好的机会。正如你在第三章中学到的那样，三分之一的"内托数字"来自图表形态。作为潜在的做空机会，向下突破、重新验证突破位并再次下跌的股票"内托数字"最大，因为这些都为卖空股票提供了最好的机会。

后面的段落会告诉你怎样利用精准买卖点策略与方法中用来做多的技术指标来做空。使用精准买卖点策略与方法时，这些指标不能单独使用，也不应该单独使用。它们应该互相结合起来用，来确定是否应该做空。

图 6.10 显示了纳斯达克 100 指数在 2001 年 2 月的表现。

当美联储在 1 月的第二个交易日出人意料地宣布调低利率之后，该市场走出了一波漂亮的上涨。过分超卖的科技板块走出了一波反弹行情，并且突破了一些明显的阻力位。那些想要在超卖反弹中做空的交易者可能错过了 1 月的上涨，但是他们的耐心在 2 月底之前得到了回报。图 6.10 显示了纳斯达克 100 进入明显的斐波纳契阻力位，验证当天反弹的基础。市场试图穿过这些区域，但是在月底时上涨势头减弱。

在这期间，许多交易者问自己市场是否会掉头向下验证其低点。在仔细查看了第二章中讨论的指标之后，你可以确定向下验证其低点的可能性很大，如图 6.11 所示。

一个月来一直为正的 MACD 直方图也开始转负。这种情况说明至少当时的上涨趋势会进入盘整，或者更可能的是市场将会下跌。测定趋势强度的垂直水平过滤器也开始变弱，进一步说明 1 月的反弹失去了基础。在一个更长期的图表上，纳斯达克没有突破 12 月的最高价，并且开始由反

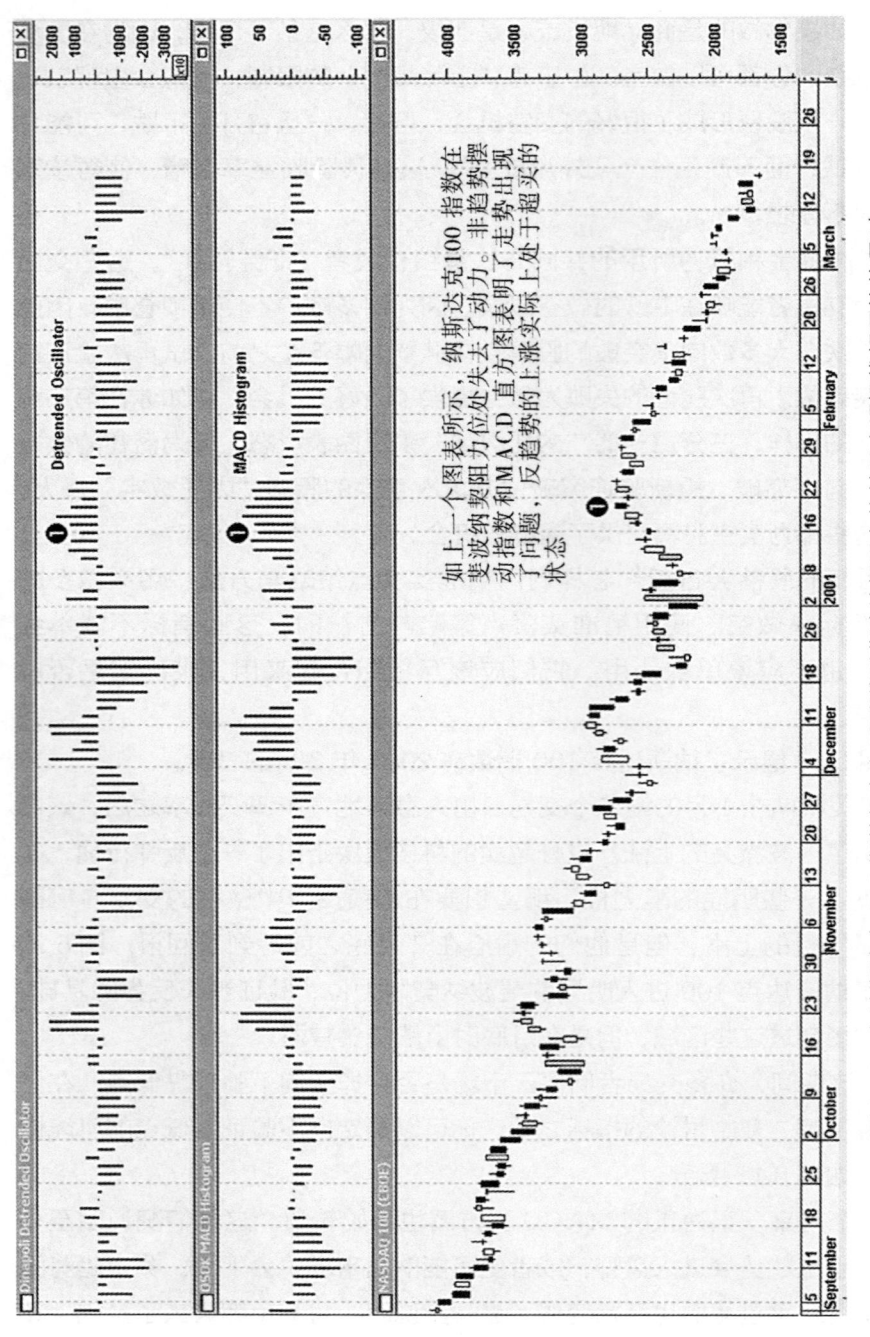

图 6.10 在纳斯达克 100 指数超卖后反弹到斐波纳契阻力位并出现短线超买的信号时，就产生了典型的出手必赢交易做空机会。这就形成了低风险的做空机会

第一阶段 基本交易策略 125

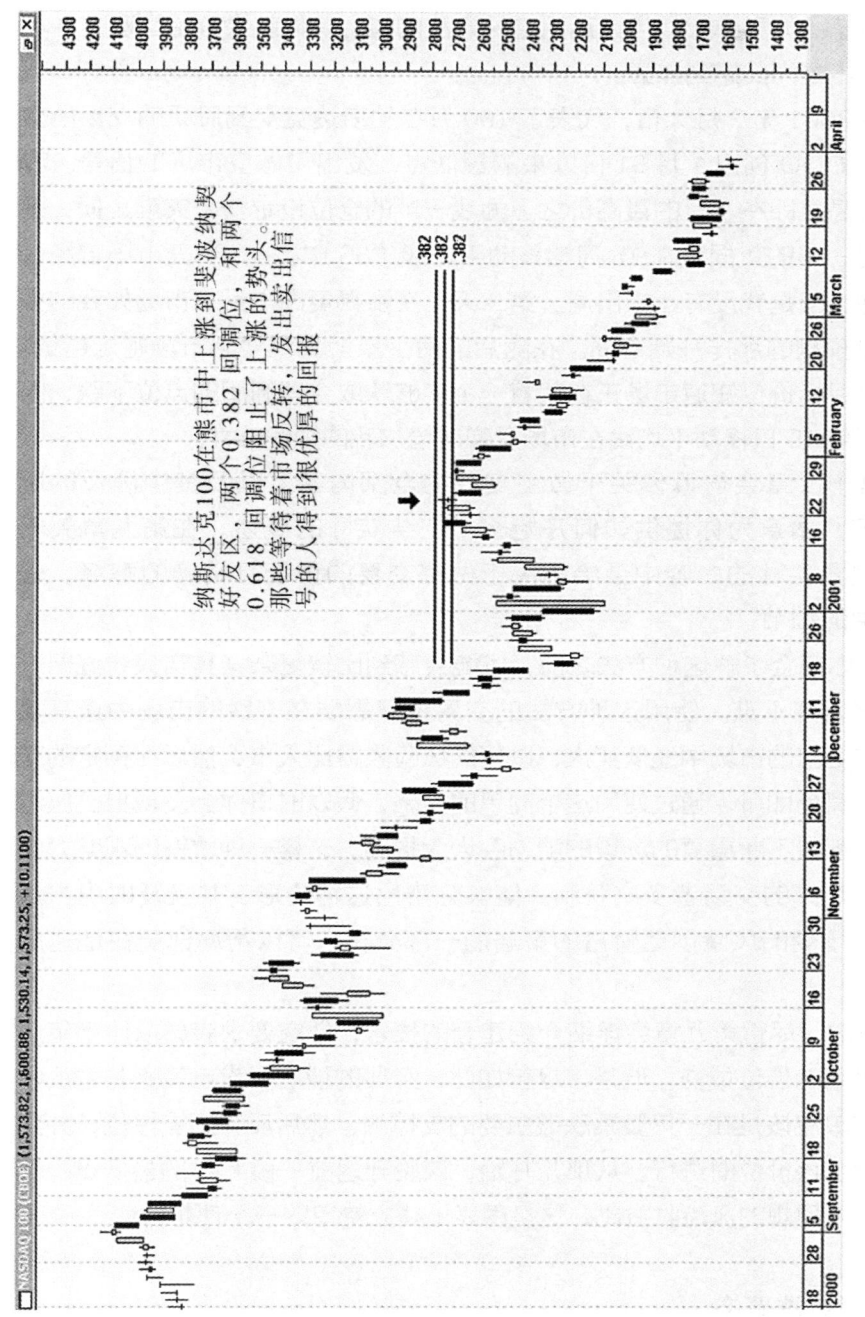

图6.11 出手必赢方法最重要的部分就是建立有效的目标价位。当多个斐纳契波好友位于同一个区域时，结果往往非常有效

弹向下跌转换。这是一个完美的做空机会。是时候要进场交易，而不要再去猜测了。如果你相信自己运用这种方法的能力，你就会开始喜欢这种场面，而不是为此感到焦虑。

在 2001 年 2 月 2 日，代表了 100 只在纳斯达克交易股票的交易所交易基金 QQQ 创出 1 月 31 日以来的最低点，发出了做空市场的信号。我的反应是立即在 1 月的最高价之上为我一半的仓位设定一个灾难止损，并且把另一半的止损设在 15 周期移动平均线（66）之上。当天市场曾经试图反弹，但是我没有止损出局。第二天，在涨得更高之后，市场如我的技术工具预测的那样开始走弱。在随后的两个星期我观察到市场越走越低。我通过目标价位知道市场正在朝着一个能够获取合理利润的点位下跌，同时我利用 15 日移动平均线在市场反弹时增加我的短线头寸。

第十二章会告诉你关于做空交易的全部内容，以及其中涉及的所有步骤。本章为你提供如何开始一个空头头寸的概述。在第九章关于如何建立头寸的内容中会给出关于做空交易的详细且精确的解释，包括其中的细节。

在你完全了解这种方法之前，可能会感到比较复杂，其实只要遵循这个程序就并不难。使用这种方法的交易者只需要在下跌的市场中逢高卖出，在上涨的市场中逢低买入，以好的风险收益比入市，然后在预定的获利目标离场即可。通过使用这个简单的策略，假以时日你会发现自己应对市场中那些不断重复的场景的能力会大大提高。这样一种敏锐的观察力会使得一个好的交易者多次获利。能够分辨出这种情形，并且及时出击是冒可以承受的风险创造财富的策略的一部分，它可以帮助你更快地达成目标。

总之，尽管第九章会详细介绍建仓的技术，做空要求股票以比上笔成交价更高的价位成交。但是，尽管如此，经典的精准买卖点策略与方法中建立空单应该是在一只股票跌破主要的支撑位，然后反弹到支撑位，并且不能穿越该价位时进行。从那儿开始，该股到达前一根 K 线的最低点。假定有一个理想的风险收益比，这是图表上建立空单的一个理想价位。

怎样避免被逼空

被迫在强劲反弹中买回你做空的股票即很多人所说的"逼空"，这种情况没有任何一个交易者可以承受很长时间。这就好像是重新做回一个七岁的孩童，并且被你的叔叔威利紧紧抱住不放你走。那种无助的感觉就是空头的感受，因为他们的股票开始没有回调地上涨。"逼空"经常发生，是一个不容回避的事实。当你开始自由地思考，并且愿意在别人仍然固守旧的、有局限性的投资方法的时候去获利，那就是你真正开始扩大你的潜在收入的时候。

"逼空"一个最极端的形式是当市场因为某些利空的消息而大幅下跌，并且收在最低价，而且显得很疲弱的时候。大量的对冲基金和散户都积累了空单，并且持仓过夜。那些没有空单的人会在第二天上午寻找机会做空。当第二天来临，如果市场试图维持不下跌时，不够坚强的空头会开始平仓。这种情况也会在日内发生，很可能是在一条新闻——如美联储出人意料地将利率降低 50 个基点——突然传出之后。可以肯定，随着人们开始买入，很多紧张的空单持有者也在伺机平掉他们的头寸。

在仔细研究了第三章和第六章中的图表形态之后，你可以清楚地确定哪些形态是经典的形态。但是，很明显趋势反转了。有时这些空头形态并不一定会继续。例如"双顶"，没有继续走低而是突破了前期的最高点就是空单持有者将股票推向更高的一个典型例子。正如我对我的学生和交易者们一再重复的一样，做了一笔失败的交易并不丢人，当然除非你没有控制好其背后的风险。如果你不能控制风险或者你举债过多，你就会被套牢。尤其是当看起来会下跌的市场改变了方向而出现了一次幅度很大的因空头平仓而引发的反弹，而你却没有采取任何行动时就更加危险了。

如果你来得及转换方向，并且能认清这些情形，这可能是一个获利的交易。你会成为空头的对手，与多头一起推波助澜，成为逼空者，而不是被逼的空方。

如果你建立了一个头寸，而该交易中真正的空头形态没有像预期那样出现，就会使得那些最初做空的想要买入平仓，当这些空单急于出局时，"逼空"就会很有效。要辨认这种情形需要时间和经验。但是具备这种能力可以在多种情况下对你有所帮助。如果你做空了，并且意识到了正在发生的情况，你就可以将一个不利的形式转化成一段盈利的经历。

由于你止损出局，你肯定会有所损失，但是如果你迅速止损，那么你不会因为不可避免的"逼空"而从精神上到金钱上遭受挫折。最不应该的是你为这笔交易恐慌或者担忧，因为你早就应该学会不要在交易中感情用事。你应该已经设定了止损，并且按计划实施。在这个例子里，你所要做的就是出清你的头寸。这是一个成功的交易者生活中非常平常的一部分。为了长期获利，你必须准备好在这个过程中不断有小的损失。

如果你从你的经纪商那里借来的股票要在你预定的时间之前归还，也可能会发生"逼空"。由于需要归还股票，因此更增加了股票的需求。这种需求的增加使得形势更加激化。

当你做空股票的时候要确定几件基本的事实，留心这些情况也可以使你不被"逼空"。许多股票走势凶猛的原因是交易者认为该股价位过高，进而决定做空，而不管有没有有效的技术形态出现。当股票反弹时，多数交易者会平掉他们的头寸以求持平。我建议你在做空那些已经有超过20%的做空利润，处在相对较低价位的股票时要格外小心。这种情形的出现对于那些喜欢做空的人来说可能是致命的打击，因为这些股票可能很容易被操纵。做空持仓的数字每月更新，你可以在很多金融网站上看到。

图 6.12 是 Genesis Micro（GNSS）一个大幅上涨的例子。如图中所示，这次上涨开始回调，看起来好像要对那些做空的人发点慈悲了。

但是，看起来是一个很好的做空机会可能会变得不是那么好。如果你要成为一个成功的交易者，就应该对这种情形有思想准备。学会习惯那些不如你所愿的交易，是交易者生活的一部分，不论做多或者做空都如此。股票既会上涨也会下跌。许多看起来是很好并且被寄予厚望的空单，可能最终无法实现。但是，如果 20 笔交易中有 19 笔是正确的，最后却没有收益，仅仅是因为在这笔交易中你忽略了止损，让它在相反的方向走得太远，这种情形是很糟糕的。

我下面要说的非常重要，它超过了目前为止所有其他的交易错误，是交易失败的最大原因。就其重要性而言，即使我在本书的每一页都重复这些话也不为过。

永远要管理好风险

一个普通的交易者，只要遵守这条原则就会在五年的时间中节省大量的金钱，并且大大减少精神上的痛苦。好好想一想吧。在你做空的时候要耐心，并且要永远遵守你的止损。市场在涨涨跌跌之间不断循环往复。因

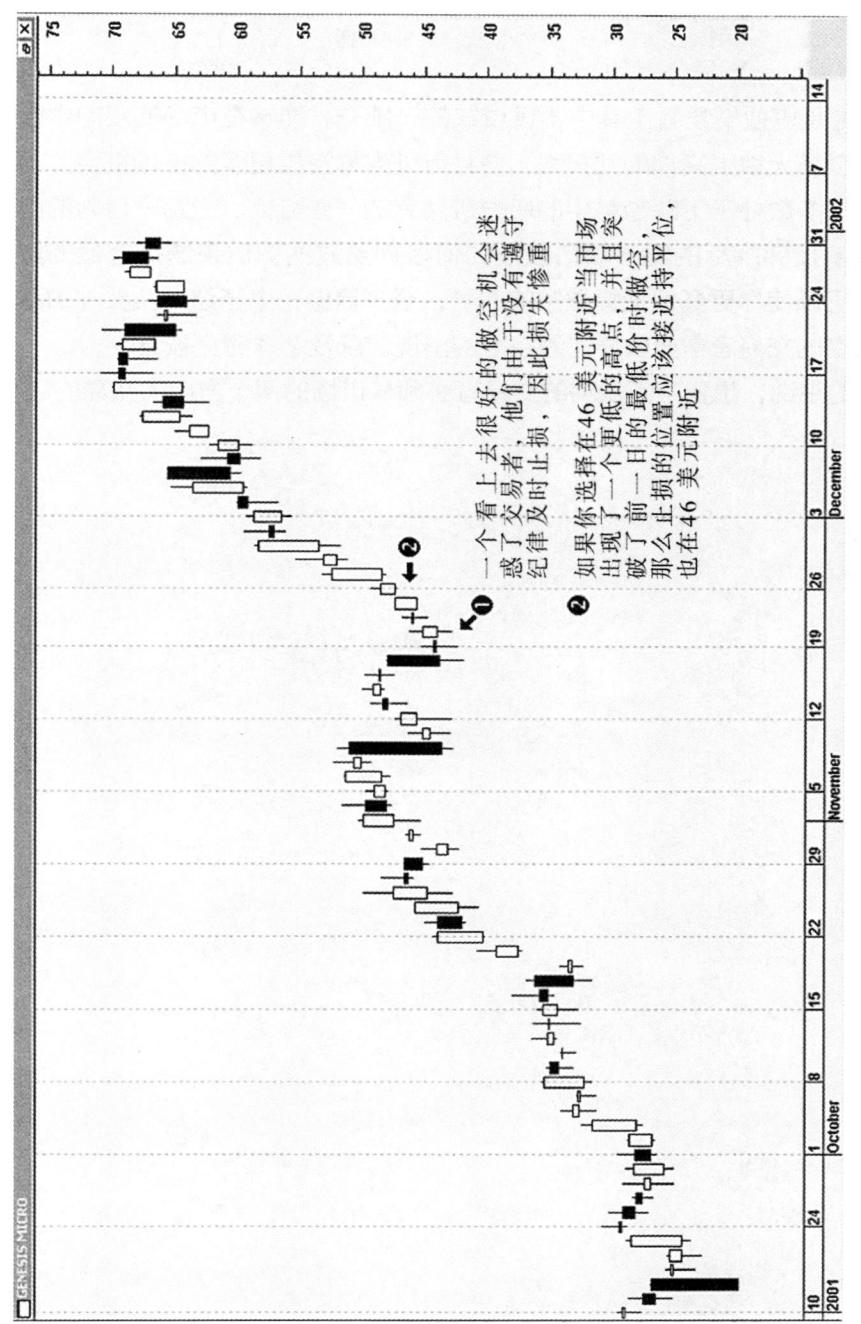

图 6.12 利用跟踪止损非常重要,因为如果没有正确的头寸管理,市场反转可以迅速将一笔盈利的交易转变为一笔亏损的交易

① 一个看上去很好的做空机会迷惑了交易者,他们由于没有遵守纪律及时止损,因此损失惨重

② 如果你选择在46美元附近做空,并当市场出现了一个更低的高点,做空前一日的最低价位时,那么止损应该接近持平位,也在46美元附近

此记住确定可靠的目标价位、遵守计划和管理风险是赚钱的关键。

小结

卖空是职业交易者工具中不可或缺的一部分。能够在市场的双向中都获利可以极大地提高你的回报率，并且可以为你提供更多的市场机会。本章讨论了多数处于下跌趋势中的股票所共有的一些特征。了解一日内的反转、表示反弹竭尽的跳空缺口以及如何根据斐波纳契位来选择合适的点位，这可以使你更好地把握做空的时机，至少提供一个了结多头头寸的时机。做空的交易者需要留心"逼空"的出现，以及怎样避免被套。

总的来说，想要不断获利的交易者必须从市场的两个方向去交易。

第二阶段 从射手到专家

第七章　交易者的准备

使用精准买卖点策略与方法

　　正如本书前面所多次谈到的那样，精准买卖点策略与方法的基础是在上涨的市场中逢低买入，在下跌的市场中逢高卖出，并且在预定的目标价位平仓获利。"内托数字"就是为了将这种做法量化并且计算出好的建仓点位而发明的。"内托数字"的三种成分分别在第二章技术指标、第三章图表形态和第四章斐波纳契位中介绍，各占全部30分中的10分。本章会把这些成分组合在一起来形成"内托数字"，并且引导你进入后面的几章——关于如何确定"内托数字"以及如何据此计划、建立、管理和平掉头寸。

"内托数字"介绍

　　为了成为一个更高效的交易者，我很早之前就认定由成功的（和不那么成功的）交易者所提供的许多交易系统和策略需要改进。当我第一次开始交易时，我犯了很多错误，想要微观地管理头寸、在交易中屈服于情感的力量以及总是尝试最新的方法。在每个使用了这些方法的例子中，我发现了它们的弱点，虽然通过实际交易来提高操作水平是一个有风险的工作，或者说（a）成本太高、学起来太难，（b）忽略了交易计划的许多重要方面，（c）缺乏连续性，（d）上述三种都有。简言之，有些方法可能会对那些花费了时间研究并且实施它的人有所帮助，有些却令我挠头。

　　精准买卖点策略与方法和"内托数字"的开发是出于要做得更好的需要。交易是本质上非常困难的一项工作，我们常常会遭遇许多不必要的困难。我一而再再而三地发现我自己对市场判断正确，但是却在一个错误的时机进入，没能正确地管理获利的头寸，并且在中途改变计划。这不论从金钱上还是从情感上都是非常有害的。

　　尽管"内托数字"最初看起来有点深奥，它的目的无非是帮助我们确认参与当前趋势的回调的理想位置。我将它设计得很简单，并且提供可以快速查找的数字来帮助一个交易者在图表的适当位置参与高质量的交易。在精准买卖点策略与方法中，"内托数字"有两个功能。它的第一个功能是提供一个 0 到 30 的数字，并且作为评估交易质量的一种手段。这个数字越接近 30，建仓的机会越好，成功的概率也就越大。

"内托数字"第二个同样重要的功能是为分配到这笔交易中的资金提供一个标准。

"内托数字"为交易提供了一个有用的列表。它帮助我们描绘了一幅清晰的、没有偏见的关于买方和卖方实际情况的图画，并且为你的潜在交易机会计算出一个确定的值。正确使用它们可以使你极大地提高客观分析市场的能力。

为了了解"内托数字"，你首先必须了解前面六章的内容。推导"内托数字"的过程很简单，也很直接，当你完全了解了推导的过程之后，你会发现它非常有启发意义。不了解这些信息，就不可能正确使用"内托数字"。

当你要确定交易用哪个工具时，按照下面的标准搜索可以帮助你提高交易的成功概率。这些标准会给你一个综合的分数，将这个数字与"内托数字"比较就可以得出你应该在这笔交易中投入多少资金。严格遵守资金管理的原则对于确保不被驱逐出市场至关重要。一些交易者盈利交易的数目惊人，但是由于贪婪和缺乏资金管理，它们往往在几笔交易中就损失了他们以往的所有盈利。通过使用我的方法，并且正确使用"内托数字"，你会减少这种事情发生的概率，或者说希望如此。

"内托数字"的第二个功能在交易中间会表现出来。"内托数字"计算出你在某个特定的走势中应该动用多大比例的资金。这个工具对确定何处到达获利目标以及何时改变交易方向十分有效。"内托数字"通过在大量的事实上找到一致性来确定这个比例。这些事实包括图表形态中的价格走势、斐波纳契好友区、主要的趋势线、趋势反转指标、垂直水平过滤器、移动平均线、MACD 以及非趋势摆动指标。这很明显是一个很苛刻的标准，这也是你发现交易质量可以大幅提高的原因。你只需要确定某种情形出现，然后据此行动就可以。你应反复这样做，采取一个狙击手的姿态，并且冷静地等待时机到来。当时机来临时，你已经做好了射击的准备。如果时机没有来临,你就执行 B 方案。

建立你的交易列表

对于任何的交易者或者投资者,都存在一个交易者感到交易起来相对舒适的交易工具库。可以通过建立一个由大约 500 种标准普尔 500 指数股票的数据库来建立一个备选股票列表。剩下的股票可以从纳斯达克 100 指数中选取,跟另外 150 种股票放在一起。这样你的数据库中一共有 750 种股票,你可以在一个晚上就浏览完。你所拥有的 750 种股票应该来自标准普尔 500 指数的九个行业,包括技术领域的三个行业。这些行业包括基础工业、能源、金融、主要消费品、技术、公共事业、消费服务业、工业以及半导体行业指数、软件行业指数和生物技术行业指数。自然在一些行业中股票会有所交叉。

从这 750 种股票中,你可以快速寻找那些显示出最高牛市或者熊市"内托数字"的股票。要找到适合做多的股票,你可以简单地寻找那些在 18 周期移动平均线之上交易、收在 4 周期简单移动平均线之下并且 MACD 为正的股票。要找到适合做空的股票,你可以寻找那些在 18 周期移动平均线之下交易、MACD 为负,并且收在 4 周期简单移动平均线之上的股票。

这样做的好处显而易见。从前面的阅读中你可以知道,在你开始评估之前,至少应该有两条标准。关键是要让自己参与那些正在回调,但是还会继续它们原来趋势的股票。在寻找这种股票的同时,你还必须能够预想出如果该股第二天恢复趋势之后的图形会是什么样子。这种想象能够帮助你获得更好的建仓位。同时也会使你有大量高质量的交易机会可供选择。你可以评估,并且深入了解那些需要知道的重要事实,如行业循环,因为当一个行业中的一只股票开始反弹时,可能是一个偶然事件,但是当一个行业内的大量股票都显示出某种特性时,则很可能有机构参与其中。

在你那原来有 750 只股票的列表中,符合剩下条件的股票将会大大减少。当股票的数目减下来时,你会看到潜在的交易机会出现了,并且你可以将它们列入你的交易计划。这是最令人激动的过程。它使你有可能发现一个真正好的机会,发现那些有时隐藏得很深的财富是非常有趣和令人兴奋的。当然,在找到这些机会后,你需要正确执行你的计划以使你的利润最大化。当我们在精准买卖点策略与方法的培训班讲授这个题目时，因为其重要性，我们往往要花整整一天来讲述它。

筛选交易机会

如同在上一节中所讨论的那样，我们将使用三条主要的标准来筛选交易机会。第一条是该股是在 4 周期简单移动平均线之上还是之下交易；第二条，MACD 为正还是为负；第三条，其价格在 18 周期移动平均线之上还是之下。这些标准非常简单，但是它们是筛选掉你数据库中大量股票的有效方法。如果满足了这些标准，那么就应该进行到下一步了。例如，如果你想要寻找做多的股票，那么你应该寻找那些收盘在 18 周期平均线之上、MACD 为正并且低于 4 周期简单移动平均线的股票。最后一部分可能看起来有点令人困惑，但是记住你要寻找从一个走势中回调但是却没有反转的股票。做空则要寻找那些收盘在 18 周期移动平均线之下、MACD 为负并且股价在 4 周期简单移动平均线之上的股票。这将使你处于有利的处境，该股从低点反弹，但是又没有反转。

正如前面所提到的那样，这个过程会使你所选的 750 种股票大幅减少。下一步就是在等式中增加其他的因子。这会使你通过这笔交易赚钱的概率更大。

一旦前面三个标准得到满足，就应该转向其他的标准。第二个要求是去观察图表形态。在这个例子中，你要找的是一个做空的图表形态，股票正在反弹，但是还处在下跌途中。你要寻找的是那些失败的反弹，希望你的直觉和分析正确。大量的确认技术指标会使你交易时很清醒。但是，所有指标都同样"完美"的形态很少见。这个过程中最重要的部分是告诉你一个强大走势的潜力，同时还让你以一个有利的风险收益比参与其中。任何没有这一优势的形态都应该避免。有大量这样的股票。为了交易而降低标准是一种糟糕的资源分配。

你需要培养狙击手般的头脑，他们为了找到合适的时机扣动扳机，往往会等待很长时间。这种纪律可以使你交易时的数量和质量都有所不同。

下一个要求是确定哪里有明显的斐波纳契阻力位和支撑位，这些都可以增加你交易的胜算。理想的情况是有一组斐波纳契好友区域与股票的价位一致。但是你必须记住如果股票交易量低、交投不活跃，应用斐波纳契分析不会产生同样的结果。因此，坚持参与有大量实体参与的大盘股，更有利于通过斐波纳契好友区域获利。

当你大致评估了斐波纳契位位于何处之后，就该对它们进行评分。一个充满了对你有利的斐波纳契数字的区域大约可以获得 10 分中的 9 分或 10 分，而一个对你不利的斐波纳契数字区域可能是放弃交易的理由。当然，也许通过进一步的研究，该数字可能是你反方向交易的理由。狙击手般的耐心在这个行业至关重要，在我的方法中清楚地表明了这一点。你们大多数时候应该拒绝潜在的交易，就好像一个好莱坞导演在面试主要角色时一样。你必须严格筛选，避免进行错误的交易，就好像一个导演避免录用坏的演员一样。由于某些交易者可能会认为太过挑剔的原因，可能会错过那些不满足特定条件的交易。但是记住，为了赚到尽可能多的钱，没有必要过度交易。使用出手必赢交易的方法可以帮助你以一种非常详细的方式找到那些你应该参与的机会，并且对此进行评估。然后，你应该使用我的方法中的技巧来进行稳健的交易。

你的下一个目标是寻找明显的趋势线和趋势通道，确认趋势线和趋势通道、移动平均线、斐波纳契比率和其他的交易工具，增加这些交易胜算的机会，使这些机会迅速为你服务。

下一步是查看垂直水平过滤器（VHF）。你可以用它来确定一个强劲的趋势是刚刚开始，还是正在减弱。如果一只股票在向上反弹的过程中遇到一个斐波纳契好友的阻力位，并且 VHF 表明趋势正在减弱，那么很有可能股票会下跌。这种理想的情况可以获得额外的 1 分。

下一个是非趋势摆动指标，它会告诉你股票超买或者超卖的程度，以及根据股票过去的走势，继续上涨的可能性有多大。当股票已经到达过去很难超越的超买水平时，你可以确定反弹是否会失败，并且预测到在这种情况下可能的反弹价位。但是，非趋势摆动指标中最重要的部分是确定你没有进入一个延伸的位置。

我建议你在初次筛选所有可能交易的股票时即反复进行这个过程。这样做可能会取得意想不到的效果。还有一点需要注意：进行筛选可以使你获得关于市场状况的良好感觉，帮助你更好地了解正在发生的事情。每晚的这种功课会变得越来越容易，因为最初筛选时的价格网格一旦形成，可以很容易地更新。正确的准备可以使你在战斗尚未开始时即获得胜利。第十二章回顾了实时交易的整个过程，以及如何从最初的筛选到最后落袋为安的过程中应用"内托数字"。

缩小你的交易名单

因素	分数和标准
形态	10分——形态越清晰，则点数越高
斐波纳契支持和阻力区	10分——在你交易时你希望看到一组斐波纳契好友处于对你有利的方向
趋势反转指标——牛市或熊市背离	2分——你正在寻找牛市或者熊市背离的可能性
非趋势摆动指标	1分——只要它没有表明你准备参与的交易过分延伸，你就可以得到这1分
移动平均线	3分——你希望有三分之二的移动平均线对你有利
垂直水平过滤器	1分——你希望不要进入已经持续了很长时间的趋势中
MACD	1分——你希望MACD对你有利
趋势通道和趋势线	2分——你希望在上涨的通道中回调时买入，在下跌的通道中反弹时卖出

刚开始，缩小你交易列表的过程非常困难，因为在进行筛选之后，你可能会认为你做出的多数选择会盈利。但是，我们的方法不提倡过分交易，而是提出通过一系列的程序使你自己重点关注那些最有希望的交易，并且通过这样一个过程来找出真正可以获利的交易。随着你的评估继续，你会对每个符合要求的股票计算并且应用"内托数字"。

那些有着最高的"内托数字"的看多股票，和那些有着最高的"内托数字"的看空股票可以缩减到有25只左右。这些已经使你第二天有足够多可供选择的目标。使用这种方法使你有机会从一批概率很高的交易形态中进行选择。其他的股票可以列出，设定预警，但是不必显示在屏幕上，因为桌面的空间有限。

我强烈建议你将所有可能的交易与你前一晚搜索到其他的相关信息记录在一页纸上。一定要记录主要市场（纳斯达克、标准普尔、道氏）的支撑和阻力位、斐波纳契区、日乖离、领先或者落后的板块，以及在开盘前、盘中和盘后的新闻和公告。这张纸称为"评估表"。是根据飞行员在飞机座舱中携带的纸命名的。这样即使他们在战斗中忘记了什么，他们的重要信息总是能够随手可得。

持有一份看多和看空的股票名单的重要性在于如果市场或者行业趋势在上午与你的判断相左，你能够反向操作那些已经处于相反方向，并且很可能会继续其趋势的股票。

将你交易名单中的股票数目从大约 750 只缩小到 25 只后，你成功的机会最大，并且使你获得你所需要的信心。你所留下的是精华，你只要对于这些剩下的股票坚持你的交易计划，就会成为一个成功的交易者。

但是要做到这些，你还需要研究和了解"评估表"的数字，并且使用预警在股票到达某个预定点位时提醒你。

评估市场条件

在使用精准买卖点策略与方法时，你会每晚使用"内托数字"对于你所交易的市场进行分析，来确定一个月、一周和一天的趋势。这样做了以后，你会对市场可能的方向有一个了解。分析市场的过程与分析股票和行业略有不同。

在使用本书提到的或者是你更习惯使用的任何一个软件的时候，第一件事就是确定标准普尔 500 和纳斯达克 100 指数的月、周和日的转折点。日转折点必须每天确定。周和月的转折点只需在相应的时间进行更新。在确定了转折点之后，你可以将它们记录在你的"评估表"中，以便为第二天的交易做准备。

下一个要进行的工作是确定市场是否处于任何的牛市或者熊市图表形态中，如双顶、双底、上升或者下降三角形，或者是市场是否突破了某个明显的支撑位或阻力位。如果有明显的牛市或者熊市图表形态，那么可以将"内托数字"中的形态分值定为 8~10 分，因为市场从这种形态下跌或者上涨的可能性非常大。

在形态分析之后，你可以在两个市场中建立斐波纳契支撑和阻力位，这些数字可以帮助你了解市场在一天之内的涨跌情况。使用第四章中的技术可以使你得到必要的确定斐波纳契好友区的工具，并且为市场确定一个分值。如果市场向着斐波纳契阻力位前进，那么在 10 分中它只能得到 0~1 分。如果市场位于斐波纳契支撑位，那么 10 分中它可以得到 9~10 分。

在分析完形态之后，你可以对市场进行五个指标的分析，确定趋势的强弱，以及趋势继续的可能性。

所有这些活动在开始时会非常烦琐。但是问问你自己：我有多么想要成功？经过一段很短的时间之后，许多学生发现观察市场并且得出"内托数字"成为他们交易生活中本能的一个部分。花费在推导这些数字上的时间与它所产生的效益相比是非常值得的。

在完成你的分析之后，你可以得到一个从 0~30 间的数字，了解一个 30 分的市场支持但是不要求你将资金的 3% 要投入这笔交易中。在 20 分以下的交易不值得你花时间。使用这种信息进行交易可以帮助你确定你对每笔交易应该分配多少资金。如果一笔交易与市场的方向同步，那么你可以分配更多的资金在这笔交易中，而如果一笔交易与市场的总体方向相背，那么应该避免进行这种交易，或者至少应该以你资金中的较少比例来冒风险。

利用这条信息，你现在可以对于那些你每晚筛选的行业和股票进行类似的分析。如前面提到的，分析中的很大部分会持续到交易的第二天。因此，你创建的第一个"评估表"是最困难的，但也是回报最大的。精明的交易和严格的自律可以帮你在这个行业获得巨大回报！

评估行业条件

如本章前面所讨论过的，使用我的方法的交易者可以将行业划分为标准普尔 500 指数的 9 个成分指数、纳斯达克 100 指数以及软件行业、半导体行业和生物科技行业。在你搜索你的数据库时这 12 个划分不可避免地会相互重合。随着你作为一个交易者的时间变长，你可以在你的数据库中增加更多的股票，特别注意将它们分配在正确的行业中。

当你以同样的方式使用"内托数字"考量标准普尔 500 指数和纳斯达克 100 指数时，同样以这个程序找出市场中趋势最强的牛市行业和熊市行业。这种分析的结果可以使你对于最有利可图和最无利可图的交易位于哪些板块有深入的了解。正如你会从阅读本书中得到收益一样，使用如 MetaStock 这种股票分析软件会使这种分析更加容易和更可靠。在花费了一些时间学习这个软件之后，你会发现它是多么容易使用和多么有用。能够简单地通过符号就立即可以调出一个指数和其他很多有价值的工具，使你可以节省很多时间。但是，不要让这种便利降低你的交易密度，或者诱使你不去保持你最好的交易习惯。

选择你希望首先考察的行业，然后观察图表形态。图表形态提供了你在交易策略中最重要的信息。根据第三章中讨论的牛市和熊市图表形态的明确程度，确定 1~10 之间的分数。

对斐波纳契比率的评估是下一步，如果一组斐波纳契比率与形态吻合，那么这个行业的分数可以达到 5 分。如果有很多斐波纳契数字与你作对，那么分数为 0。

然后考察四个技术指标和两个趋势跟随工具：MACD、非趋势摆动指标、垂直水平过滤器、趋势反转指标以及 5、15 和 39 周期平均线，还有趋势线和趋势通道。这些指标每个分别有 2 分。

在对于所有的 12 个行业使用了这条策略之后，你能够分辨其中哪些行业趋势向上，哪些行业趋势向下。利用这些优势，你可以参与那些趋势最强的行业。如果你发现一个行业与市场趋势一样强，注意这个行业中最受青睐的个股，因为它们领导市场的可能性很大。

在行业选择完成之后，你可以在分数最高的行业中比较那些分数最高的股票。正如前面所指出的，你可以收集这些信息，并且制成一份"评估表"。你应该打印出这张表，并且在每个交易日中保证随时可以看到它。在每个交易日结束时，请将这张评估表跟以前的评估表一起放入一个文件夹中。这样做有两个好处。第一，你手边会有一份以前交易的高质量股票的记录，为将来这种概率很高的交易再次出现做好准备。作为你每晚研究的结果，如果它们开始突破，你已经有一个拟定好的应对策略。第二，通过每天进行这个仪式，你可以以你从未想到的方式了解到市场的动态。

这当然需要做些工作。记住，很多时候（从我所观察到的，我更愿意相信是大多数时候）交易者并没有做很多有效的功课。他们可能认为他们做到了，但是事实上他们没有。许多人都是太懒，所以没有做到需要做的工作，因为他们错误地认为一个更好的生活会神奇地降临到他们头上。我告诉那些我过去培训的交易者，交易是一份很多人不适合的工作。之所以这样说，是因为人们不能自律到每天坐下来花几个小时做那些必要的工作。交易的确听起来很风光，但是真相是，尽管成为一个成功的交易者不需要花很大的力气，但是的确需要有效利用某些特定的知识。这种知识和使用这种知识的方法就是本书要教给你的。

这是我"日交易计划"的一个例子以及在其中包含的信息。正如习惯了生活中的大多数事一样，你越多使用你的"评估表"，你就会越习惯用它交易，并且你很快就会本能地去利用它。使用"内托数字"在市场中交易多数时候是可行的，但是还是需要你花费时间、努力做到最好并且需要你的热情。

你要清楚你获得了以一种有效的方法在世界上任何地方交易的能力。许多交易者已经知道了交易所需要的种种工具，但是他们中的很多人却没有一个好的计划来获得它们。你现在有了一个好的计划。

分配资源和确定风险

正如每个将军在开始战斗前必须做出决策一样，你作为一个交易者，也必须在交易前确定给符合你标准的每笔交易分配资金量。交易者认为2000—2001年的一年间，是他们所经历的最困难的阶段，在这个阶段赚钱比以前任何时候都难。造成这些困难的更多是因为交易者习惯于关注那些只涨不跌的股票。那些真正有经验的、知道要交易市场上实际上发生的事情，而不是交易他们认为市场应该发生的事情的交易者就做得非常好。

许多因素共同决定你每笔交易所应该投入的资金。第一个是你每晚分析得出的"内托数字"。如果"内托数字"大（例如25~30分），你可以以资金的2.5%~3%来做这笔交易。

你要做的下一件事是评估你交易股票所处行业的强弱。如果你交易期货，那么你的工作就完成了，你可以只根据"内托数字"交易。如果你所交易的行业也与你所交易的股票一样趋势很强，那么据此可以提高投入的资金量。

最后要考虑的是市场本身。如果市场也支持你交易的方向，那么你就有一个类似交易"极乐世界"的好机会，你可以投入大部分的资金。股票、行业和市场都对你有利，那么你处在正确趋势的可能性很大。这可以让你分配最大量的资金投入到这个胜算机会很大的交易中。

图7.1和图7.2表明英特尔开始突破向上，因为它在日线图上创出了

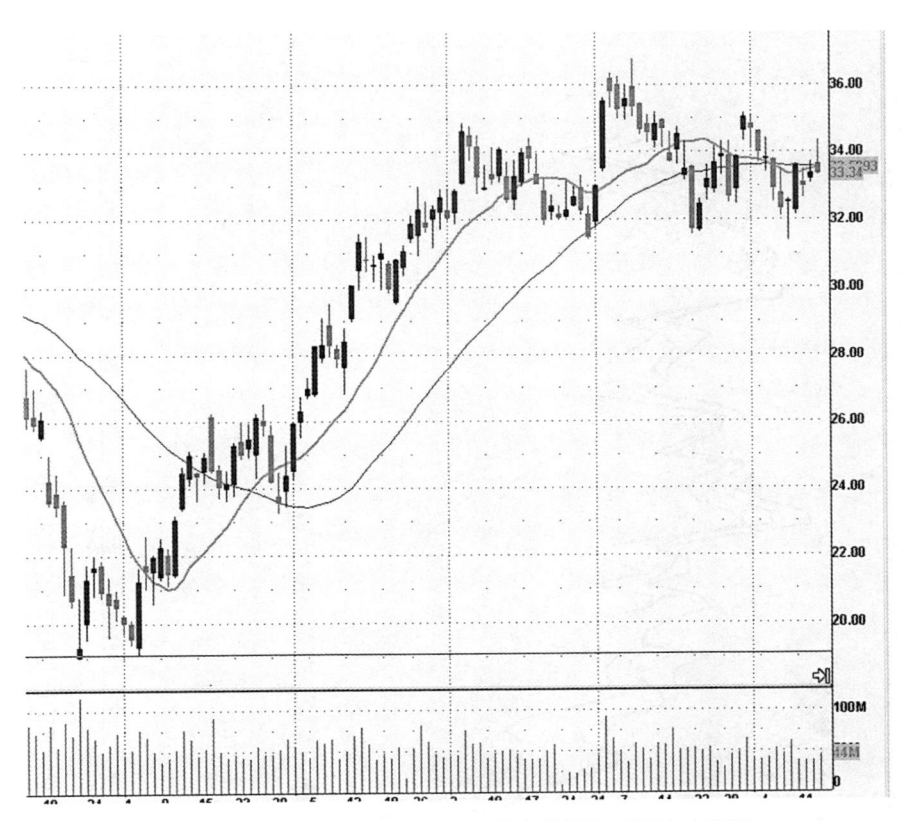

图 7.1 英特尔在出现了一系列更高的低点时看上去很强

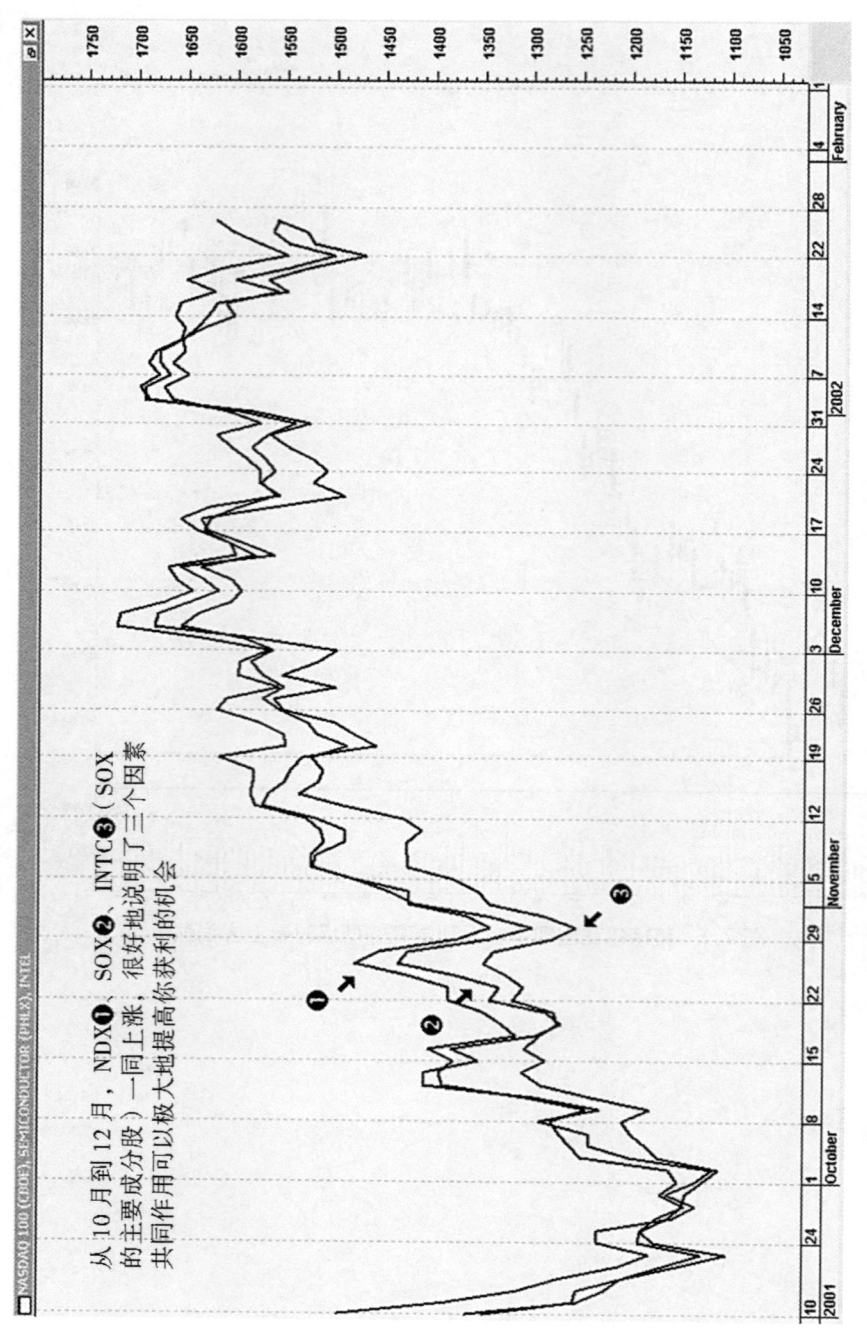

从 10 月到 12 月，NDX❶、SOX❷、INTC❸（SOX 的主要成分股）一同上涨，很好地说明了三个因素共同作用可以极大地提高你获利的机会

图 7.2 了解一只股票、它所在的行业、它所在的行业和市场之间的关联非常重要。在一个行业内的股票经常会对它的行业和整个市场做出反应

一个更高的低点，因此提示你有了一个可交易的趋势反转。英特尔所在的半导体行业指数（SOX）也在走高，同时纳斯达克 100 指数（NDX）也创出了一个更高的低点，使你有了一个很好的交易机会，因为市场中的三个部分都对你有利。

某些行业对市场有一个较低的样本可决变量，因此与市场的关联度不大（像那些处于防御状态的行业）。但是，如果三个方面都对你有利，你获得胜算的概率就会大大提高。

小结

对"内托数字"的介绍是给你提供一个通过结合使用图表形态、斐波纳契目标价位和技术指标找到高质量的建仓方式，使你能在上涨的市场中逢低买入，在下跌的市场中逢高卖出，并且在预定的目标点位平仓获利。一笔交易的"内托数字"可以高达 30 分，图表形态的质量得 10 分，接近一个坚固的斐波纳契支持和阻力位得 10 分，6 个不同的技术指标得 10 分。那些在 25~30 分之间的股票值得你花大力气关注。在你筛选完之后，对于股票所在的行业以及所在的市场进行相似的程序也同样重要。如果所有三个方面都一致，那么信息的结合会使得结果更有效。

通过不断重复进行筛选，计算"内托数字"，你应该能够找到合适的股票和潜在的交易机会。在你完成这些之后，在以后的章节中将会详细讨论如何执行的问题。

第八章 交易日的动力

关注何处

很多战役最终的结果通常在第一枪打响之前就已经决定了。交易也是如此，在实战之前的准备和培训是成功的关键。

战争前夜

交易日的前一天晚上，你需要花时间来研究那些你已经进行的交易和没有进行的交易。这一夜可能会给你带来机会，因为一个公司的最新消息可能在当天发布，这样你就可以对第二天上午市场的走势有一个了解。本书所教授的技术分析用来描述人们对市场的看法。如果有催化剂，可以加强或者改变这种看法。然后，你必须根据你的计划来行事。

例如，一天思科（CSCO）在交易结束之后发布了利好消息，因此该股有望在第二天上午大幅跳空高开。这则消息使交易者对于市场的走向有了一个看法，并且使他们可以为第二天做一个计划。了解了这则消息并不意味着你应该在开盘时买入，但是至少你有机会评估市场将会上涨还是下跌。这类消息经常会导致市场的剧烈反应，或者向上，或者向下。通过使用"内托数字"，你可以从那些处在强烈下跌趋势中，但是由于某个事件而人为地跳空高开的股票中获利。前一晚的这种准备也包括更新你的目标价位，以便为第二天的交易做好准备。

如果没有新闻事件，那么只要留心期货市场来了解事态的发展就可以了。但是当你观察期货市场的价位时要记住期货可以通过很少的交易量而被操纵，因此，不能将其作为市场最终方向的保证。我已经看到过很多未经训练的交易者刀口舐血，或者在上午跳空高开时买入，或者在跳空低开时做空，而这种高兴的感觉几乎立刻由被人踢中软肋的感觉所代替，因为市场很快就朝着相反的方向运行了。你们不要犯类似的错误。

在为第二天制订战斗计划时，另一件重要的事情是将第二天可能会发生的几种情形都设想一下。我会设想上涨或者下跌的情形。如果市场向上，我努力设想出它上涨的幅度，以及这种情形所产生的反应（如交易者可能会做空，因为某个点可能会多次被作为支撑位）。相反，如果市场下跌，我试图确定我应该从哪个点位平掉空单获利。然后如果市场从该点位反弹，我问自己在什么位置卖方可能会介入，市场会重拾跌势。你也需要做相同的事情。使用你的斐波纳契位和目标价位帮助你将这些情形组合在一起，以便你做好实时出击的准备。

交易与下象棋很相似，水平高的玩家通常会想到二到三步之后。要达到这样的技术水平需要时间，但是可以通过巧妙的方法和努力而获得。再重复一下我在本书开头的问题：你到底有多么想得到它？

开盘前的走势和期货市场

在你认真地确定了交易日的交易计划之后，使用开盘前的走势和期货市场方向来指导你的策略。当然在开盘前根据期货市场的方向建仓需要谨慎。但是，期货市场的方向可以确定你当天的计划是看多还是看空。你有很多种参与开盘的方式。你需要明白的最重要的事是你作为交易者和纪律严明的"狙击手"，是引导交易的人，而不被交易所引导的人。假定市场跳空高开，但是没有到达主要的阻力位。这种情形并不适当做空。但是同样如果市场已经涨了很长时间，那么也不适合做多。这种情况下你就不必交易，可以等到事态明朗之后再做决定。记住，许多的交易机会是以"天"为基础出现的。因此，你需要培养耐心和纪律。

作为你交易前夜分析的一部分，你还要计算你准备交易的投资工具的"内托数字"。你通常会使用那些最极端的指标。如果你观察一个行业开盘前的走势，而该行业的主要股票受到分析师降低评级的影响，你就会在一天中都受到看多观点的影响。在你的报告中那些最被看好的行业也会受到这则消息的反面影响，因此参与这个行业已不可行。只要你坚持你的规则和建仓技术，你就不会频繁地参与到糟糕的交易中去。不犯错误也是一个要达到的重要目标。

我注意到很多交易者对避开风险较大的交易没有给予足够的重视。这是因为他们没有认识到不参与风险大的交易可以节省他们的时间，省却很多烦恼，更可以节省他们的金钱。当你通过努力，能够敏锐地了解到哪种交易应该避免时，你的未来就会更加光明。

如果你没有经验，没有受过什么训练，并且正在学习怎样去参与那些在开盘前会出现的情况，那么我建议你首先在场外观望，让真正的趋势表露出来再出击。

一些交易者不可避免地会听到某些消息，并且试图猜测市场会对此如何反应。他们就是那些较早参与开盘前活动的人。但是要这样做并且可以不让自己一文不名，需要很多技巧和专业知识。在多数情况下，使用开盘前信息和期货市场的情况是帮助你确定市场情绪和市场走向的最好方式。

开盘：第一个 10 分钟

在每个交易日开盘的最初 10 分钟，都会出现冲动的行动和疯狂的价格波动。在这个时段，做市商通常试图将那些在前一天夜里就开始排队的单子进行配对。因此，开盘时可能会出现不平衡。为了成交所有的单子，许多交易都进行得非常快。因此，开盘的活动总是不能清楚地表明市场真正的趋势是什么。

大多数的交易者应该遵循的第一条规则是在市场的最初 10 分钟观望。很可能你会在观望的同时错过上涨或者下跌的某个重要部分。但是更重要的是你也可以避免参与那些会使你损失很多金钱的、令人烦恼的交易。

交易日最初的 10 分钟也可以反映出投资者对于最新的消息和经济事件的反应。这些事件可以在开盘的最初几分钟导致市场的剧烈波动。在最初的 10 分钟，你应该留心的是，在你预先选定的股票中哪些已经突破产生了明显的趋势以及趋势的方向如何。那些没有表现出明显趋势的股票应该与表现出明显趋势的股票一样受到关注，因为这些股票也不会一成不变。你的研究已经表明这些股票正处在一个有利可图的转折点，随时可能启动。尽管你可能正在进行其他交易，但是还要随时关注那些最开始并没有表现出很大获利潜力的股票。尽管你在你的交易预算和个人交易能力范围内交易，并且遵守你的计划，但是不要错过那些趋势明确的、获利能力很强的交易。到目前为止我还没有找到一个错过它们的理由。

在开盘的最初 10 分钟中两分钟图是一个重要的工具。你应该在那些你想要做多的股票中寻找两根创出更高的低点和更高的高点的 K 线图（图 8.1）。

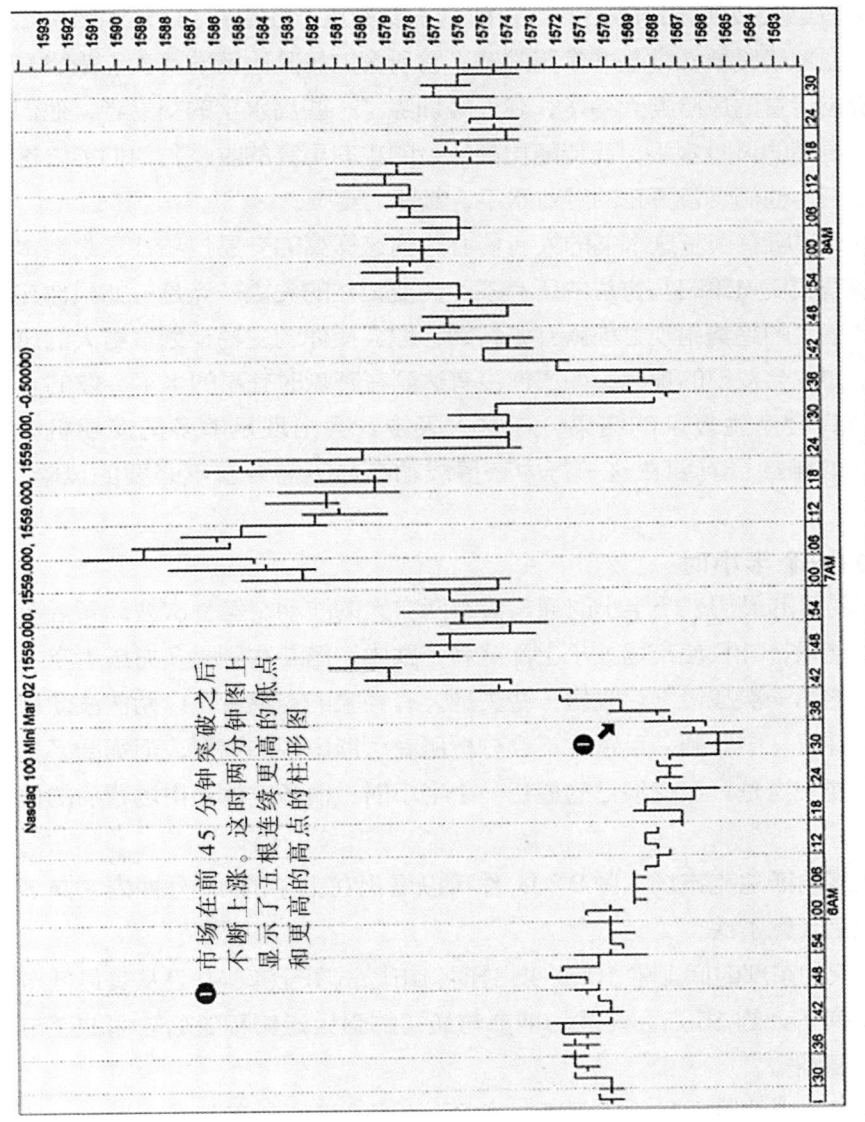

❶ 市场在前 45 分钟突破之后不断上涨。这时两分钟图上显示了五根连续更高的低点和更高的高点的柱形图

图 8.1 这是一个两分钟图，上面有连续五根趋势向上的柱形图

对于那些有潜在做空机会的股票，则应该留心两根创出更低的低点和更低的高点（图 8.2）的 K 线图。

但是在你的做多股票突破前一日的最高点之前，不要买入；同样，在你做空股票突破前一日的最低点之前，不要卖出。在最初 10 分钟结束之前就建立短线股票头寸是非常困难的，它所冒的风险比精准买卖点策略与方法所应该冒的风险要大得多。我已经训练了一些高水平的交易者，他们接受了更高的风险水平，而伴随更高风险的也有更高的收益，他们能够这样做是因为他们具备真正的专业水平，其能力更强。

我希望所有读了这本书的人有信心达到这样高的交易技巧并且掌握本书中精准买卖点策略与方法的所有条件。要记住的关键一点是：如果你在一个有意义的趋势出现之前就开始行动，你会使你的交易计划冒更大的风险。正如你会发现的那样，如果你没有达到在开盘时交易的水平，你的仓促行事只会产生复杂的结果。在这一天中，会出现足够多的交易机会使你能够赚到钱。要在这一行中获得成功，你不需要冒不必要的风险。

最初的一个半小时

交易日的最初一个半小时通常会有两次大的波动。第一次波动背后有巨大的能量，并且使市场处于上涨或者下跌中。第二次则是多方或者空方在早上的第一次战役之后收复一些失地。有经验的交易者可以两次波动都参与，并且从中获利。尽管我不会分析所有可能出现的情形，但需要了解的很重要一点是：在交易日的最初一个半小时，很多实体是市场背后的推动力量。

观察纳斯达克市场（图 8.3），你可以看出在上午的 45 分钟内它向下突破之后大幅下跌。

在大约东部时间上午 10 点 45 分时，市场试图反弹，并且从其最低点逆市反弹了大约 15 点。要成功地参与最初的强大走势和随后较弱的逆市反弹需要经验。

这两个事件发生背后的逻辑很简单。许多专业人士既做多也做空。他们了解上午走势的动力，并且明白当日的最高或者最低点 80% 出现在交易日开始后的 90 分钟内。明白了这一点，这些专业人士大幅上涨或者下跌出现后就立即获利平仓。在专业人士首次获利平仓之后，那些错过了最

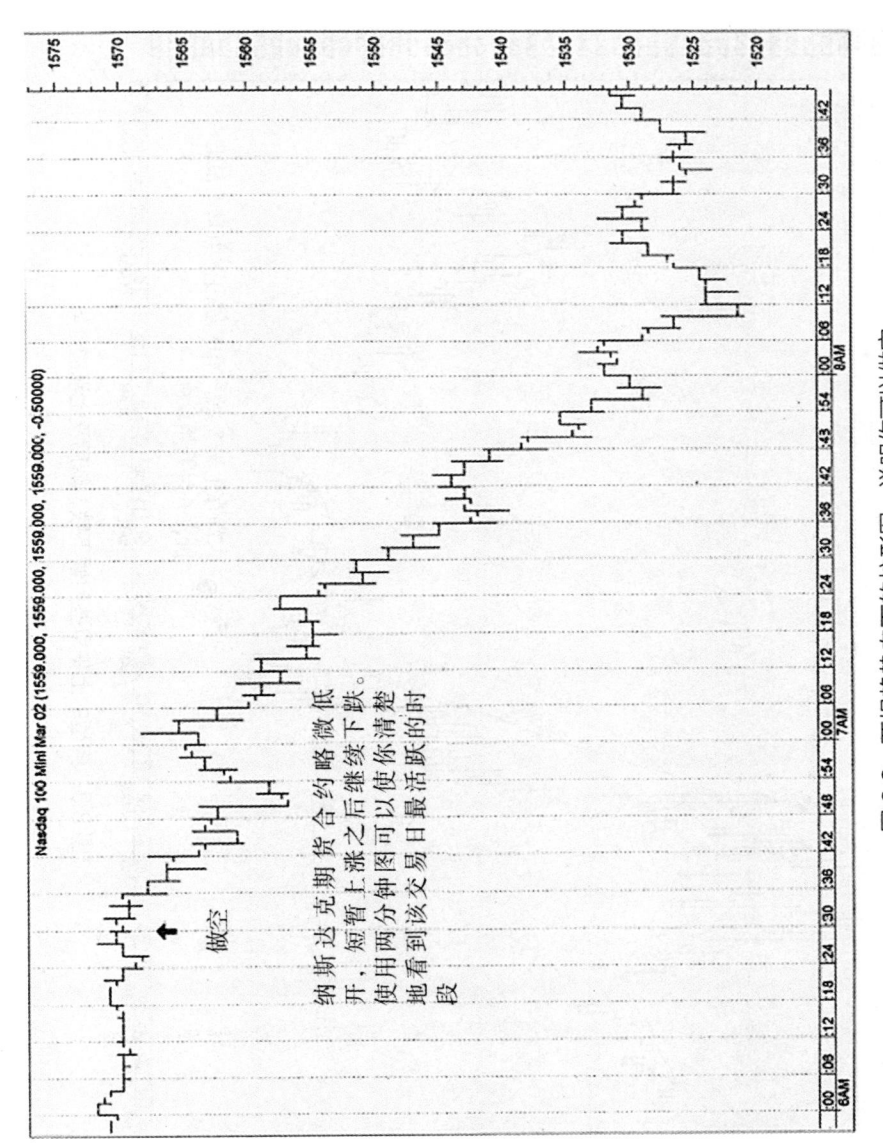

图 8.2 两根趋势向下的柱形图，说明你可以做空

纳斯达克迷你期货合约略微低开，短暂上涨之后继续下跌。使用两分钟图可以使你清楚地看到该交易日最活跃的时段。

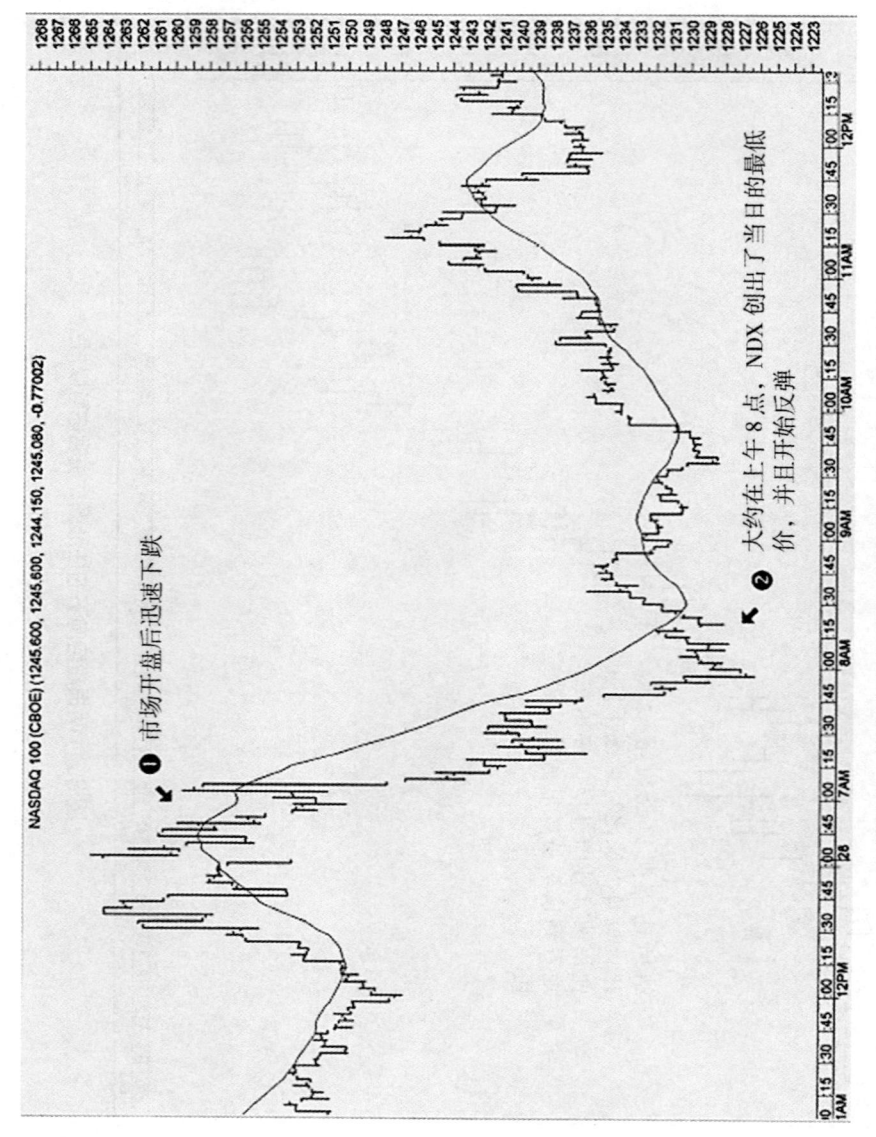

图 8.3 典型的上午早些时候下跌，随后又上涨的走势

初走势的人利用回调的机会参与到趋势的正确一方。如果第二次的走势最后不能突破第一次的走势，那么随后就可能下跌。这种反趋势的下跌通常发生在接近某些斐波纳契位或者其他技术阻力位时。如果在较长的一段时间内没有明确的价格走势，你应该或者全部卖出或者至少减少50％的头寸。这意味着市场没有你所计划的那样运行，你应该或者平仓并且在一个更好的时机建仓，或者寻找其他的机会。

我的一个学生最近承认他只参与每天上午的头两次走势。从这些走势中，他获取了足够的利润来支付他当月的账单。但是，这种做法如同用枪决斗一样，胜利属于那个做好战斗准备的人。正是由于做好准备如此重要，我每天都会在线发表一个叫作《日交易计划》的报告（图8.4）。我每天制订这个计划只为一个理由——使订阅者及时了解市场中不断变化的目标价位以及这些价位的重要性。

《日交易计划》分为六个部分。第一部分是经济日历。了解当时发布的重要公告非常重要，因为市场会对此做出反应。

第二部分是盘前分析，描述了在过去几天内发生的情况，以及市场当前处于何种位置。这部分还指出市场目前所处的主要技术位，它是后面几个部分的一个导引。

第三部分是市场上涨情形的描述。这部分描述了市场如果上涨可能出现的情形。我有至少三个数字，通常情况下会更多，说明一些好的点位，在这些位置上可以获利了结，或者可以参与一些反趋势的做空交易，因为对这些点位的反应会非常强烈。

《日交易计划》的第四部分是市场下跌情形的描述。如同上涨的情形一样，下跌的情形也会有一系列的动作表明会有哪些价位可能出现。了解这些可以使交易者在交易之前脑子中有一些预定的价位。同时还可以使交易者在充分熟练地了解市场对这些数字的反应后，可以在这些点位进行逆市的做多交易。但是，既然同时有上涨和下跌的情形，交易新手以及一些较为保守的交易者开始时应该不要进行逆市交易。相反，他们应该只是使用这些数字来平仓。

第五部分也是《日交易计划》中最重要的一部分，是出击计划。出击计划描述了资金的分配，以及交易者在某个上涨或者下跌的价位出现时应该怎样进行交易。例如，如果分析表明1220点是纳斯达克指数期货的主

日交易计划

"狙击手视野"交易日记
2003年10月29日，星期三

开盘前期货市场价位

NQZ3　1381　　　　ESZ3　1020　　　　ZNZ3 112150

当天出手必赢交易的关键点位

……1428- 再次有多个阻力，昨天开始的任何反弹都会在此受阻。我期望在此有8-10点的回调，止损设为4个点

当天出手必赢交易的关键点位

……1390 这是从10月27日的关键低点的0.618回调位。尽管在周五已经突破了个位置，在最后一小时还是作为第一个突破点。对此位置的再次确认可以提供一次交易机会。我计划在1356点处买入，止损设在1352点

10月27—31日的周经济日历

日期	东部时间	公布信息	时间	实际数字	一致意见	以前数字	修正值
10-28	08:30	耐用品订单	9月	0.8%	1.0%	-0.1%	1.1%
10-28	10:00	消费者信心指数	10月	81.1	79.3	77.0	76.8
10-28	14:15	FOMC会议					
10-30	08:30	雇促成本指数	第三季度		0.9%	0.9%	
10-30	08:30	国内生产总值预期	第三季度		6.0%	3.3%	
10-30	08:30	消胀指数预期	第三季度		1.4%	1.0%	
10-30	08:30	首次申请失业保险金会议记录	10/25		385K	386K	
10-30	14:00	联邦公开市场委员会会议记录					
10-30	08:30	个人收指数	9月		0.2%	0.2%	
10-31	08:30	个人消费指数	9月		-0.1%	0.8%	
10-31	09:45	密西根消费者情感指数修订值	10月		39.5	80.4%	
10-31	10:00	企业增人指数	9月		38	37	
10-31	10:00	芝加哥采购经理指数	10月		55.4	51.2	

10月27—31日的周经济日历

看跌/看涨期权比率	75
波动指数开盘值	17.79
波动指数最高值	17.89
波动指数最低值	16.77
波动指数收盘值	16.82

纳斯达克100指数开盘值	1385
纳斯达克10指数最高值	1421.5
纳斯达克100指数最低值	1383.5
纳斯达克100指数收盘值（东部时间下午4点）	1421
纳斯达克全部成交量	2.098
日线图的15周期移动平均线	1401.53
日线图的39周期移动平均线	1375.54
中期国库券开盘价	1120.95
中期国库券最高价	1130.95
中期国库券最低价	1120.30
中期国库券收盘价	1130.60

开盘前分析

在昨日的大幅上涨之后，10年期国债和股票都走弱。1428点成为纳斯达克100图表上与1050点在电子盘标准普尔500指数图表一样的一个关键点。很多人用它来评估当前走势的强弱。在支撑方面，超过1405点的走势仍然很强，如果今天回调到1405点以下，那么我们会回到中性区交易

"内托数字"——主要的支撑和阻力

如果上涨——NQ Z3

NQ保持在
关键的NQ Z3数字之上：
1428
1440
1449-

如果下跌——NQ Z3

NQ保持在
关键的NQ Z3数字以下：

1405
1390-
1383-

交易计划

我认为今天的市场会消化掉任何走势，不论上涨或者下跌都要求交易者快速获利。比昨天上涨50点，我就会在到0.618的回调位时，并且再次验证纳斯达克指数1444点时参与当前走势，因为这些都提示我们市场会回到以前的高点。1408是最近的0.618回调位，所以如果我们停留在该价位之上，我的长期目标是再次验证该价位。下跌到该价位以下我会再次保持中立。因此，如果我们没有收在1408点以下那么我就偏向于看多，我会以半仓做多，直到再次验证回调位

日交易计划				
建仓价位	平仓价位	合约数	盈亏
		累计盈亏	

注：上述所有内容都仅仅是为了提供信息。所有的陈述都是约翰·内托的个人意见，不表示买入、卖出或者持有股票的建议。这里和我们的相关网站提供的信息是我们从我们认为可靠的来源获取的。但是我们不保证其精确性。估计、假定和其他的预测信息因为各种原因可能会跟实际情况有很大不同。

图 8.4　日交易计划实例

要转折点，那么我可以描述出如果纳斯达克跌破该点位的情形。如果真发生了这样的事情，那么一旦确定跌破该价位，我可以伺机参与反弹。当市场下跌到 1216 点与当日的下跌目标 1200 点之间都可以参与。

第六部分也是最后一部分是结束语。结束语是交易者用来回顾市场以及他当日所进行交易的部分。这是评估你是否能够遵循你的计划出击或者你的交易计划是否有效的一个非常有用的工具。它也是记录交易日记的一个重要目的。如果你不满足于仅仅作为一个交易者生存下来，不幸的是，不是每个人都能享有那些交易者所享有的生活方式，你必须非常仔细地准备，不论从心理上还是生理上，在交易日的头一个半小时内参加战斗。

要记住一点：一天中头 90 分钟的交易通常是以某个明确的方向为主，同时有另外一个方向的回调，通常这种回调会产生一次成交量略减的 1×1 的反弹。

"研磨机"时段

使用精准买卖点策略与方法并且成功运用"内托数字"的一个前提条件就是你以巨大的能量在一个趋势明确的市场中交易。在没有趋势的市场中交易很容易导致多次交易失败，使你倍感挫折，在失去信心的同时也损失了交易资金。在东部时间上午 11 点到下午 1 点之间交易（这段时间被称为"研磨机"时段），是非常棘手的。这是市场尘埃开始落定，准备下午时段交易的时候。这段时间的流动性非常差。更重要的是，在这段时间市场通常没有什么值得交易的趋势出现。因此很容易出现一些非实质性的走势，并且很轻的量就会出现较大的波动。因此除非你处在特殊情况，否则这段时间是你确定你下午的出击计划并且放松一下的好时候。

对于那些在西海岸的人来说，在研究市场一天循环的时候，要很清楚在太平洋时间上午 8 点到上午 10 点通常没有什么重要的事情发生。你应该使用这段平静期来回顾上午的交易，并且为下午做好准备。使用这种方法进行日交易，你应该每天都有一些自由的时间来做一些交易之外的事（如果你能想得出来的话）。你应该在你的计算机中设定一个预警信号，表明"研磨机"时段的到来，提醒你在进入建立新头寸的时候保持谨慎。

在"研磨机"时段之后市场进入一个趋势逐渐明朗的阶段即"热身"时段。通过自律、耐心和自我控制的品质，控制住自己不在一天中的"研磨机"时段交易，可以为自己节省大量的金钱。总是有那么一些人，他们感到必须交易，因此总是在行动中。我把他们称为"赌博者"。很多时候他们使自己过度交易，因为佣金和买卖差价的原因，账户资金不断减少，"研磨机"时段就这样慢慢将他们的资金吞噬。

如同在其他任何时段中一样，在东海岸的午饭时间也会有确定的走势出现。你会发现（如果你还不知道）那些在"研磨机"时段交易并且获利的人总是鬼鬼祟祟的。如果一个确定的走势出现，并且该走势是真实的，你也没有必要因为害怕错过而非得跳进去。多数强有力的走势会多次回调，使你能够在一个好的价位、合适的时机介入。知道了这些，好的交易者可以耐心等待，约束自己不去像多数散户那样追涨杀跌。每天都有你我利用不上的成千上万的机会出现。为错过了"研磨机"时段的走势而难过是徒劳的，明智的人们不会这么想。

"热身"时段

"热身"时段从东部时间下午1点到下午3点。这段时间通常为那些做好准备的人提供一些好的机会。在这段时间中，交易者吃午饭回来了，并且多空双方加紧了第二回合的战斗，目的是看看谁是当天赢着回家的人。

如果在这段时间中，你看到市场突破了技术阻力位或者支撑位，你应该考虑进行交易。毫无疑问该走势可能会在继续大幅上涨或者下跌之前回调。还有些事情值得注意，尽管这个时段可以产生某些非常有利可图的交易，在下午3点钟之前就提前启动并不是市场最理想的情况，因为这样会降低市场在最后60分钟继续保持趋势的机会。理想的情况是市场在东部时间下午2点开始朝一个方向突破，这种走势保持45分钟之后，有一个15分钟的休息，然后再发起最后的冲刺直到收盘。

但是，许多重要的事件都发生在这段时间。如美联储公开市场委员会会议，这个会议通常会带来巨大的波动。并且，还有一些其他的新闻事件以及分析师提高或者降低评级会出现在这个时段，这些事件也会使市场发生变化。如果你看到一只你一直在观察的股票在这段时间向上或者向下突破，无论如何你都应该考虑积极进行交易，因为它可能会发展成一次强大的走势。如果市场或者行业也突破创出新高或者新低，那么这种走势就进一步得到证实。

"动力"时间

"动力"时间从东部时间下午3点开始。在一天中的这段时间市场有时会确立走势，并且形成一些日内趋势，最后60分钟的趋势是当前趋势强弱的一个有效的衡量标准。同时要记住：在一天中的最后60分钟，来自专业投资者和机构的资金会出动来控制市场。

用机构投资者的话来说，VWAP（成交量加权平均价）就是一切。对于成交量加权平均价的进一步解释超出了本书的范畴。（如果想要了解更多，请参阅 2000 年 10 月的股票和商品期货杂志）。但是，你需要明白的是成交量加权平均价是许多机构投资者评估他们交易的真正价格。因此，许多在上午出现的趋势很可能在下午再次出现。在上午买进推动价格向上的机构会等待日中的回调，然后在下午再次出击。这种情况多半出现在最后一个小时，交易者称之为"动力"时间。在这段时间，你需要密切注意当天趋势明朗的板块。知道如何在这段时间交易的交易者可以仅仅通过一天中这段时间的交易谋生。

同样的理论也适用于处于下跌趋势中的市场。等待市场收复部分失地是做空的极佳时机。最后的一个到一个半小时比一天中的中间时段更可能产生趋势。精准买卖点策略与方法背后的关键是尽量让自己参与趋势明朗和动力强大的市场以从中获利。这些都是交易者首先应该关注的时段，因为这些时段非常有利可图。

在这段时间以及一天中的前 90 分钟交易是使市场为你服务的最好方式。看一下图 8.5。标准普尔 500 指数在上午强劲上涨，在没有创出新高的情况下下午再次上涨。最后 90 分钟的走势也给了你一些做空的机会，当价格反弹到 15 周期移动平均线时。

我长期关注这种情形，知道如果该股再次验证了这个位置，那么走势可能会加速。该股回调之后在"动力"时间开始时形成一个双底。标准普尔 500 然后开始再次上涨。我在第一次突破时进入，同时等待在第一次回调时增加头寸。标准普尔继续了早上的涨势，不断放大的成交量提示我走势的背后有某种力量。

这种交易更加透明，因为在"动力"时间你可以不必猜测市场的方向。如果发现了趋势，并且与你头一天晚上的分析相吻合，那么就参与进去。你应该像一个埋伏在树丛中等待敌人出现的"狙击手"一样，这样你胜算的把握最大。

这种交易机会几乎每天都有，进行几次这种小规模但是很确定的交易就可以使你的账户余额产生明显的变化。而同样几次随意的交易也会使你的账户发生明显的变化。正如我爸爸常常说的那样："在第一次就做出正确决定比在第五次做出正确决定要好。"我要再加上一句，这样做收获也会更大。

160　精准买卖点策略与方法

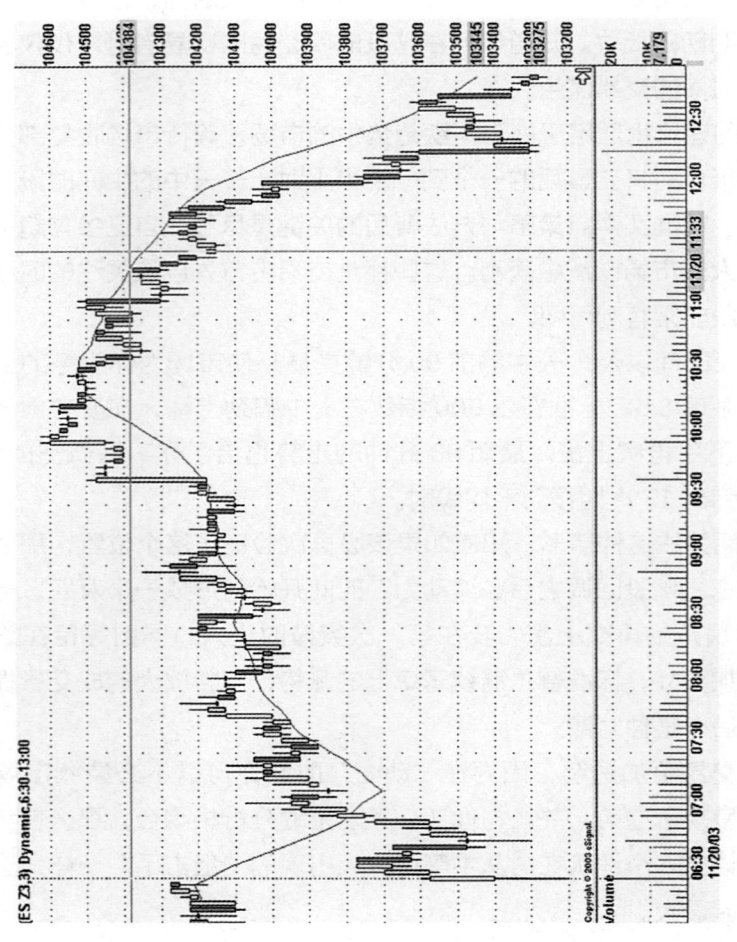

图 8.5　标准普尔 500 上午上涨，下午下跌

小结

与了解"如何交易"和"交易什么"一样重要的是知道"何时交易"。第八章讲述了一个交易日从开盘的 10 分钟（通常确定了上午的基调）到最后的"动力"时间背后的机制。多数专业交易者在一天的开始 90 分钟和最后 90 分钟交易。这不是说一天的中段不会产生机会，但是，在中段交易要格外小心，因为这段时间流动性降低，使得交易更加困难。

第九章　建仓技巧：知道何时出击

本书的前面八章告诉你在建立头寸之前应该留心哪些方面，以及哪些方面不需要留心。后面的几章会帮助你将这些观念付诸实践，以便使你能够成功地运用所学到的东西，使你所受到的交易方面的教育不会白费。

在阅读后面几章时，建议你在出现问题时（这些问题可能会在本书剩余的部分中出现），查阅前面八章。

在你阅读第九到第十章时，请注意这两章的内容是一体的。许多在建仓时讨论的技巧也可以运用到平仓中。第九章几种主要讨论了利用前一日的最高价和最低价、斐波纳契价位和其他建仓指标，分批建仓和平仓，并且讨论了一些重要的交易心理，其中最重要的是在扣动扳机的时候脱离你的"舒适区"的能力。第十章讨论了如何使用更多的技术因素如移动平均线、斐波纳契目标价位以及支撑和阻力位等作为平仓的手段，最后以介绍出手必赢交易方式的资金管理模型作为结束。该模型设计是用来将本书中所讲到的观念快速归纳到一起，使你对于如何在从市场中获利的同时只用账户资金的一小部分冒险有一个概念。

本章和后面一章用来补充交易的两个最重要的方面：建仓和平仓。这是交易文化的起源，并且是特别值得重视的题目。尽管这两章会讲到在建仓和平仓时可能会出现的很多情形，讨论每种可能的情形还是超出了本书的范畴，因此最好的老师是将本书的各种方法与现实的例子结合起来。

将你的目标对准获利

"出手必赢"是美国海军射击训练的一条格言。成为一个好的"狙击手"的一个关键因素是等待的能力。在某些情况下，这意味着你必须等待较长的时间直到你成功地使自己处在一个有利的位置。在多数情况下，这种活动要求严格的自律，坦白地说，这种严格的自律正是多数人所不具备的。

在交易的过程中，市场往往发出一些错综复杂的信号，使得包括我自己在内的很多交易者对于市场真正的意图感到困惑。在这种情况下，我不会进行任何交易，你也应该如此。这不是本方法的一部分。太多的交易者在没有确保他们处于正确的交易方向时就行动了。这种行为就如同随意射击，寄希望于枪自己会长眼睛。我只有在成功的机会明显偏向于我这一方时才会开枪。有时，这种习惯会使我连着几天甚至更长的时间都不进行一笔交易。成为一个成功的交易者最大障碍之一就是克制自己过度交易的愿望。

本章讲述了建仓的不同策略。本章分为四节，教给交易者在他们准备扣动扳机时应该想些什么。关于这个问题的首要的也是明显的概念是，当交易者准备在上涨的市场中逢低买入和在下跌的市场中逢高卖出的时候，应该等待回调来建立头寸。第九章详细讲述了这个基本的概念。然后本章会继续讨论建立头寸的一个更加高明的方式——等待市场确认，交易者在价格突破前一根 K 线的最高点或者最低点后再进行交易。本章还讨论了怎样根据目标价位分批建立头寸，这些目标价位是为了获得更好的交易价格事先预测出来的。精准买卖点策略与方法产生自一种坚定的信念，就是在建仓时应该结合使用预测和经过确认的信号。本章将讲述如何将其付诸实践。

每个交易者或者投资者对风险的承受能力都不相同，但是精准买卖点策略与方法适合多数的交易风格，从最激进的到较为保守的。认真学习并且应用这些技术吧，在你的交易生涯中它们会为你节省大量的时间和金钱。在任何的投资决策中，把握时机都是一个非常关键的因素。从战略层面把握时机，同时正确地应用这些技术，可以使你在交易时具备成功所必备的技巧和信心。

利用回调时机交易

在交易或者投资中，你有时会看到一只股票在你购买之前就涨到了最高价，使你常常问自己为什么不在合适的时机购买。你还可能会看到你刚刚卖出的股票开始暴涨，恰好在你止损出局之后。你可以使用"利用回调时机交易"的方法以更大的信心和把握来进行这些交易。这种战略已经存在多年，但是确定一个走势是不是回调，以及通过什么方式建仓却存在着巨大争议，也是市场存在的原因。

正如我多次提到的，精准买卖点策略与方法是根据在上涨的市场中逢低买入，在下跌的市场中逢高卖出，并且在预定的价位获利平仓的原理发明的。利用回调时机交易正是这一原则的具体化。在任何一种上涨或者下跌的交易工具中，回调都是一种正常现象，市场通常会回调其上涨或者下跌的一部分，聚集更多的能量然后再次延续其趋势。

利用回调时机交易是精准买卖点策略与方法成功的一个方面。但是仅仅利用回调时机交易还不够。你还必须确定战斗武器——你的技术分析工具告诉你——你所看到的事实上是一次回调，而不是反转。在第三章和第六章中，你看到了很多当日反转的例子，以及抛物线状的走势，这种走势几乎一定会将大量的获利回吐。参与这种类型的交易要特别小心。

图 9.1 展现了 Ciena（CIEN）的走势，在回调到斐波纳契好友支撑位时趋势还保持完好。

有来自斐波纳契支撑位的目标价位使你对于股票可能在何处反转有了一个更好的认识。

这些形态都是非常有利可图的。它们使你可以重新建仓，因为有非常明显的趋势支撑股票的走势。它们几乎总是会再次回调寻求支撑，并且，许多的出手必赢交易指标都支持它。这种情况使你可以比简单的"追涨"更有利的风险收益比建仓。

我们中的许多人在刚刚成为交易者的时候，都有一个坏习惯，就是买入已经过分上涨的股票或者卖出已经过分下跌的股票。这种习惯使得我们所建立的头寸从一开始就对我们不利。回调迫使我们平仓，因为我们的止损不允许我们持有对我们不利的头寸。我已经克服了这种缺乏自律性和缺乏耐心的习惯。最终我使自己从一个对走势判断正确却不赚钱的交易者转变成了一个对于走势的判断也许会错误，却可以让自己处在一个相对损失较小的头寸中的交易者。

确认信号

在精准买卖点策略与方法的许多方面中，拥有一个确定的建仓位是当

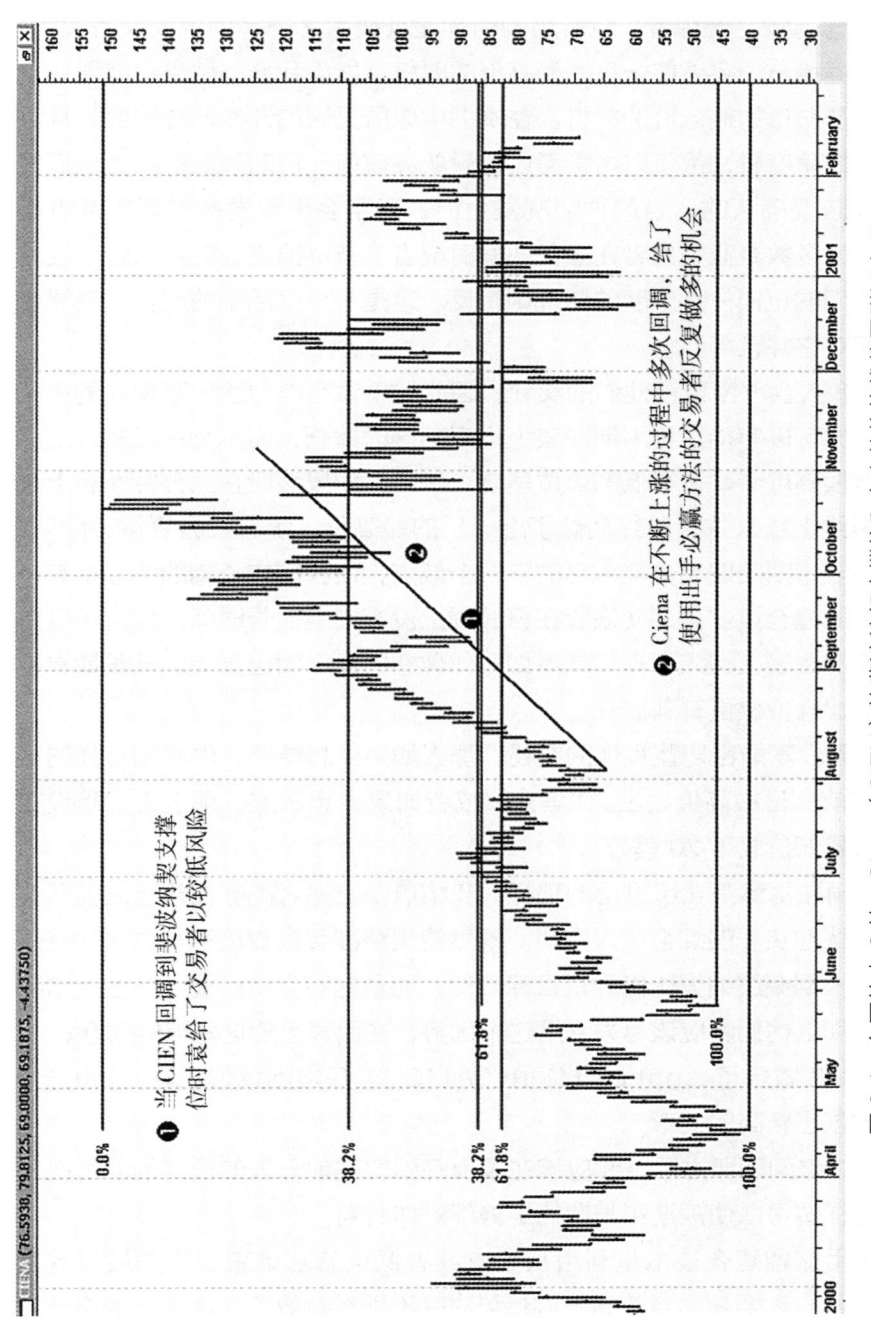

图 9.1 在图的点 2 处，Ciena（CIEN）的斐波纳契支撑位和向上的趋势线位置附近出现了一个非常好的做多机会。从那里开始，CIEN 开始向上验证其过去的最高价

时机来临时扣动扳机的最关键部分。我是以一半、三分之一甚至四分之一分批建仓的坚定支持者。我所用的两种建仓技术之一是如果我准备做多，那么就寻找市场突破前一日的最高价的时机；如果我准备做空，就寻找市场突破前一日的最低价的时机。在本书中你所见到的许多建仓机会，从波段交易的角度看，都可以当所考虑的股票突破前一日的最高价或者最低价的时候获得确认的。当这种情况发生时，通常会出现更多的买单或者卖单，因为多数专业交易者在准备做多时或者准备平掉空仓时使用这个区域作为他们的止损位，下跌的情况则相反。这是一个生活中的现实，交易者必须面对它并且接受它。

许多人会严密监视他们的头寸。因此如果你有能力逐日监视你的波段交易，你可以等待在更短期图表上出现回调时建仓，而不是在那些可能已经涨得很高或者跌得很低的点位建仓。例如，如果该股在三分钟图表上连续五根线上涨，并且最终突破了上一日的最高价，那么我会等待它回调，并且在较短期的图表上买入它的下一个低点，使我在较长期的头寸中有一个更好的建仓点位。即使该股在日线图上没有延续很长时间，如果可以在较短期的图表上买入低点，或者如果你做空的话，卖出高点，从长期看都会使你建仓价位更有利。

如果你不能密切监视你的交易，那么如果你想做多，你必须将你的买单设在前一日最高价之上 20 美分，或者如果你想做空，那么将卖单设在前一日最低价之下 20 美分。

如同在本章开头所讨论的那样，我相信使交易者能够在建仓之前预测并且确认他头寸的综合买入方法。既然使用精准买卖点策略与方法的交易者可以根据斐波纳契比例确定目标价位，而从这些点位可能会产生大幅的波动，那么他们就应该尽力利用这个优势，在图表上的这些点位建仓。

图 9.2 展示了 Applied Micro（AMCC）开始回调然后在 2000 年 8 月突破创出新高的情形。

在观察到回调之后，你应该在股票开始突破前一天的最高价时再次建仓。这样做可以使短期和长期的走势都对你有利。

使用这种建仓技术是利用从高点或者低点的回调来交易的最有效方法，但是当你要参与当前的主流趋势时就不那么有效了。例如，如果一只股票连续五天突破其前一日的最低点，那么明智的做法是不要在突破的第

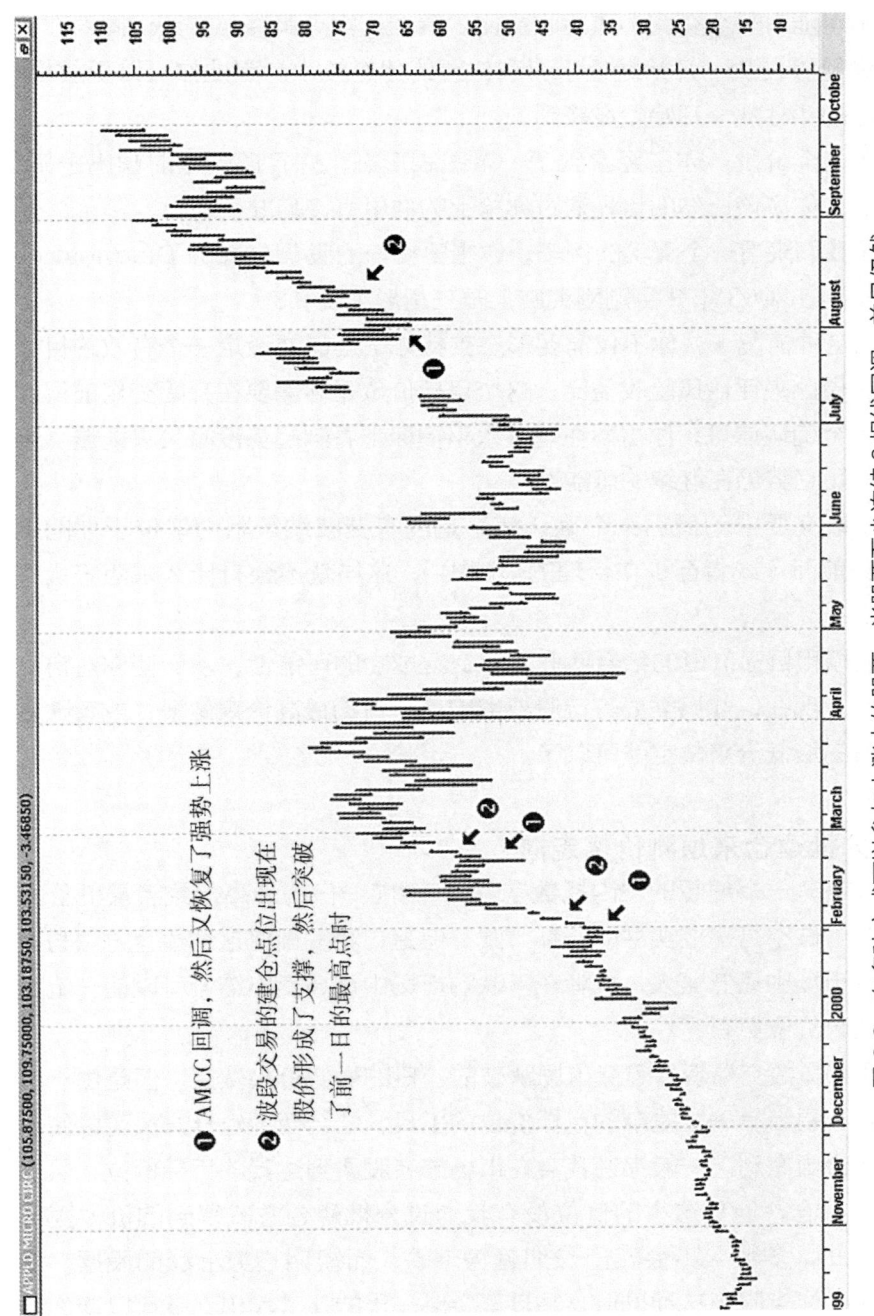

图 9.2 有多种方式可以参与上涨中的股票。当股票至少连续 3 根线回调,并且仍然停留在上涨的移动平均线之上,当它突破前一根线的最高点时就可以买入

六天做空。因为你要设定止损的位置与你的目标价位相比是如此遥远，所以你不可能有一个有利的风险收益比。精准买卖点策略与方法试图为你提供使你能够在从一开始就处于有利位置的建仓技术。因此你可以更放松，因为你的头寸从一开始就在获利。

在这个阶段，你已经看到了一个图表形态，并且感到是时候出击了。实质上，你应该让你的目光通过你枪上的准星直接瞄准获利。

让我们来看一个真实的例子。你想要参与的股票 Quest Diagnostics（DGX）在 2003 年 3 月刚刚突破上升三角形（图 9.3）。

在这种情况下，你不仅需要形态支持你，还需要设定一个有效的目标价位，借此来评估风险收益比。这个目标价位是你需要在开始交易前得到的第一个确认信号。你需要在垂直水平指标上看到趋势没有失去能量，因此提高了趋势仍在继续的可能性。

在该交易中的最后一个确认信号是没有斐波纳契阻力位位于你的上涨走势前面（或者至少在合理的范围内），这样就不会有什么东西干扰你获利。

指标和目标价位的结合使你了解交易成功的可能性，从而使你对自己有信心。现在，你只需要等待股票突破前一日的最高价来做多，或者跌破前一日的最低价来做空就可以了。

通过分批建仓来预测价格走向

假定有一个理想的"内托数字"，利用前一日的最高价或者最低价来做多或者做空是建立头寸的一种方式。但是，我发现将这种建仓方法与在上涨的市场中逢低买入，或者在下跌的市场中逢高卖出结合可以使一笔交易的建仓价位更有利。

通常多数交易者会等待市场跌破前一日的最低价来做空。但是由于出手必赢交易者有确定复杂的目标价位的工具，结合两种建仓方法可以使建仓平均价更有利。一般来说我会在市场或者股票到达我的目标价位，然后反转时建仓，但是这样的价位没有我通过分批建仓方式得到的价位更理想。因此，多数人不会卖出长期趋势下跌，而短期趋势上涨的股票。但是，如果你克服了这种恐惧，并且至少以一半的头寸卖出，就可以使你的建仓价位更为理想。

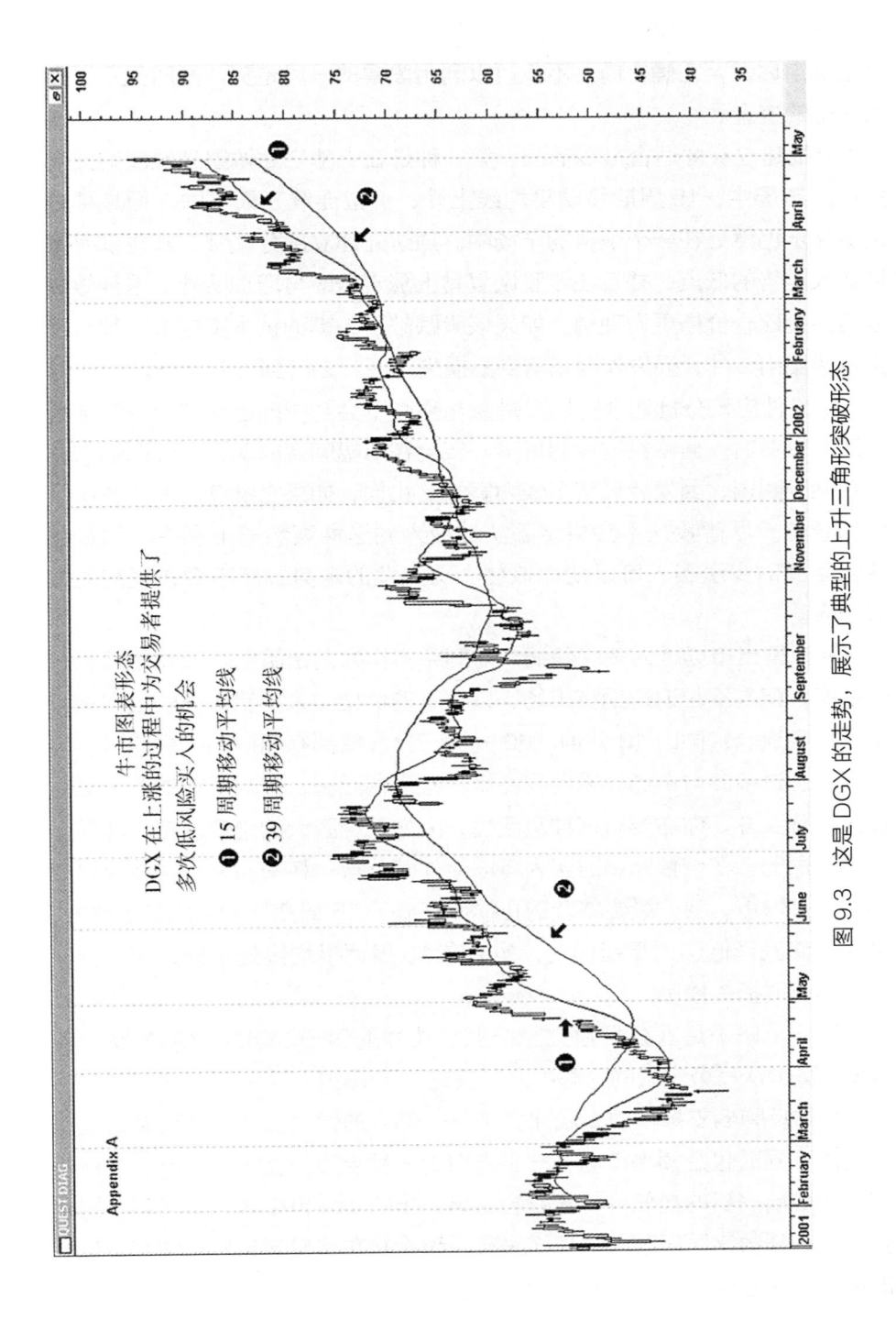

图 9.3 这是 DGX 的走势，展示了典型的上升三角形突破形态

一种非常好的建仓方法就是所谓的分批建仓。分批建仓的目的是你可以在确定你是否正确之前，不仅可以利用股票的一段走势，同时又不必投入全部的资金。

分批建立头寸适合很多情况。第一种是在上涨之后调整到斐波纳契支撑位的市场中，15周期移动平均线上升，价位连续三天下跌，但是种种迹象显示仍然处在一个强势的市场中。通过先建立部分头寸，我可以有效地买入走势的低点，并且在该股恢复其上涨走势时再增加头寸。这种做法通常会使建仓价格更为理想。如果该股跌破了关键的技术支撑位，那么我会迅速卖出头寸，损失仅为正常交易损失的四分之一到三分之一。

第二种应该分批建仓的情况是参与那些不会回调的迅速"逼空"或者上涨的股票时。通常在这种情形下，我会在窄幅回调时买入，同时知道它还会继续回调，因为我设定了较为宽松的止损，如果它继续回调，我可以增加仓位。尽管我从不会将全部头寸投入到这种突然的上涨中，通过在窄幅回调时少量买入可以使你抓住一次突发的走势，而不会在更高的位置追入。

我记得当市场因为美联储继续对利率不作为而上涨时，我也想从中分一杯羹，但是不想追逐期货市场，以更高的价位买入。我所有的技术指标都支持我建仓，同时13分钟、60分钟和日线图都有明确的上涨趋势。但是我不想过多参与市场，因此我在第一次窄幅回调，市场还在继续走低时投入部分头寸。你需要有这种灵活性，因为这种强大的走势一定是非常迅速和猛烈的，在窄幅回调时买入可以使你既分得一杯羹，又不会在大幅回调时损失惨重。我一般会将我的止损设在低于15周期移动平均线的地方，这样即使我逢低买入是错误的，也会在15周期平均线处止损，而不会在市场回调时损失惨重。

下一个例子是我分批建立一个做空头寸的例子。QUALCOMM Inc.（QCOM）从一个连续的形态中向下突破（图9.4）。

当它反弹到支撑位时，我建立了第一部分的做空头寸，利用逆市上涨来卖出，同时也是预测市场下一步走向的一种手段。我明白一旦它在日线图上突破前一日的最低价，我就会将另一半的头寸也投入。如果下跌的走势如"内托数字"所预言的那样进行，那么我在其反弹到最初的突破位置时增加空头仓位。在这次回调中，许多投资者上当了，最后的获利远比他

第二阶段 从射手到专家 171

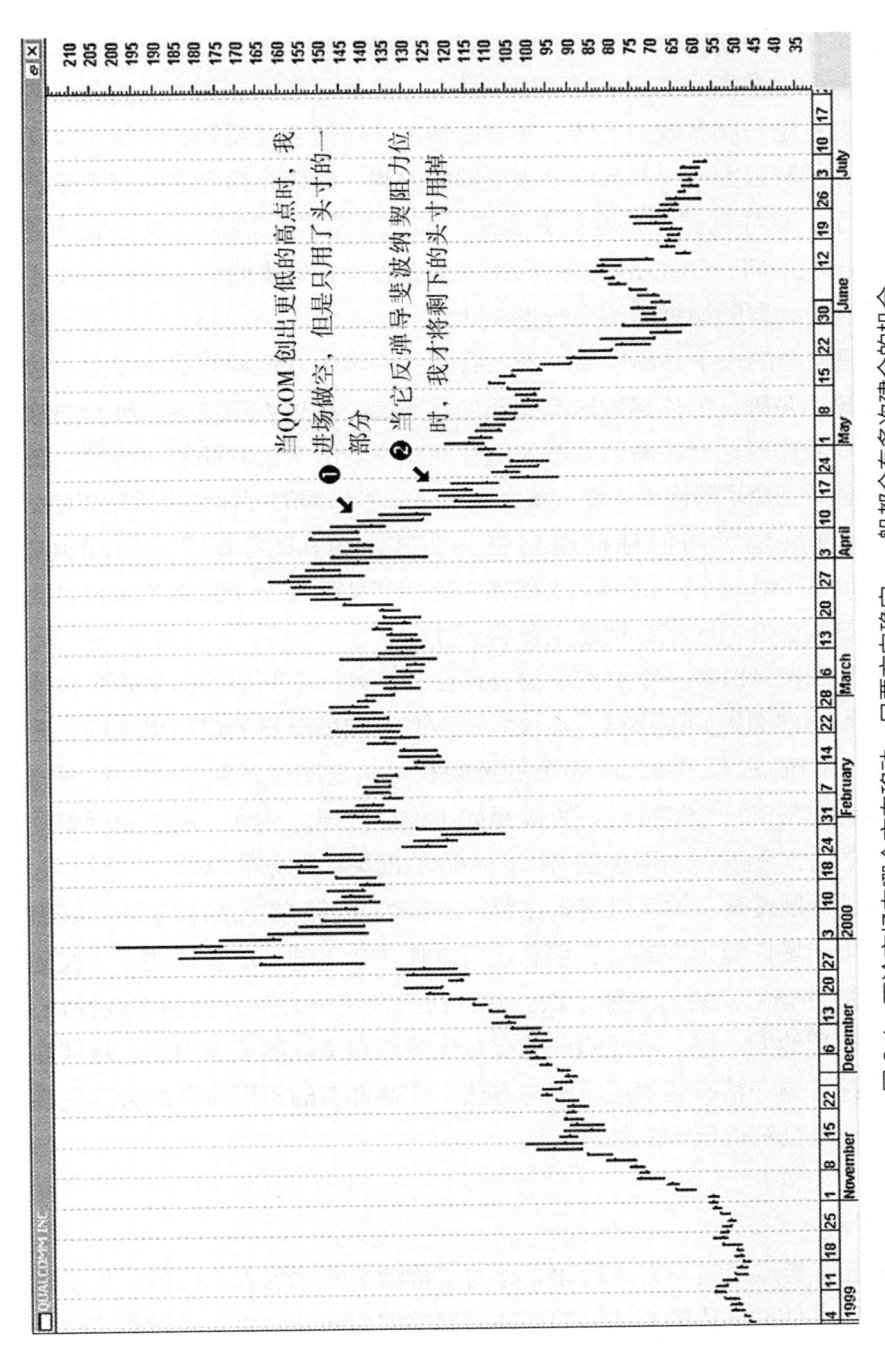

图9.4 不论市场向哪个方向移动，只要方向确定，一般都会有多次建仓的机会。QCOM在向下突破创出新低之后，出现了多次做空的机会

们预计的要少。在这个例子中，许多在最初向下突破时做空的人将他们的止损设定在持平的位置，在将他们都震出局后，QCOM才真正开始下跌。因此，他们就像回调结束一样平掉了头寸。其他已经卖出的交易者再次做多，认为这是一次有效的反转。在某些情况下可能会是反转，但是当反弹回到斐波纳契阻力位，并且看上去很弱的时候，应该是重仓在空方下赌注的时候了。这样我就大获全胜并且进一步加重仓位，确信该股会继续下跌。不出我所料，QCOM迅速下跌，我在第二个斐波纳契支撑位平掉了一半的仓位，同时继续保留另一半头寸。

这是典型的出手必赢交易。当我看到我的学生以这种方式交易时，我常常会热泪盈眶。记住尽管这笔交易如我所愿，在过去和未来这种交易都有可能与我作对，存在着因为增加头寸而减少我的全部利润的可能性。因此，你必须完全了解出手必赢方法，同时以毫不松懈的纪律性来管理风险。

图9.4展现了如何分批建立空头头寸。图9.5为L-3 Communications Holdings Inc.（LLL）的图，展示了如何在一个关键的趋势线支撑和斐波纳契好友区域分批建立多头头寸。

LLL回调到既是一个斐波纳契支撑位，又是一个明显的上涨趋势线的位置。如同前面提到的那样，在该股票没有突破前一日的最高点之前，分批建仓是降低成本，并且以最小的风险参与趋势明显的股票的一种好方法。这种方法的一个明显的好处就是如果你分批建立头寸，而交易朝着对你不利的方向发展，利用止损可以控制你的损失和整体的风险。

通过分批建仓，你可以得到在第一次窄幅回调时参与最初走势的好机会，如果市场恢复上涨趋势，那么还可以抓住余下的一段。记住，错误的判断和贪婪导致交易者追涨杀跌，并且在机会来临之前就已经满仓操作。我曾经也和他们一样，我犯错误的次数比我愿意承认的要多得多。保持专业性，并且遵守精准买卖点策略与方法，即使你有时不可避免地会遭受损失，你还是会获得巨大的收获。

扣动扳机

精准买卖点策略与方法的建立是为了持续不断地给人们提供一种使成功概率处在他们一边的方法。为那些有足够的自律性约束自己远离"舒适区"，并且适时扣动扳机的交易者而准备。当我刚刚开始交易时，我所交

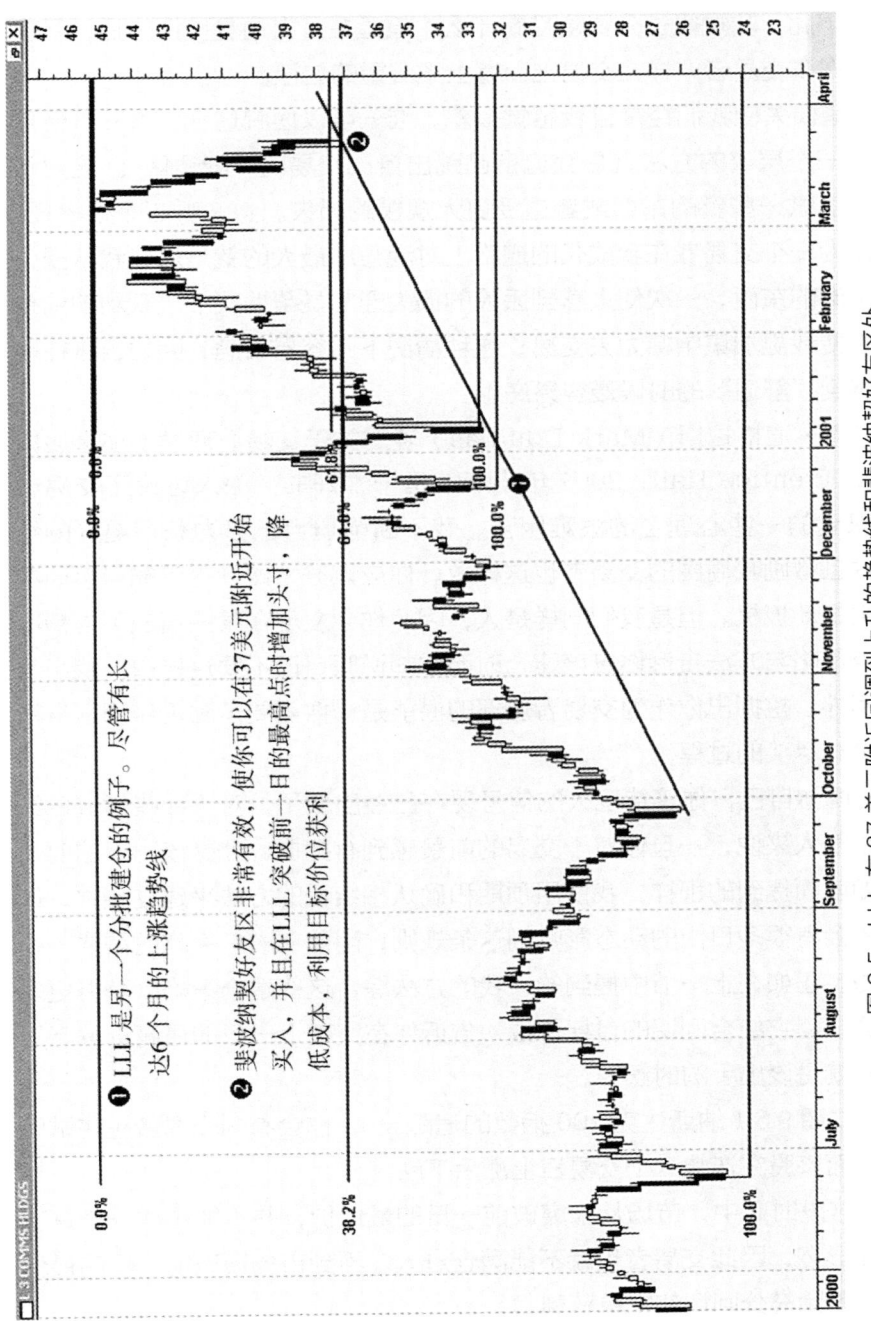

图 9.5 LLL 在 37 美元附近回调到上升的趋势线和斐波纳契好友区处

易股票的规模之大令我骄傲，认为自己是一个股票天才，一个永远不会输的人。因此，我觉得过分冒险没有什么。但是在多次遭受挫折之后，我也像其他许多交易者一样在交易上面背上了沉重的包袱。

这些损失使我们经常自我感觉很差。唯一可以摆脱这种包袱并且使自己提高一个层次的方法就是强迫自己跳出自己交易的"舒适区"。这通常意味着尝试一些新的东西或者遭受更大规模的损失。也许听起来很疯狂，但是作为一个交易者在我成长的道路上对我帮助最大的就是那些我从损失中所学到的东西。一次使人感到丢脸的损失通常是帮助我下次获利的催化剂，它使我更加集中精力去交易。这种情况下不容易自满，因为自满往往在你感到"舒适"的时候最容易产生。

马克·道格拉斯（Mark Douglas）著的关于交易心理学《在区域内交易》（Prentice Hall，2001年出版）是一本好书，深入讨论了交易者必须忍受的一些心理上的艰难困苦。我不断强迫自己努力获得更好的结果，并且激励我周围的交易者也这样做。你应该努力做到尽可能自然地在交易中扣动扳机。但是我们同样是人，因此你会发现在某些情况下当精准买卖点策略与方法告诉你应该建仓时而你却说服自己不要这样做。我当然也不例外。挖掘出你作为交易者全部的潜能是一件需要辛勤工作和献身精神的没有尽头的过程。

告诉你自己，你等待已久的信号现在已经出现了。对于那些通过日线图交易的人来说，一旦你对于交易的前景感到有把握，就是该出手的时候了。如前面提到的那样，我使用预期和确认相结合的方法来建立头寸。但是，还会有很多日内的动态影响到这条规则，因此在时机来临时需要一些判断力。正如在上一节中提到的，我的方法综合这些建仓策略以获得更理想的价位。它结合回调的目标价位，告诉你在突破上一日的最高价或者最低价时就是该出手的时候了。

观察图9.6（纳斯达克100指数的追踪股），你会看到交易者正在试图做空，而该股在连续六个交易日上涨后下跌。

在这段时间中，市场从未突破前一日的最低价，并不能构成一个真正的反弹形态，因此交易者也就不能满仓进入。不到市场突破前一日的最低价时它不会充分回调使空单获利。

尽管单独使用这个战术不会使你在顶部满仓卖出，或者在底部满仓买

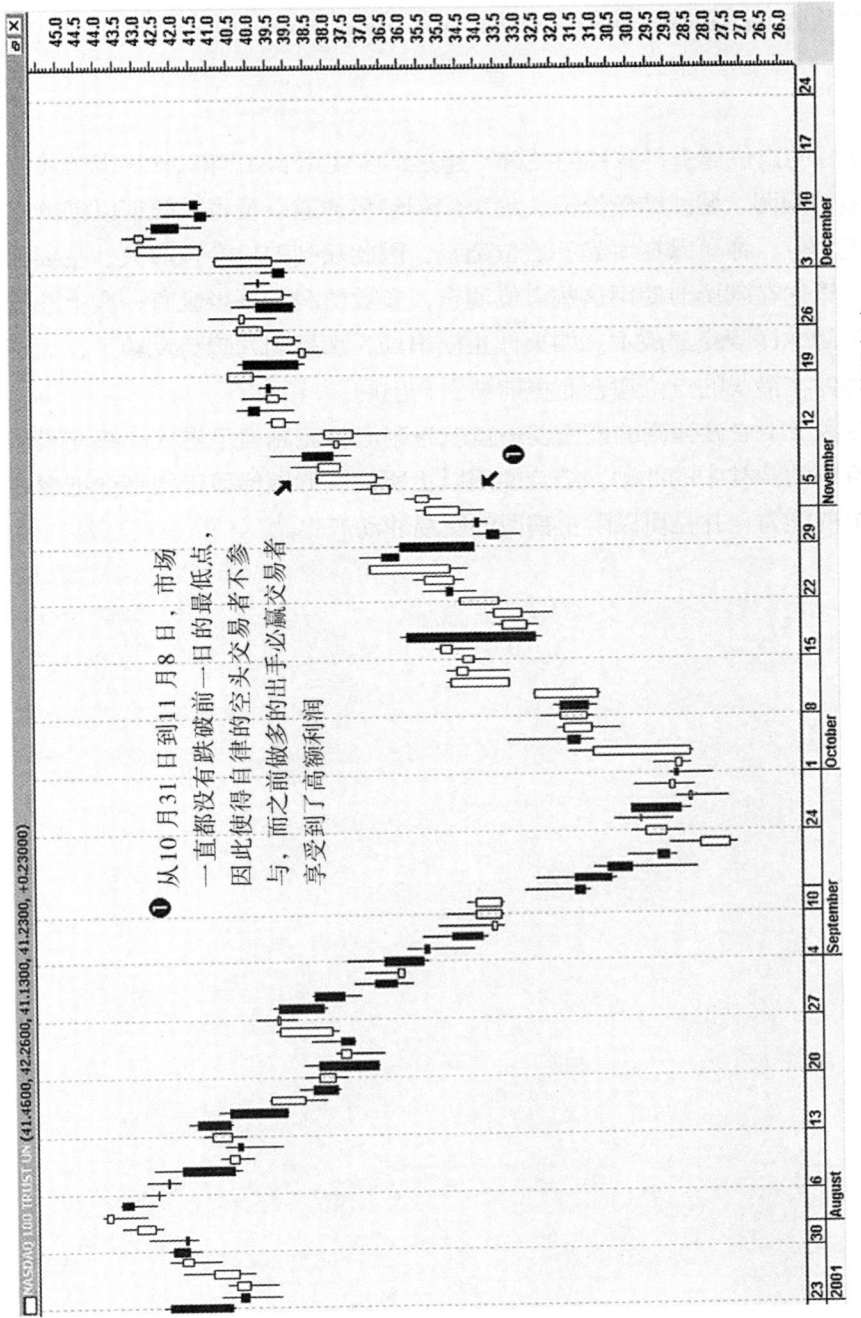

① 从10月31日到11月8日，市场一直都没有跌破前一日的最低点，因此使得自律的空头交易者不参与，而之前做多的出手必赢交易者享受到了高额利润

图9.6 纳斯达克100走势强劲，连续7天没有跌破前一日的最低点

入，但是这种技术与其他精准买卖点策略与方法的工具结合可以使你以明确的风险收益比来明智地和系统地交易。

小结

在好的点位建仓是赚钱的关键。通过结合使用到 15 和 39 周期的移动平均线的回调、斐波纳契价位、趋势线和趋势通道以及再次验证以前的支撑和阻力位，你可以在可靠的点位建仓，因此获利的机会也最大。主要目的是如果你在回调时使用这些点位建仓，多数情况下至少会有一次上涨或者下跌使你挣回交易成本。如果你止损出局，那是因为趋势反转了，而不是因为你在错误的点位建仓而提前被震仓出局。

在本章中应该强调的最重要一点就是耐心，克制自己进入那些使我们非常麻烦的头寸中的冲动。结合使用以上所提到的指标可以提高你把握建仓时机的能力，并且可以阻止错误的交易冲动产生。

第十章 如何平仓、锁定利润和控制损失

如在第九章中所谈到的那样，很多人到目前为止在建仓方面已经没有问题了。他们在建仓中做得很好了，只有平仓才能使他们显出不同。有一个明智的、事先确定好的平仓策略是精准买卖点策略与方法不可分割的一部分。

本章将会讲述在平掉头寸时所面临的心理和技术上的障碍。

平仓概述

在多数正常的市场中，股票和指数的涨跌有一个自然的秩序。一些以交易为生的人认为应该让他们获利的头寸走得尽可能远。这种方法在一个趋势明确的市场中可以使交易者收获颇丰。但是要求你跟随市场调整止损来维护你的头寸。其他的交易者喜欢一直持有获利头寸直到某个比例才获利平仓。精准买卖点策略与方法综合了这两种想法。在本章最后出手必赢交易资金管理模型中会更加详细的讨论这个问题，这个模型利用你学过的工具综合了建仓和平仓的一些关键因素。

在本书中，目标价位的重要性被多次强调。在预定点位获利平仓会在很大程度上改善你的精神状态，并且提高你盈利的次数。在建仓同时就清楚你会在何处平仓十分重要。

因为在平仓时有很多的标准，你需要记住当你建仓时应该确保这些指标没有处在你想要平仓的位置。除非你的"内托数字"非常大。更好的选择是等待情形更好时再进行交易。

对于平仓的良好感觉在你确定目标价位或者斐波纳契网格时和在你的交易工具和交易经验中都能够体现出来。只读一本书就了解一个交易者成功交易所需要记住的所有东西是非常难的。一个人必须将全部精力和时间

投入到他下决心要做成功的事业中。

我指导过很多学生，他们有的有经验，有的没有经验。他们常常会问我为了取得成功，是否真的需要投入全部精力和时间。他们经常会问是否有一些软件可以代替他们做一切。随着当今技术的进步，软件可以稍稍减少这些工作所花费的时间，但是如果成功交易那么容易的话，难道你不认为每个人都已经成功了吗？相信我：没有免费的午餐。但是，我们中的一些人的确可以为同样的一顿饭付出较少的代价。

世界上最好的交易者都是通过努力才达到他们今天的成就的。他们还学会了不让他们的情感随着市场和交易坐过山车。相反，他们以一种冷血杀手的眼光，用想象中的步枪，每次射击都直中靶心。这种风格使一个交易者终生受用。

平仓方法

有很多方法可以平掉对你有利或者不利的头寸，平掉不利的头寸应该越快越好。本节的第一部分告诉你怎样平掉赚钱的头寸。在你开始一笔交易之后，在某种程度上就好比开始与你自己的意志进行斗争，在贪婪和恐惧之间控制情绪的平衡。当你的头寸对你有利或者不利，上涨或者下跌比你期望的快或者慢的情况下，这种斗争就更激烈了。

我在交易中的第一个目标是首先要挣回交易的成本。华尔街有一种说法："熊赚钱，牛赚钱，只有猪被杀了。"我非常赞成这种观点，这也正是我喜欢把交易成本先挣出来的原因，因为我知道我会在下次机会时再进行交易。如果该头寸继续朝对我有利的方向进行，那么很好。但是保持持续不断地获利是这个方法的目标。

一些在一个主要的斐波纳契目标价位被迫平仓出局的交易者在继续关注该股走势时感到有必要再追进去。事实上在这种情况下我会感到兴奋，因为我知道在下次反弹时我会以更重的仓位参与进去。例如，你的目标价位位于一个主要的斐波纳契支撑位。市场跌破该支撑位，并且继续下跌。一些交易者可能会感到不安，他们平掉了一半的头寸，因此不能够享受全部的下跌。我感到很高兴因为市场在告诉我们这个走势很强，超过了我所最初预测的，因此我可以在随后的反弹中以更大的仓位卖出。市场总是会给你第二次机会。真正的问题是我们作为交易者是否为这种机会做好了准备。

出手必赢交易资金管理模型提供了一个如何分批建仓和平仓的基础。这项事业的成功最终取决于交易者的判断力和行动力。因此，花点时间通读本书，这样你就可以充分利用每天大量有利可图的交易机会。

对交易者来说第二种常见的情形就是进入了一笔没有利润的交易中。如果你遵循建仓方法，在理想的点位分批建仓，在头寸出现不利的情况下立即平仓，那么在多数情况下你有机会在随后的反弹中出局。

例如，在纳斯达克期货从945点上涨到970点之后，我想要在965点做多，因为这是在三分钟图表上上涨的15周期移动平均线所在的位置。我在965点成交，并将止损设在958点。市场在我买入的区域并没有得到支撑，一直下跌到960点，离我的止损位只有一步之遥了。在从高点或者低点10点的回调之后，迟一步的散户交易者也想进入分一杯羹。因此在预定的时间，市场可能会反弹来摆脱这些人，回到我初始的建仓位附近，大约963~965点。

在这个时候，因为我以一个好的价位买入，这时我会考虑卖出头寸，因为即使它要继续上涨，事实上它不会回到我最初的建仓位，在这种情况下，一个上涨的15周期移动平均线意味着趋势会反转。我不能确定是否会出现一个更高的低点或者是否会再次挑战高点。既然我交易时没有"自我"，因此卖出对我来说更合理。如果我在反弹时卖出，而市场继续上涨，那也没有什么损失，因为我可能会有机会在下次回调时在我卖出的价位附近再买入。如果我预测到了走势，并且在从高位回调时买入，或者从低位反弹时卖出了，我就会这样管理头寸。

假定等待一只股票突破其K线的最高点然后买入。如果它立即毫不迟疑地向着相反的方向运行但却没有到达止损位，那么我更倾向于让它继续为我服务，遵守我的计划。当然，前提是在交易之前我有一个数值很大的"内托数字"。即使世界上最好的交易者也会遭受损失。管理风险应该是你的最终目标。正确地管理风险可以有效地消除财务的不确定性。

永远不要为市场的方向担心。这种担心从没给我带来任何好处。我只关心我的交易。我的某些获利很丰厚的交易开始时都很难受，但是我没有平仓出局，我坚持了我的计划。假定你的时间框架是3~5天，而你的交易在两天之后仍然没有获利。许多交易者会感到不耐烦，因此在时间未到的时候就将其平掉了。我建议你要有耐心，并且遵守你的交易计划。让事情充分发展非常重要。

支撑和阻力

许多不同的手段可以用来确定何时该平掉一笔仓位。在建立目标价位时历史上的支撑和阻力线非常有用。精准买卖点策略与方法通过几种方式来确定支撑和阻力位，第一种就是那些在过去股票向上或者向下突破之前盘整的位置。当股票回到这些区域的时候，可能以前向上的阻力位现在成为向下的支撑位。

尽管这些点位不如斐波纳契位那么重要，但是很多时候历史支撑位和斐波纳契支撑位会重叠。如果真出现这种情形，那么该股可能会停止当前的趋势或者反转。记住：交易者应该像赌场坐庄者那样，让胜算的机会在你一边。如果你观察到这种情况，并且据此行动，那么按照精确的目标价位，获得预定的利润，你就会最终获利丰厚。另一方面，如果你总是试图一下子就赚一大笔钱，那么往往甚至连小钱都赚不到。观察图 10.1 你会发现道琼斯工业指数在八个月的时间里六次从 11000 点下跌，最终收在 11000 点之上。

当一个价位如 11000 点多次作为市场转折点的时候，交易者应该注意，并且可以将该点作为一个平仓位。即使你在主要的历史支撑或者阻力位平仓之后，市场继续朝着对你有利方向前进，而你已经平掉了仓位，也没有必要烦恼，因为市场在继续其走势之前很可能会再次回到这个位置。历史上的支撑和阻力位非常有用，尤其是在它们与斐波纳契支撑和阻力位吻合的时候更是如此。

以斐波纳契位作为平仓位

如第四章中详细介绍的那样，斐波纳契位是市场很有可能停止其当前走势或者反转的位置。在开始交易之前，要清楚强大的斐波纳契支撑和阻力位位于何处。使用积极的方法，确定目标价位对于你成功使用精准买卖点策略与方法十分必要，使你能在股票自然回调之前就可以获利平仓。

在前面对于斐波纳契回调和扩展分析中，你知道了在你全部或者部分平仓之前你应该寻找斐波纳契好友区。当你更加了解了斐波纳契阻力位和

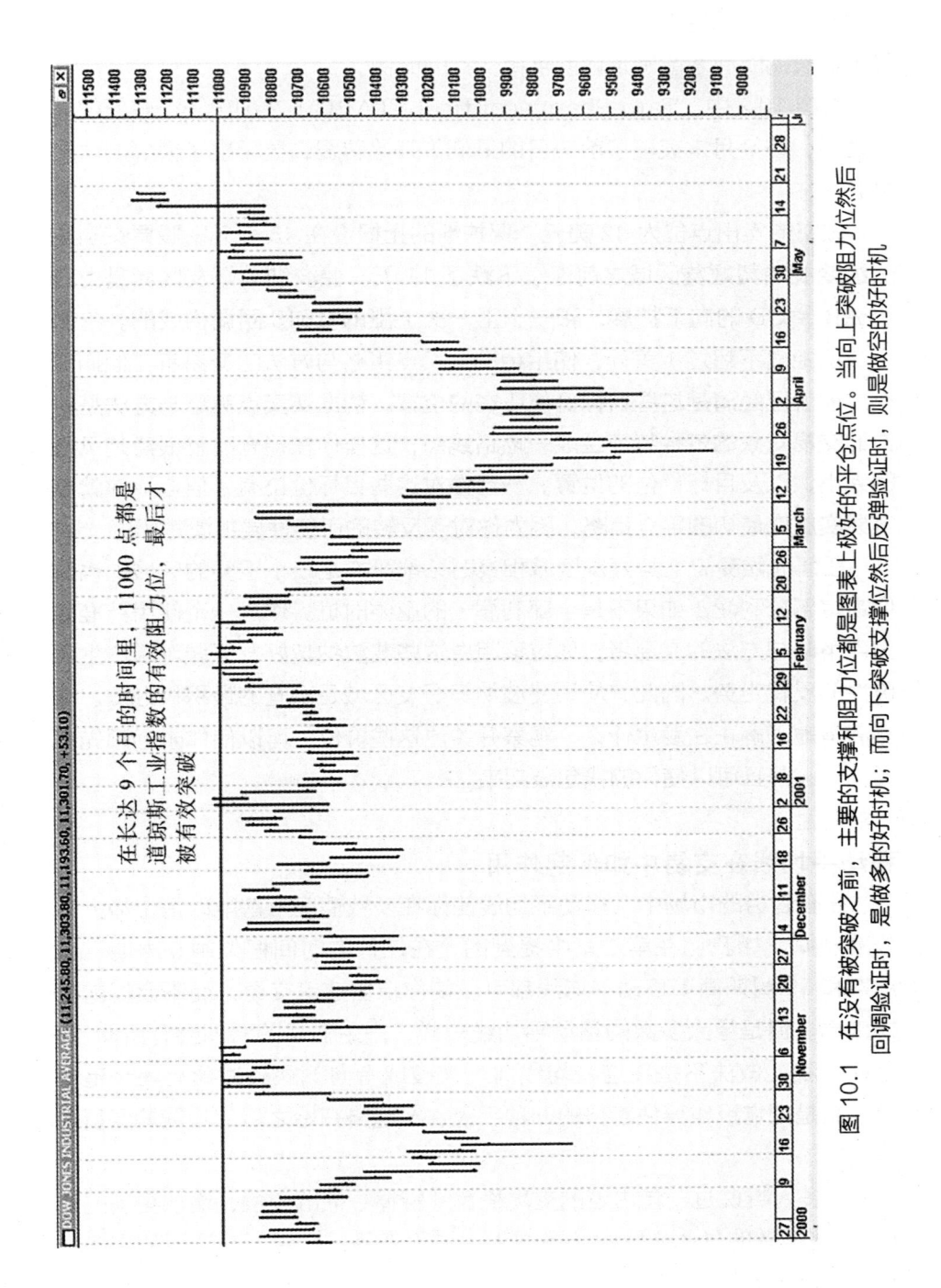

图 10.1 在没有突破之前，主要的支撑和阻力位都是图表上极好的平仓点位。当向上突破阻力位然后回调验证时，是做多的好时机；而向下突破支撑位然后反弹验证时，则是做空的好时机

支撑位之后，你发现自己可以以过去所不熟悉的方式买卖。但是，市场会经历很长的时间才能确定你所平掉头寸的比例。

在图 10.2 中，Taro Pharmaceutical（TARO）在创出一个较低的高点之后，在 8 月末突破了前一日的最低价开始转弱，显示出了很好的做空机会。

做空的卖出点位为 42 美元，保护性的止损设在 45 美元。股票在到达一组斐波纳契好友区域之前连续下跌了 11 天。斐波纳契好友区域是由一个 AB = CD 的向下扩展，和一个上一次上涨的 0.618 回调构成的。这两个点位距离不超过 1 美元，使用精准买卖点策略与方法的交易者在他们做空之前就已经清楚这些目标价位所在的位置。精准买卖点策略与方法是将你的交易对象的各种特征绘成一幅路线图，这样你在建仓时就很清楚风险的大小，以及目标价位的位置。一旦你对这些目标价位有了信心，你就更容易实施你最初的平仓策略，因为你对于反转的可能性更加清楚了。

任何时候斐波纳契好友区域相聚时，都可能是一个重要的区域，也是你锁定部分利润（如果不是全部利润）的重要时机。作为一个使用精准买卖点策略与方法的交易者，你应该明白这些斐波纳契好友区域可以产生突破性的反转走势。因此，使用斐波纳契好友区域是平仓的最积极办法。能够清楚地了解正在发生什么，观察并关注这些价位，可以使你永远领先市场一步，并且可以使你的钱包鼓起来。

移动平均线在交易中如何起作用

在有趋势的市场中，移动平均线使你在多数情况下都能取得走势大部分的利润。如我们在第二章中提到的，在任何的时间框架中 5 周期、15 周期和 39 周期简单移动平均线都可以使你保留这笔交易，而不会提前止损出局。但是像大多数的移动平均线一样，产生信号的时间会有所滞后。因此，我的做法不是在这些均线向上突破或者向下跌破时建立第一笔头寸。而是把它用作评估趋势的一种手段，在趋势开始之后使我能够保留这笔头寸。

许多人听说过一句古老的交易格言"斩掉亏损的仓位，增加盈利的仓位"。这样做的具体方法对于多数人来说仍然是一个谜。我认识的许多交易者尝试了这种交易风格，只增加他们盈利的头寸，但是结果发现很多时

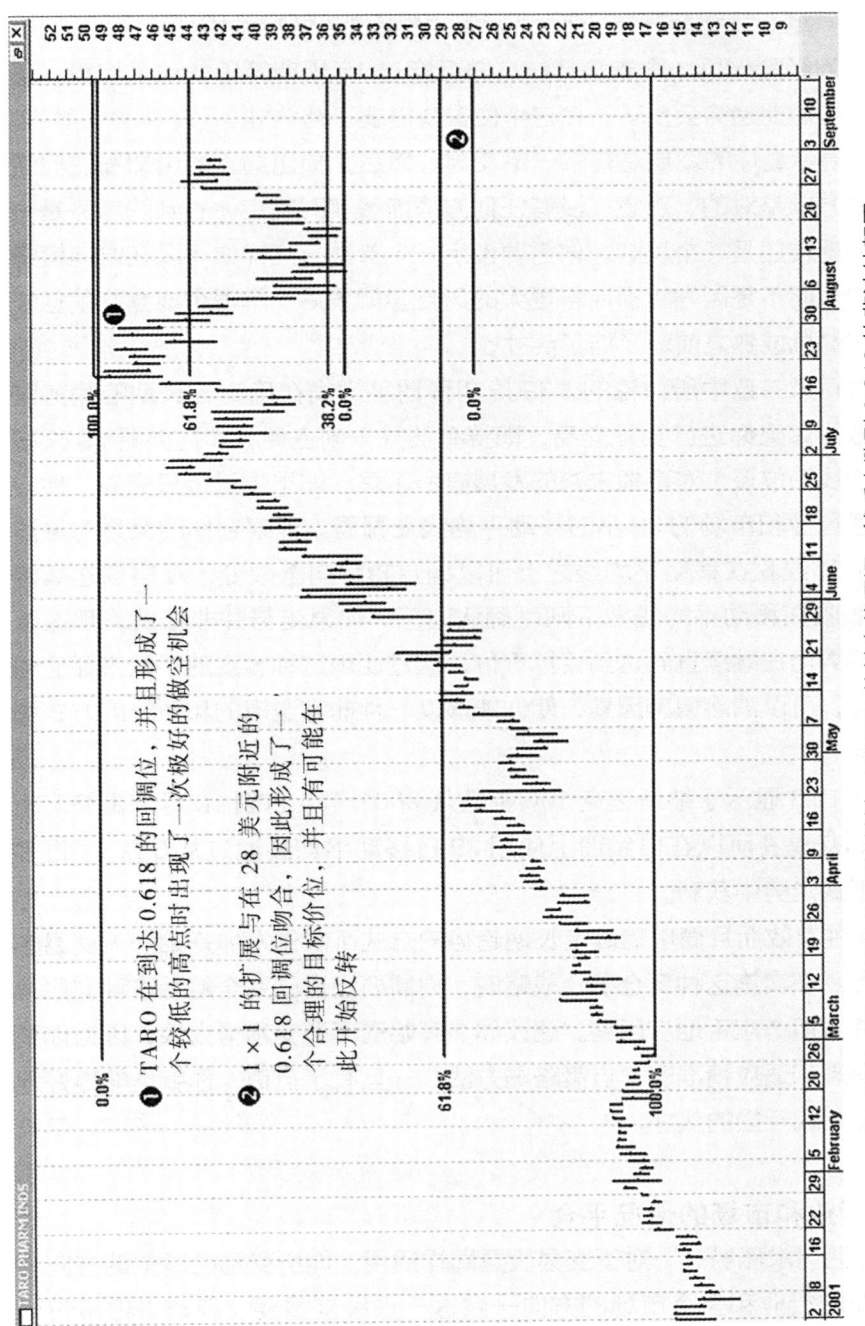

图 10.2 耐心是做好交易的关键。TARO 从其高位回调，然后上涨到 0.618 的斐波纳契回调位。这次上涨提供了一个低风险的做空机会，目标价位是 27 美元

候他们本来的盈利头寸在他们增仓之后成为亏损的头寸。15 周期移动平均线与一组斐波纳契好友一起可以给你提供以较低风险增加头寸的区域。根据我的经验如果一个走势持续、并且穿过 15 周期简单移动平均线，那么很可能短期趋势会反转。在这个位置我需要了结头寸。

交易者最坏的发现是开始一笔交易，然后止损出局，结果却发现他们原来的方向是对的。注意：没有任何方法能够实时确定你看到的趋势是一个趋势反转还是一个反弹。你需要设定一个参数，这样你可以在方向错误时止损，而不是因为止损而冒更大的风险。如果后一个理由成立，就意味着你在时机成熟之前就了结了头寸。

如同第二章中所讨论的，39 周期移动平均线在确定较长期的趋势时更有效。如果你进行头寸交易，即持有头寸一到三周，你需要看 39 天移动平均线的位置，对事情未来的发展有所了解。如果你进行日交易，你应该注意行业和市场的 39 小时移动平均线在哪里。观察到你的交易对象连续两根 K 线收在移动平均线之上可以确定趋势向上改变，观察到连续两根 K 线收在移动平均线之下则可确认向下。如果走势并非如此，那么就认为趋势仍在继续直到达到目标价位。通过使用这种客观的手段来评估你的头寸，可以消除情感因素，使你能够以一种非常逻辑的和系统的方式提高盈利。

图 10.3 显示了纳斯达克 100 指数从 2001 年 4 月到 10 月的走势。想做空的交易者可以在日线图上使用 39 日移动平均线通过从 6 月 11 日开始的下跌走势中获利。

这种有效而且简单的确定长期趋势的方式可以作为你开始一天交易的出发点。在实施这种建仓平仓战略时，你需要让自己完全熟悉这种交易方式，并且得心应手地应用它。建议你在开始时不要交易得太快，因为你要逐渐熟悉和适应精准买卖点策略与方法。一旦有了自信，你就能够更好地管理盈利和亏损的头寸。

根据行业和市场的情况平仓

老话"水涨船高"对于交易股票同样适用。你所交易的股票的方向与它所在的行业和整个市场的方向一致这一点极其重要。我请求你不仅要关注你所交易的股票，同时也要密切注意该股所处行业的走势。如果该

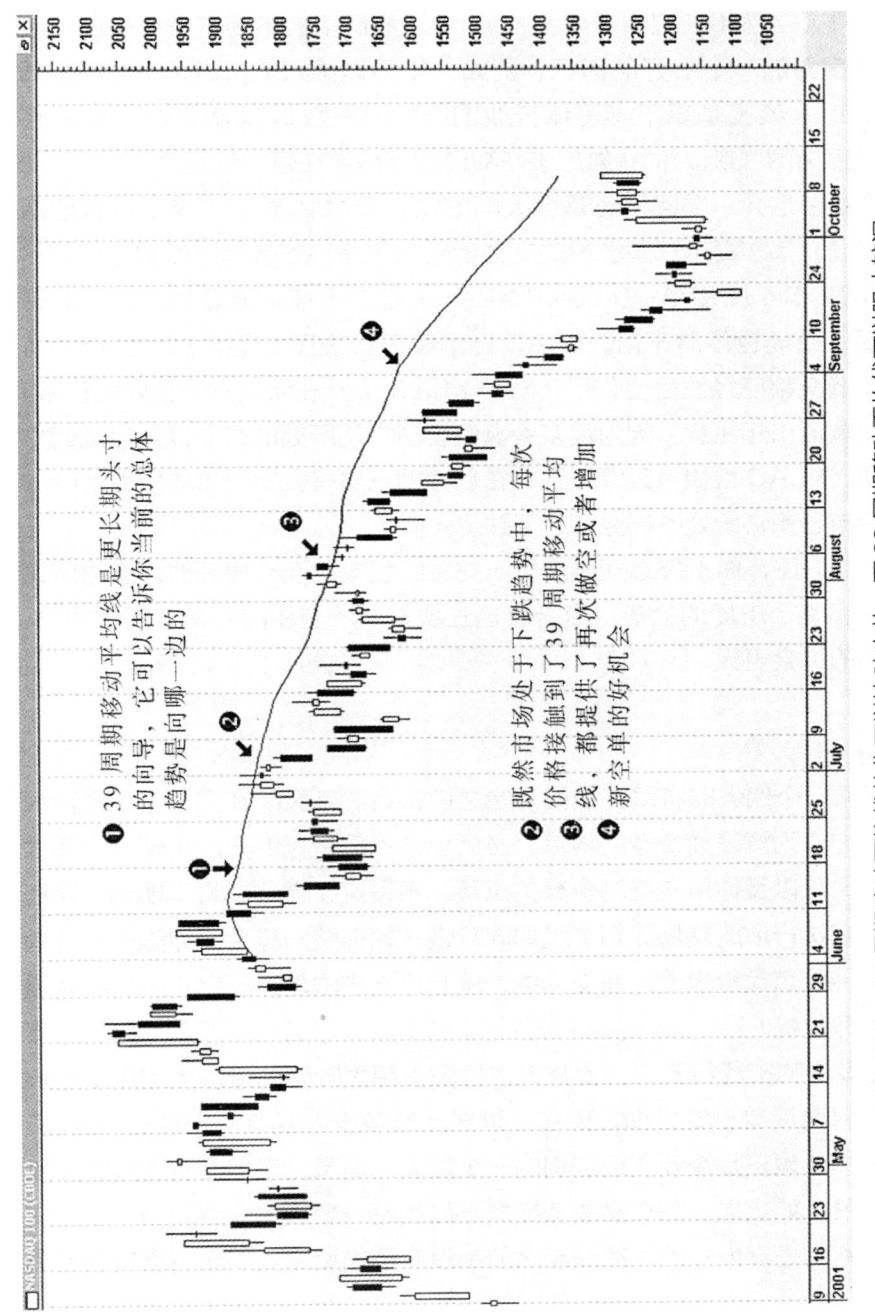

❶ 39周期移动平均线是更长期头寸的向导，它可以告诉你当前的总体趋势是向哪一边的
❷ 既然市场处于下跌趋势中，每次价格接触到了39周期移动平均线，都提供了再次做空或者增加新空单的好机会
❸
❹

图10.3　15周期移动平均线使你可以追踪走势，而39周期移动平均线可以阻止较深的回调，因此它可以更加有效的评估长期趋势

行业开始反转，或者它遭遇阻力位，你需要多加留意，做好准备，或者平掉头寸（当然不一定要平掉头寸）。一般情况下，市场本身也是衡量趋势延续潜力的一个很好的指标。例如，如果你买入 Applied Materials（AMAT），该股是属于半导体行业的，行业指数是 SOX，如果你看到 SOX 遇到重要的阻力位，你应该仔细留意该指数在阻力位的表现。

看看它是会小幅回调还是会大幅下跌。图 10.4 显示了半导体行业指数和市场，都在提示那些敏锐的交易者应该考虑平掉多单以保护他们的利润。2002 年 4 月 KLA-Tencor（KLAC）正在上涨，但是半导体指数开始变弱，市场也停滞不前。KLAC 仍然接近日线图上的最高点，而所有其他情况都已经发生变化了。对于 KLAC 毫无疑问是一个正面的信号，但是却应该引起注意，因为很多大盘股会与它们所处的行业以及市场同方向运动。KLAC 很快也跟着下跌，在后面的三周里疲软的市场使得 KLAC 也跟着市场和它所处的行业一起下跌。

所以记住，你不仅必须监视你所交易的股票，而且要随时注意它所在的行业和整个市场的趋势。当所有这三项与你所交易的股票方向相同时，你获利的机会更大。

设定止损

任何一个伟大的将军在战役开始之前都会清楚风险在哪里。让我再次强调：你作为调度你资金的将军，必须总是采取积极的方法来管理你头寸背后的风险以及你所有交易资金的风险。不设定止损（或者不能到达止损位时立即执行你的交易计划）就如同玩俄式轮盘赌一样会使你陷入财务危机。这种疏忽代价惨重。在交易中，没有什么方法能比设定止损更有效地预防财务危机。

在多年的市场经验中，我从无数投资者那里听到的最悲惨的事就是他们在交易时没有设定止损。现在，世界上有多少人就有多少种交易方法，这种多样性也正是令我们很特别的一个方面。但是，任何没有有效的风险控制手段（如止损）的交易或者投资方法都是一颗随时会爆炸的不定时炸弹。不幸的是，太多的人在交易之前都没有预先设定他们愿意承受的损失极限。

一个令人难过的但是真实的例子可以说明当没有风险控制手段时会发

第二阶段 从射手到专家 187

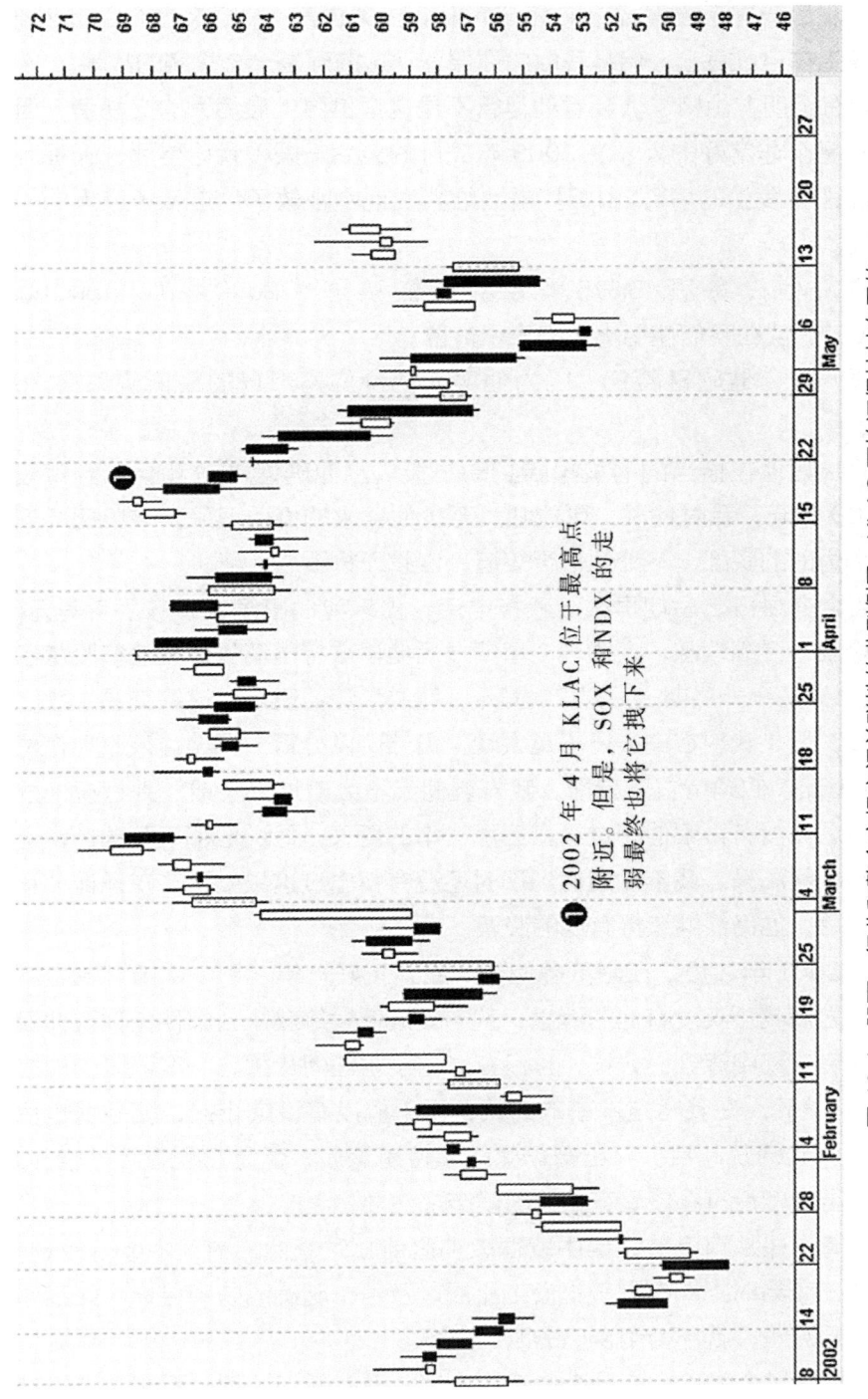

图 10.4 股票、行业和整个市场之间关联性的典型例子。KLAC 开始还保持其自己的走势，直到整个市场的重量将它压下来

① 2002 年 4 月 KLAC 位于最高点附近。但是，SOX 和 NDX 的走弱最终也将它拽下来

生什么。尽管这个故事听起来有点疯狂和难以置信，人们永远不会让这种事情发生在自己身上，但是我敢向你保证，这的确是一个真实的故事。

我有个朋友山姆，依我看他尽管不是这个世界上最伟大的交易者，但是他却是个非常好的人。在 2000 年 2 月的最后一天（我记得那一天是因为后面即将发生的事），山姆打电话给我说他刚刚做了他这辈子最大的一笔交易。

他说他以每股 45.875 美元的价格买进了 2000 股 Tellabs Inc.（TLAB）。现在我们使用小数来表示价位。

那一天，他欣喜若狂，因为他买入的价位离当日的最低价只有 15 美分。

他吹嘘他在恰当的时机果断扣动了扳机。他确信 TLAB 会涨到每股 90~100 美元。我对他说，可能吧，至少他买入的价位很好。该股已经到了一个暂时的底部，不论他是否知道，该股即将迅速上涨。

两个交易日之后他再次给我打电话，告诉我他已经每股赚了 7 美元。并且该股还会继续涨。大约一个星期之后他再次打电话告诉我他每股赚了 11 美元，又一个星期之后是 20 美元。他说尽管他已经在这笔交易中赚了不少钱，但是我现在进去还不是太晚，仍然可以分得一杯羹。该股现在位于 65 美元，他确信它还会涨。我告诉他我不会碰这只股票，并且祝他好运。之后我没有再跟他聊过，直到那一年的夏天，他说他那只股票还在上涨，并且很高兴。我不知道他到那时还没有卖出过这只股票。在圣诞节和新年之后，他仍然继续持有他的股票。

在 2001 年 2 月，在差不多他买入股票正好一年之后，山姆开始坐不住了。之后我一直没有他的消息，直到最近他发给我一封邮件，他说他没有从那笔交易中赚到一分钱，也没有对它设定任何止损。一度该股的价格达到 76 美元。在我写这本书的时候，由于他没有设定止损，脑子里也没有任何明确的获利目标，山姆仍然继续持有该股，但是它现在还不值 10 美元。至少他没有在该股下跌的时候增加头寸。

我请你在从自己的错误中取得教训之前，先从他的错误中取得教训。总之要在交易时立即在脑子里设定止损以及一个明确的获利目标。如果你没有做到这些，就不要用自己的账户交易。

止损可以令你不会在这个游戏中出局。没有任何计划、系统或者投资者在对市场的预测方面是完全正确的。这种偶尔的错误可以通过这样一个系统来克服，在风险失去控制之前，使其控制到最低，让你自己不会错过大的行情。根据你愿意承受的风险大小和你所交易的时间框架，有很多不同的方式来确定你设定止损的位置。建仓的技术同样也可以用于平仓。设定适当的止损需要经验和练习。只要不损失资金就能学到东西，并可以使你在交易中领先一步。

　　使我免受重大损失的第一条规则是百分之三规则。这条规则规定一个交易者永远都不要用多于他全部资金的3%来冒风险。例如，如果我的账户有5万美元，我设定的止损应该使我永远不会在任何一笔交易中损失超过1500美元。这条规则得来非常容易，因为我跟其他的交易者一样都经历了连续几笔交易都遭受损失的时刻。我和其他许多有经验的交易者可以以交易为生的主要原因是我们将损失降到最低，因此在最糟糕的时候我们也没有出局。

　　永远都不要进行损失会超过你资金总额3%的交易。如果这样做会使得止损太紧，那么如果你不想出师未捷身先死的话，你就需要降低你买卖的股数。

　　总是遵守百分之三规则。它会使你的投资组合多样化，并且使你避免在一笔交易中套得太深。这样你可以很快地斩仓出局，不至于损失太大。如果能正确运用本书中的技术，那么就不太会长时间处于亏损状态。但是，不能够正确地管理资金往往导致新老交易者的快速毁灭。

　　更多复杂的资金管理策略超出了本书的范围。要了解更多的知识，我建议您阅读乔希·卢克曼（Josh Lukeman）的书《做市商的优势》（*The Market Maker's Edge*）（麦克劳-希尔，2000年出版），以及瑞恩·琼斯（Ryan Jones）的《交易游戏：玩转数字赚得百万》（威利，1999年出版）。

盈利和亏损头寸的管理模型

　　世界上有多少个交易者，就有多少种理论和风格。尽管很多系统看起来都很有道理，但是在关键时候往往表现出不足。它们在如何将好的理论转化成赚钱的交易方面还是一片空白。到目前为止，你已经学习了"内托数字"、斐波纳契好友区、移动平均线、趋势反转指标和很多其他的指标，这些都可以提高你交易的获利能力。但是，出手必赢交易资金管理模型的应用可以帮助你遵守这条格言："要在亏损的交易超过限制时立即止损；不仅要保留盈利头寸，而且还要在盈利头寸继续表现出你最初交易的趋势时系统地增加盈利头寸。"这是精准买卖点策略与方法极其重要的部分。你真的非常需要学习怎样在你的交易中应用这种模型，以免违反计划。毕竟，不遵守好的计划与遵守坏的计划一样有害。

本书已经讨论了确定高概率目标价位的必要性，这样可以使你在市场的反转点位锁定利润。出手必赢交易资金管理模型为你提供了一种在趋势明显的市场中从两个方向获利的客观方法。这种模型让你建立相对规模较小的头寸，以账户较小的比例来冒风险，其目的是使你在增加头寸的同时所冒的风险不会超过最初的水平。

如果你对于这种方法有任何疑问，请访问"出手必赢"交易网站www.oneshotonekilltrading.com 获得更多的信息。但是首先你需要让自己充分熟悉这种模型以及这种模型如何运用。因此，请仔细阅读后面的段落，了解如何正确运用这种模型必须获得足够的知识。该模型是建立在每次以四分之一资金买入和卖出头寸的基础上。既然本书的大部分内容都集中在纳斯达克股票上或者纳斯达克指数本身，我会使用纳斯达克E-mini 指数来演示如何运用这个模型来管理头寸。既然你要以四分之一买入和卖出头寸，为了方便解说，会使用 4 份合约，在写本书的时候等同于 3200 股 QQQ——纳斯达克 100 跟踪股票，作为你头寸的基础，你在交易时将合约的规模扩大就可以了。该模型可以应用于交易对象的各种规模。例如，不使用 4 份合约，你可以交易 400 股，或者 4000 股。你甚至可以交易 200 股，并且将它四分，每次买卖 50 股。其意图是用有限的资金来冒险，同时又有可能抓住强大趋势，实现大规模的收益。让我们假定你有 40000 美元的期货账户。在本书写作的时候，这些钱可以让你在隔夜初始保证金 4100 美元，日交易初始保证金 2050 美元的条件下，持有 9 份合约过夜，日交易 18 份合约。如图 10.5 所示，在见到第一个买入信号时，建立第一笔头寸，即在纳斯达克 100E-mini 期货合约 1600 点买入 4 份合约。在这笔交易中，你冒的风险不超过 5 个点，或者说 400 美元，纳斯达克 E-mini 的 1 点相当于 20 美元（4×5×20=400），或者是 40000 美元的大约 1%。如果头寸的走势与你的想法背道而驰，你损失了

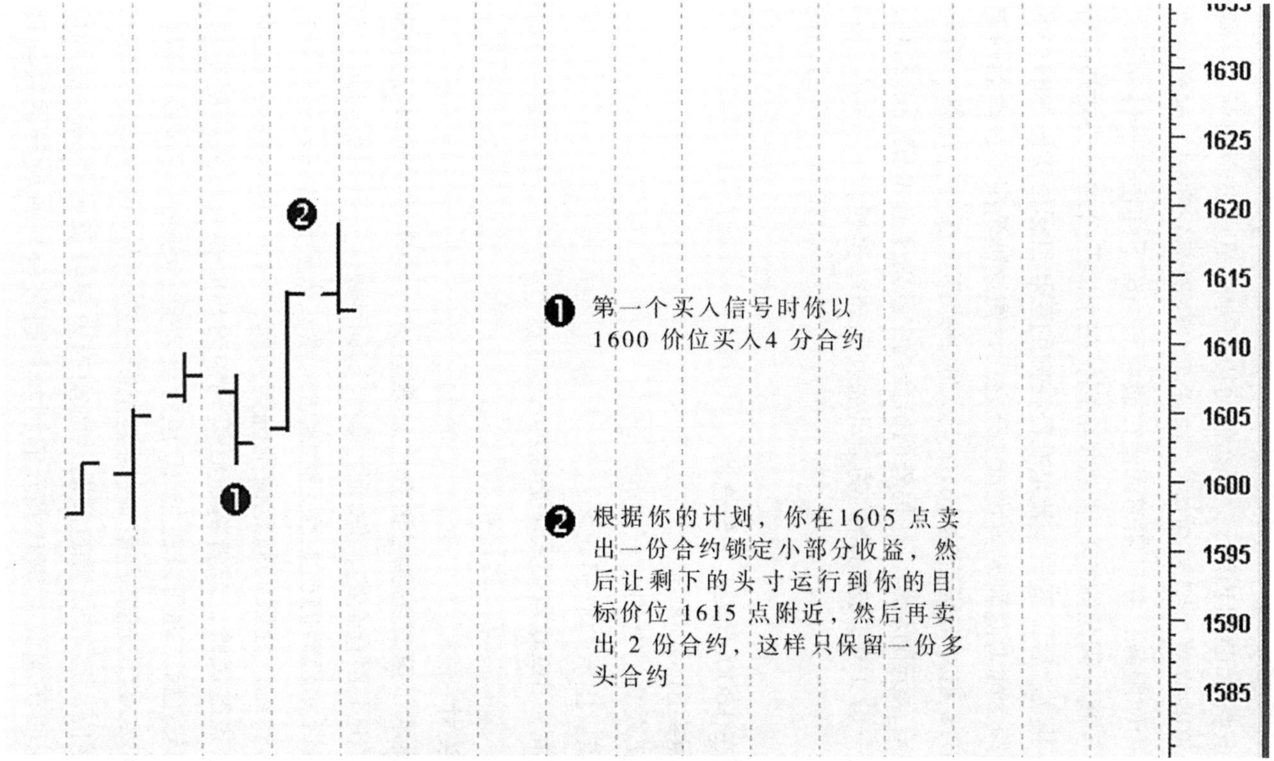
1630
1625
1620
1615
1610
1605
1600
1595
1590
1585
❶ 第一个买入信号时你以1600 价位买入4 分合约
❷ 根据你的计划，你在1605 点卖出一份合约锁定小部分收益，然后让剩下的头寸运行到你的目标价位 1615 点附近，然后再卖出 2 份合约，这样只保留一份多头合约

图 10.5 出手必赢交易资金管理模型的第一部分要求你首先建四份头寸，在走势对你有利之后锁定部分利润

5个点，那么你就止损退出，进行别的交易。事实上这是最简单和最快的一种情形，因此更多的时候要比这个复杂和棘手。

如果头寸按照你的方向运行，那么你可以将你的第一份合约平仓，将止损提高到持平的位置，即1600点，这样可以获得部分利润。这样你可以让头寸继续为你服务，并且知道即使在最坏的情况下你也只不过少赚点钱而已，不会亏钱，因此你的心情会很平和。在平掉四分之一头寸并且将止损提高到持平位之后，下一步就是准备在你的获利目标位卖出你的一半头寸，两份合约，或者说剩下头寸的三分之二。在这种情况下，你的预定获利目标是1615点。市场到达1615点，你平掉两笔头寸，在第一份合约中获得了100美元的利润，在另外两份合约中获得了600美元的利润，现在你还留有一份头寸，这份合约的浮动盈利为300美元。

小结

实现利润在1600点买入1份合约

在1605点卖出 = 100美元

在1600买入2份合约

在1615点卖出 = 600美元

未实现利润在1600点买入1份合约

建立第二笔头寸

图10.6展示了第二笔头寸的建立。现在你已经实现700美元的利润，并且有1份未平仓合约，你可以等待市场回调。一旦市场回调，并且你的指标告诉你趋势仍在上涨，你就可以再买入7份合约，这样你总共就有了8份合约。让我们假定情况确实如此，你在1610点买入。你再次冒了5个点的风险，或者将900美元中的800美元投入这笔交易。在1610点买入之后，你可以在1615点卖出2份合约以打平成本。这样你迅速获得了200美元的利润，同时将止损提高到持平的位置。现在你的止损在持平位，这笔交易的预期从可能损失900美元利润中的800美元，改变到现在实现了900美元的利润，同时有800美元的未实现利润。

市场到达你的第二个可能的目标价位1625点。你又卖出了4份合

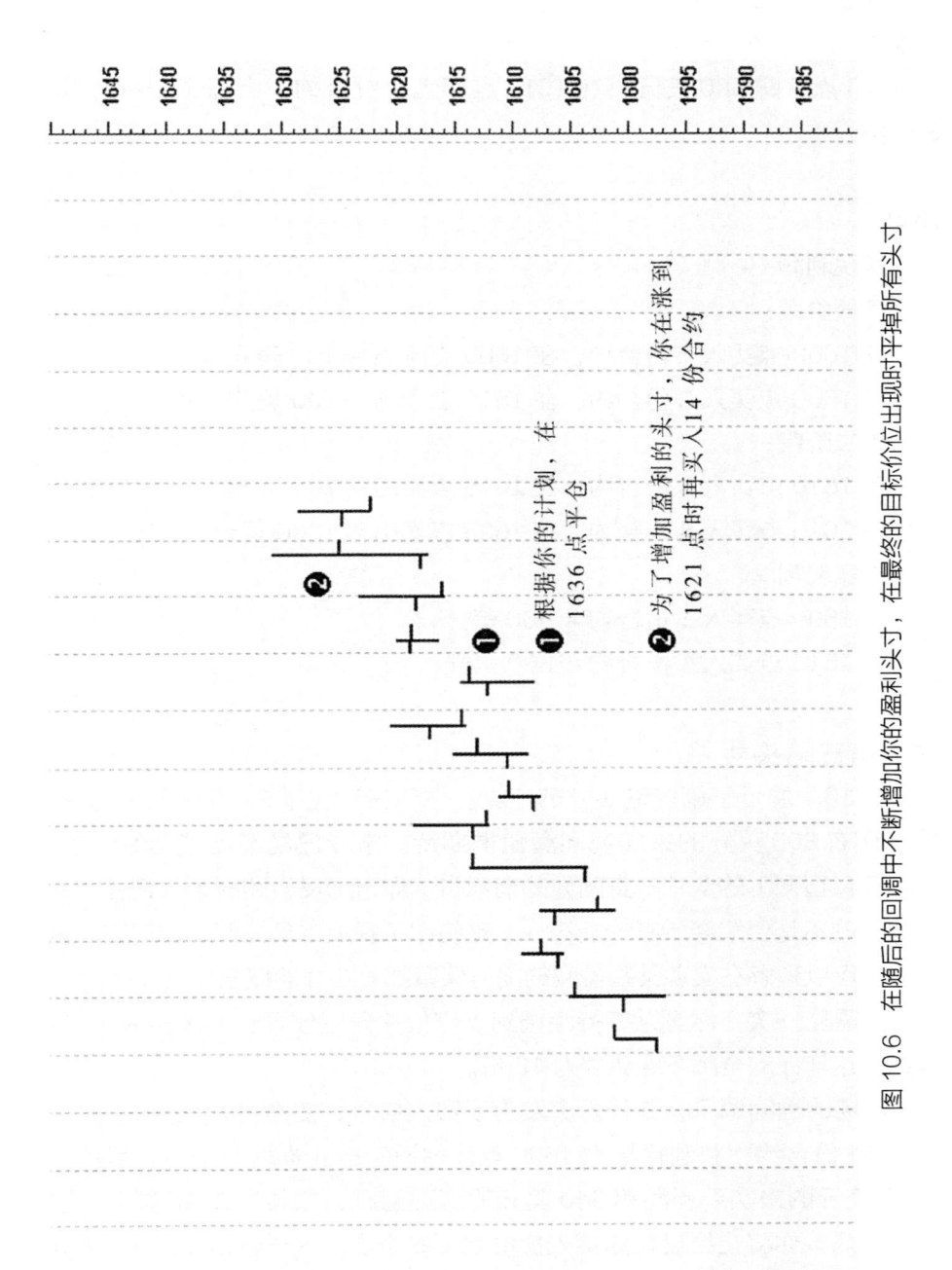

图 10.6 在随后的回调中不断增加你的盈利头寸，在最终的目标价位出现时平掉所有头寸

❶ 根据你的计划，在 1636 点平仓

❷ 为了增加盈利的头寸，你在涨到 1621 点时再买入 14 份合约

约，每份合约实现了 15 点的利润，总共 600 美元。你现在有 1500 美元的实现利润，还有 800 美元的未实现利润（在 1600 点买入 1 份合约，上涨了 25 点，赚 500 美元，在 1610 点买入 1 份合约，上涨了 15 点，赚 300 美元）。

小结

实现利润

第一阶段：

在 1600 点买入 1 份合约，在 1605 点卖出 = 100 美元

在 1600 点买入 2 份合约，在 1615 点卖出 = 600 美元

第二阶段：

在 1610 点买入 2 份合约，在 1615 点卖出 = 200 美元

在 1610 点买入 4 份合约，在 1625 点卖出 = 1200 美元

未实现利润：

在 1600 点买入 1 份合约 = 500 美元

在 1610 点买入 1 份合约 = 300 美元

建立第三笔头寸

图 10.7 展示了第三笔头寸的建立。你现在实现了 2100 美元的利润，并且还有 800 美元的未实现利润值得期待。市场已经经历了两波上涨，你打算保留剩下的头寸一直到你的指标告诉你市场反转的时候。记住，本节的目的不是要解释所有的指标，而是使你了解数字是如何起作用的。这样你就可以理解在实现某些盈利的同时保留部分头寸的概念。

再重复一次，你可以等待回调到支撑位来确定你是否要再买入 14 份合约，这样你的全部多头头寸为 16 份。

市场的确回调了，并且再次发出了买入信号，使你可以在 1621 点再买入 14 份合约，获利目标为 1636 点。你设定的止损为 5 个点，目前有 2100 美元的未实现利润和 640 美元的实现利润，总共为 2740 美元。在买入之后，你将止损设在你买入价位之下 5 个点，这样就是以 2740 美元中的 1600 美元来冒险。许多人对此都会感到不安，可能损失这么多盈利的想法令他们无法入眠。这种想法很自然，因为大多数人在保留盈利的交

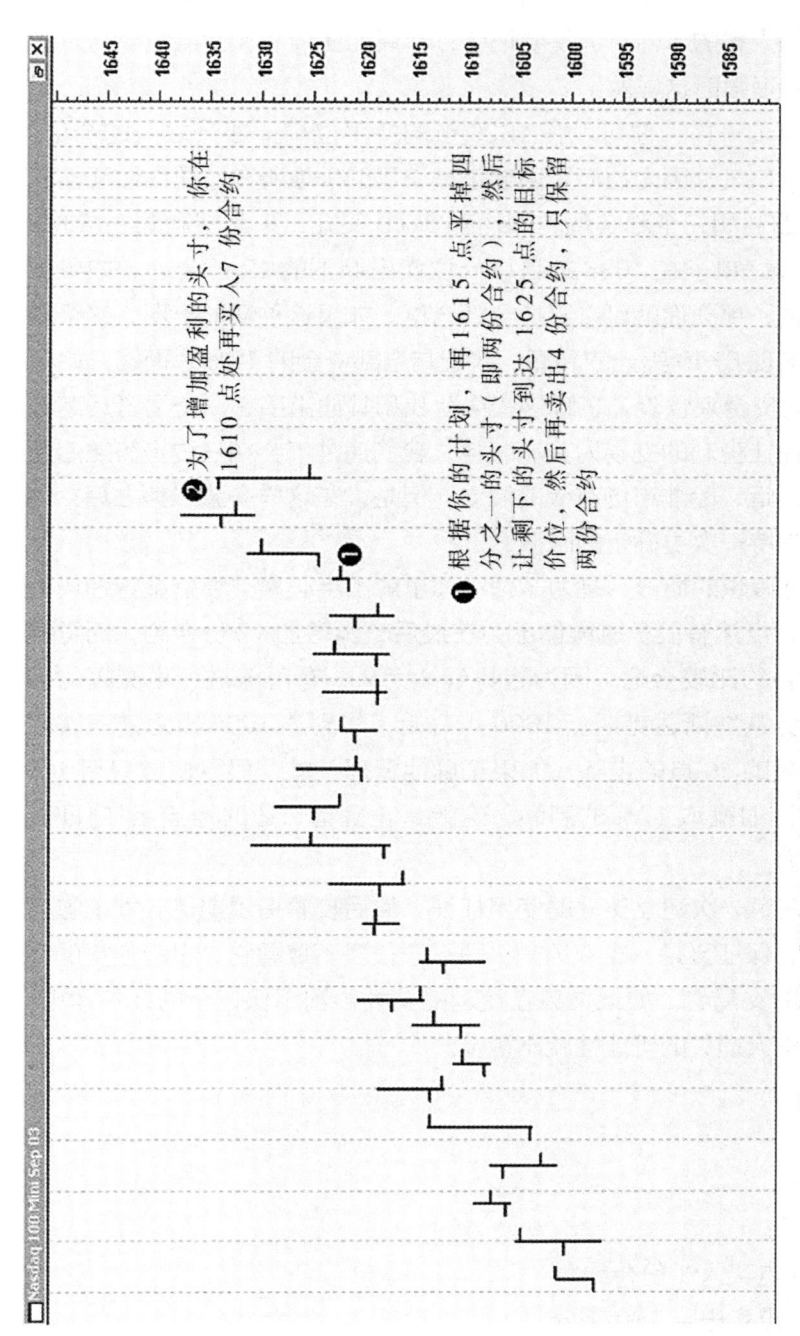

图 10.7 根据"增加盈利头寸"的箴言,在第一次平仓之后,等待市场回调再次买入

易时候都会感到困难。从能够获利的交易中立即平仓获利，而保留亏损的交易符合我们人类的本性。但是要记住：你只能在精准买卖点策略与方法表明趋势仍然很强时这样做。

如同前两步一样，你可以在1626点的持平位平掉四分之一的仓位，多数人会松一口气，因为他们知道这正是交易的乐趣所在。现在你又实现了400美元的利润，全部实现利润达到3140美元，未实现利润1840美元。同时你埋好单子在1636的目标价位卖出剩下的12份合约。如果到达了这个价位，那么你就可以平掉全部仓位。如果这种情形出现，这个账户总共可以实现6740美元的利润，将近其全部资金的17%，而在开始时仅用了1%的资金来冒险。了解这些帮助我和其他出手必赢交易者远离亏损的交易，而让盈利的交易为我们服务。我们通常不会在三波走势之后就放弃我们的好运，除非市场有大的波动。但是，在这样一波走势之后，你通常会开始期待一次更确定的回调。

这是一种假想的情形，是为了帮助你了解出手必赢交易资金管理模型的一些原则。当然有很多时候你不会在最后一步增加12份合约，而觉得只增加4份合约比较合适，因为趋势延续太久，有可能进行更深幅的回调。这波走势从纳斯达克期货1600点开始，在到达1636点之前三次回调，一次漂亮的36点的走势。如果正确地管理头寸，可以使你只用1%资金冒险的同时赚取17%的利润。这就是正确地、适时地运用杠杆时，表现出的威力。

许多人在第一次建立头寸时使用杠杆，然后咬着指甲期待头寸能够自己发挥作用。保证金是一支双刃剑，毁灭了很多不尊重它、没有连贯的计划来使用它的交易者。如果你只在盈利的头寸中利用保证金的杠杆作用，那么你遭受重大损失的可能性就小得多。

小结

实现利润

第一阶段：

在1600点买入1份合约

在1605点卖出 = 100美元

在1600点买入2份合约

在 1615 点卖出 = 600 美元

第二阶段：

在 1610 点买入 2 份合约

在 1615 点卖出 = 200 美元

在 1610 点买入 4 份合约

在 1625 点卖出 = 1200 美元

第三阶段：

在 1621 点买入 4 份合约

在 1626 点卖出 = 400 美元

在 1621 点买入 10 份合约

在 1636 点卖出 = 3000 美元

前两个阶段的未平仓合约：

在 1600 点买入 1 份合约，720 美元

在 1610 点买入 1 份合约，520 美元

该交易的全部利润在扣除滑移价差和佣金之前为 6740 美元。

这是一个假想的情形，为了让你对出手必赢交易资金管理模型有一个基本的感觉。精准买卖点策略与方法中的指标和技术可以告诉你正在进行的回调是反转还是当前趋势的中止。

从这个例子中，很容易看到迅速平掉亏损头寸，而让盈利头寸为你服务的力量。随着你对出手必赢交易资金管理模型熟悉程度的提高，你可以运用更加复杂的资金管理战略，融合行业的趋势、上涨的强度和其他指标，这些都会告诉你应该以多大比例来增加头寸。这种简单但是有效的方法可以帮助你管理获利的头寸，同时将亏损头寸的损失降到最低。

小结

平仓与建仓的方法有很多的相似之处。斐波纳契价位、支撑和阻力位的再次验证、当你做多时的极端超买状态，以及当你做空时的极端超卖状态，都提供了分别从市场的多头和空头头寸中获利的好点位。在这些位置获利平仓很好，同时也可以在这些位置止损。因此，你永远不要忘记：作为一个交易者首要的任务是控制风险，否则结果是毁灭性的。本章也介绍了资金管理模型，提供了利用趋势明显的市场在关键点位建仓和平仓的方

法，同时利用前几次交易中的盈利来以更大资金进行下一笔交易，因此可以有效地利用一个完美的走势来获取高额的利润。尽管这些形态不是每天都会出现，在市场出现波动时做好准备往往可以对交易者的损益表产生重大的影响。

第十一章　消除错误的重要性

　　让我们首先了解一下为什么你要比别人做得好一点。要了解这一点，让我们先来看看棒球运动。在棒球中，要想成为一个 0.200 击球手意味着每 10 次击球，要命中两次。每 10 次击球命中三次你就是一个 0.300 击球手。职业棒球联盟跟生活中一样，0.200 击球手和 0.300 击球手之间有很大的差别。在职业棒球大联盟中，一个 0.300 击球手的年收入大约为 500 万美元，是巨星，而一个 0.200 击球手要么在德卢斯的棒球分会打球谋生，要么对他的能力重新认识，转到一个更加合适的职业，如保险销售。所有这些都只是因为在每 10 次击球中有一次命中的差别而已。毫无疑问你想要成为一个优秀的交易者，能够成功地进行交易、生活舒适，而不是仅成为一个平庸的 0.200 击球手。

　　如果我认为这是个无法实现的目标，我就不会写这本书与你们分享我的经验了。任何一个学会使用精准买卖点策略与方法的人都可以做到。但是在使用该方法时缺乏纪律性经常会导致一个交易者的毁灭。你一定会同意这个观点：没有一个完美的交易计划就开始交易是一个巨大的错误。同时，如果你确定了一个计划但却不去执行它，你也同样是在犯错误。同样地，如果你的计划不好却又坚持它，那么你就是在犯另一个错误。运气从一开始就会与你作对。

　　本节的精华是让你确信要想从交易中获利，你必须尽可能消除你计划中的所有错误。你必须了解在这个行业中很容易犯错误。因此，不要盲目开枪。你必须冷静地坐在驾驶员的位置上，随时准备踩油门或者刹车。这不是说如果你的交易亏钱，就说明你一定是犯了错误。但是你必须在开始交易时，甚至建仓的点位不理想时都积极、正确地管理你的头寸。

　　我和任何一个交易者一样，每种错误都至少犯了一次，多数时候还不止一次。这没什么丢人的，因为我相信成为真正伟大的交易者的必经道路就是从错误中吸取教训。人们的自以为是常常使他们在交易时处于不利地位。但是我建议你在阅读本章时可以休息一下，聆听我的错误的同时思考你自己的经验和教训。

阻挡那些进入你头脑中的错误想法不是那么困难的事。本书中介绍了一种非常有效的交易方法，你的任务就是学习并且最终掌握它（一般来说，如果你能够学会这种方法，你就不会犯错误）。你会提前发现可能的错误，而执行你的计划，你就会知道正确的做法是什么。在这个时候你所做的选择会最终决定你作为一个交易者的成败。

与趋势对抗

一些成功的反向交易者的确通过在短期内与市场对抗、与多数人相对而赚到了钱。既然趋势根据你所使用的时间框架不同而有所不同，那么在你入市之前就与趋势相一致非常重要。与趋势对抗就好像踏上了时速 100 千米，与你要去的方向背道而驰的火车。我想你一定不愿意这样做。

英特尔公司（INTC）从 2000 年 9 月到 2000 年 10 月一直处在下跌趋势中（图 11.1）。该股还在继续走低。

我的一些经验不足的交易者朋友开始根据日线图买入股票，认为该股一定会反弹。作为根据日线图交易的交易者，他们完全不理会日线图中正在继续的趋势。该股不断走低，几个小时之后，该公司宣布他们盈利达不到预期，此后该股又跳空下跌了 11 美元。非常糟糕。我的母亲那天打电话给我告诉我她两天前进行的错误"投资"。她告诉我两天前她在 66 美元买入了 INTC，现在它的价位已经跌到了 48 美元，她不知道该怎么办。她简直无法相信这么快就会亏掉这么多钱。我为她感到遗憾，告诉她立即卖掉该股止损，把它当作一次教训。

在 2000 年 4 月，纳斯达克遭受了一次最严重的下跌。人们纷纷夺路而逃（图 11.2）。我遇到了一些习惯于"抄底"的人。这些人对于市场正在发出的信号要么熟视无睹，要么完全没有理解。这些人在市场下跌时会再次抵押他们的房子来购买更多的股票。

但是，数字表明这可能是一次更剧烈的下跌趋势。不用说，许多上一年赚了很多钱的人在那个不祥的 4 月损失了他们的全部资金，因为他们忽

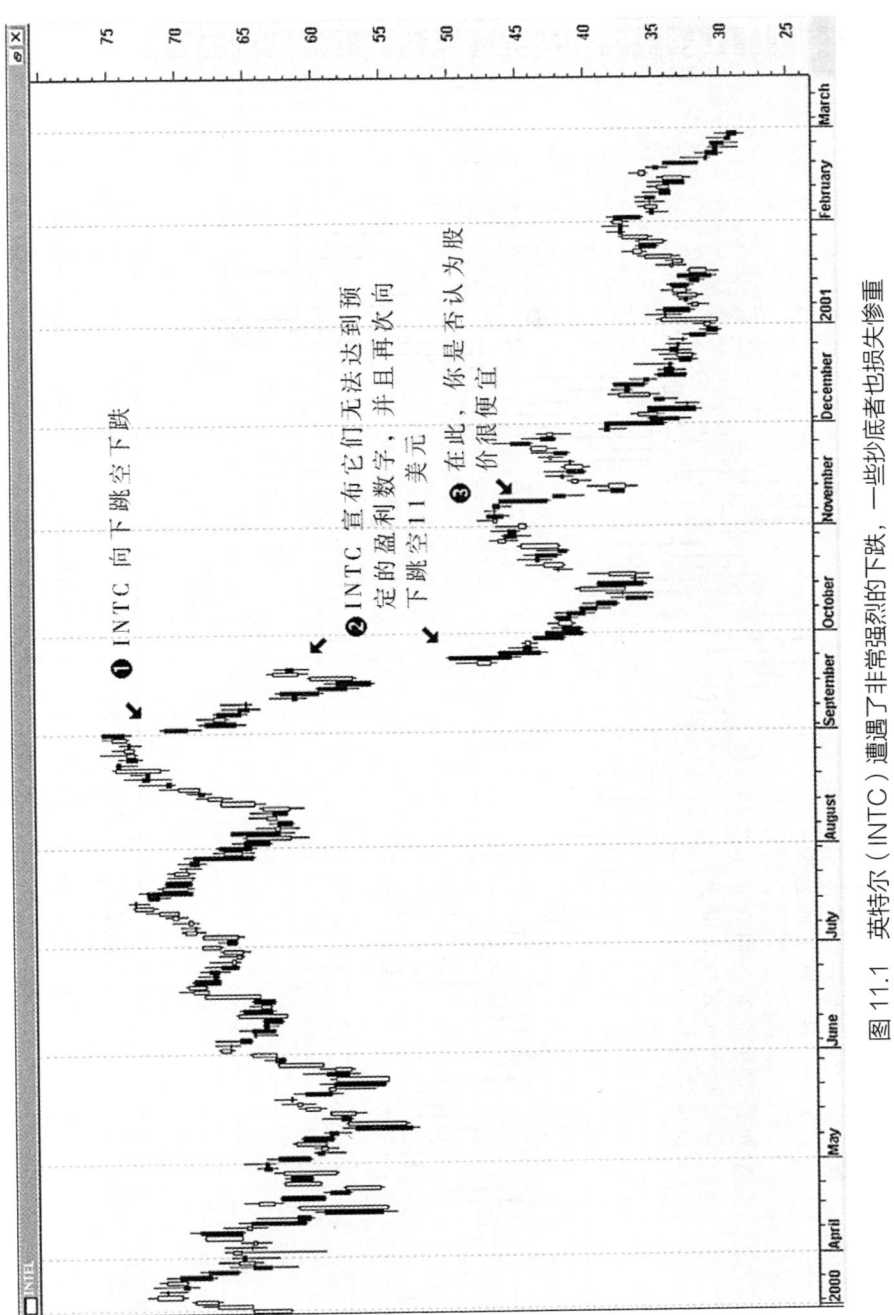

图 11.1 英特尔（INTC）遭遇了非常强烈的下跌，一些抄底者也损失惨重

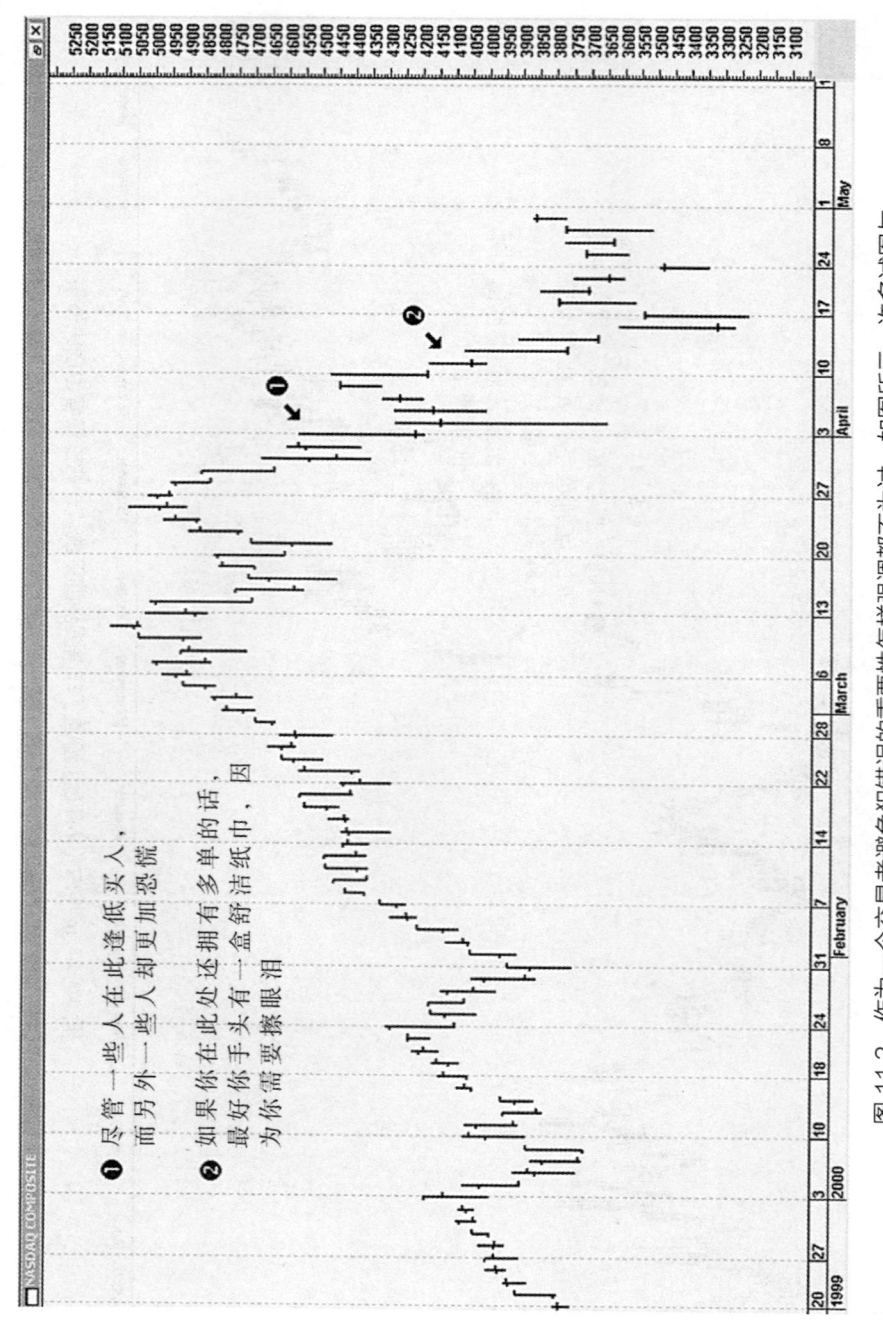

图 11.2 作为一个交易者避免犯错误的重要性怎样强调都不为过。如图所示，许多试图与下跌走势对抗的人都遭受了毁灭性的打击

略了正在进行的趋势。

在 1999 年 12 月，大量交易者认为市场不可能会继续 11 月的走势，决定对市场做空（图 11.3）。他们决定的根据是市场已经超买，因此一定会再次下跌。这些交易者开始变得贪婪，根据他们的说法，上涨以后就一定会下跌。不幸的是，市场不在意我们任何人的想法，它只按照自己的想法运行。

在你交易的时间框架中与强大的趋势对抗很难获得成功。这并不是说你不能参与反转。在过去十章中你已经学习到了很多工具，它们可以帮助你分辨哪些是将要反转的趋势，哪些是仍然很强的趋势。

有一个可能过于简单但却非常灵验的经验法则，可以确定你所交易时间段的趋势，那就是看看你所交易的对象与其 5、15 和 39 周期移动平均线的相对位置。如果它位于所有这些移动平均线之上，那么就可能仍处在上涨趋势中，尽量不要做空。相反，市场就是在下跌趋势中。尽管某些情况下可以进行反趋势的交易。但是由于缺乏必要的经验和技巧，常常使交易者很难进行这种交易。如果交易股票的话，还要看该股所处的行业及整个市场相对于各自 5、15 和 39 周期的移动平均线的位置。这是了解市况的一个快速而简单的方法。

热爱你的亏损交易

每个投资者或者交易者都可能会在某个时候做出过亏损的投资或者交易，聪明的人知道未来他们还会做出亏损的交易。这是每个交易者的生活中一个不得不面对的事实。没有任何系统、方法、风格、策略或者交易技巧能够使你免受这种痛苦。正确运用精准买卖点策略与方法使你不会因为某一次的失败而全军覆没。亏损的交易应该被看作这个行业的另外一种成本，事实上它也的确是。但是，一旦确定你的某一笔交易做错了，不要试图增加头寸来使你的平均价看起来"更好看"。按照一定的步骤分批建仓可以提高交易者的回报，但是多数人都不具备持续从中获利的足够的技巧和自律性。这种方法为什么没有在实践中应用有一个非常充分的理由。这是一个简单但是有效的前提，我们有必要在这里讨论，然后你就可以把它作为你的交易原则的一部分。

让我们首先进行一个重要的区分。每月在共同基金中存定量的钱与在

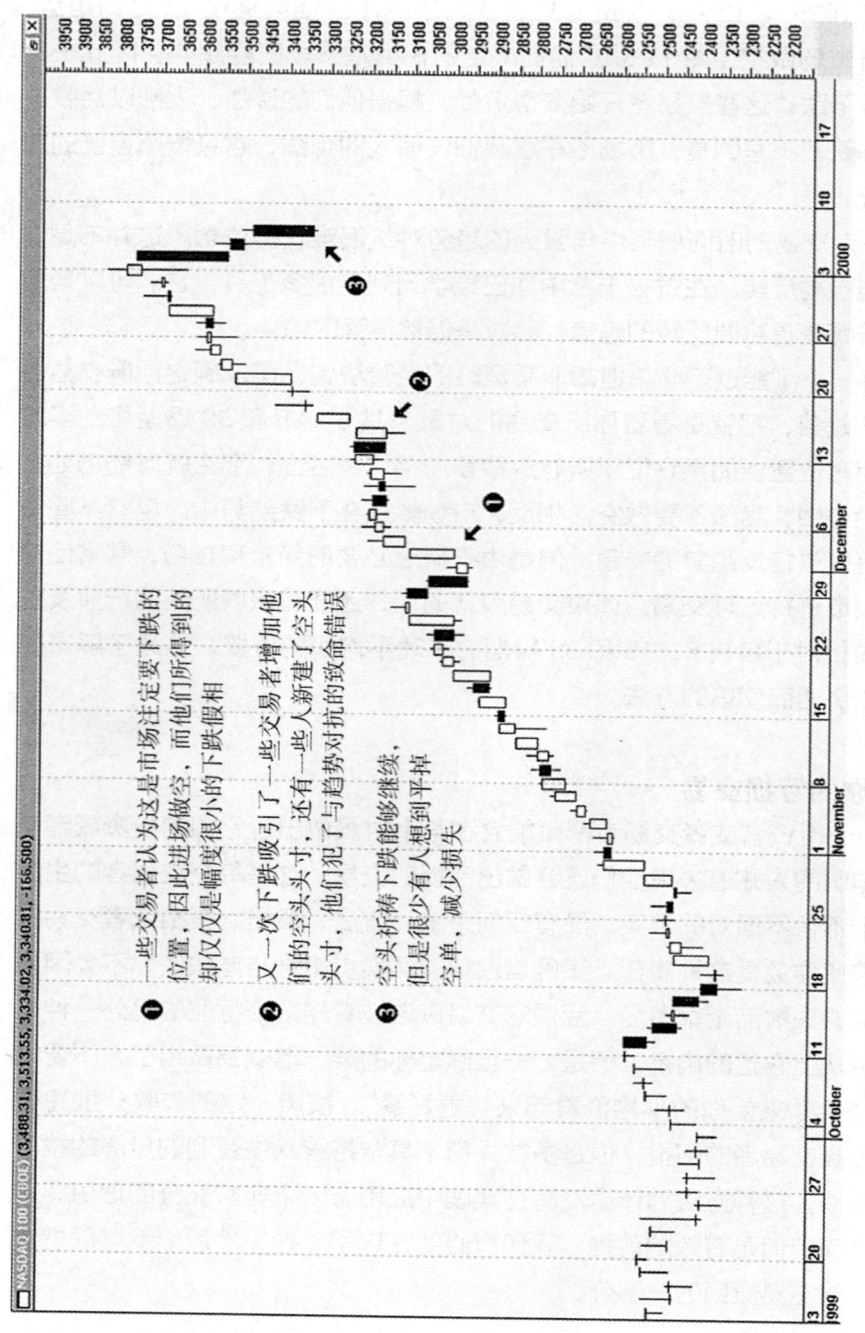

图 11.3 交易最困难的部分可能就是买底或者卖顶的诱惑。控制你的情绪非常重要

一只涨涨跌跌的股票中投机截然不同。你怎么能确定买入更多是明智的决定？你怎么能确定这样会降低你的总成本？多数情况下这只是你情感上认为可以，没有什么逻辑性。

我的一个交易者朋友（现在他的钱包瘪了很多）在"大减价"时买入了 CMGI。看一下图 11.4。后来该股价格暴跌，从每股 160 美元跌到了每股 2 美元。

凭第一感觉，"大减价"的逻辑似乎有道理。如果某种东西几个月之前还是 10 或者 20 倍的价格，而现在却以非常低的价格"大甩卖"，那么为什么不在适当的时机参与进去进行大规模的投资呢？看起来很正确。正如你会从本书中学习到的那样，股票价格会减半之后再减半。要做出买入股票的决策，你所需要的绝不仅仅是买"便宜货"的智慧。

回到我那个朋友，这仅仅是他交易中的第一个糟糕的部分。他最初在 32 美元买入该股。随后该股没能如他所愿上涨，而是下跌到了 28 美元，而他却什么也没做。几个星期之后该股继续下跌到了 25 美元。他没有设定任何止损，也没有确定明确的卖出时间。他只是认为该股会上涨。

他认为既然该股不会下跌（跟与趋势对抗相似），他会买入更多。该股跌到 20 美元时，他又买入了一些股票。几个星期后该股跌倒了 17 美元。他再次增仓，确信这是拯救自己的唯一方法。3% 规则现在变成了 30% 规则。几个星期之后，该股跌倒了 12 美元。当然在这个价位他只能买入更多股票。这是令人惊愕的低价，立即买入！该股不会跌得更深。更糟糕的是，他在 CNBC 上听到一位分析师说一年后 CMGI 会涨到每股 100 美元。因此他买得更多了。该股跌到了每股 8 美元。因为我在 22 美元卖掉该股，我也请求他这样做，即使不是卖出全部，也要将风险充分降低。

仅仅一只股票的交易失去控制，就将一个曾经非常聪明的人变成了一个情感的奴隶。他与人们的关系也改变了。完全变成了另外一个人。对于多数交易者来说，这种"交易者的直觉"在某种程度上都是一个必经的过程。他从这一笔交易中得到的教训足够抵得上四年的"常青藤"联盟的学位。

让我们看看他在这笔交易中违反了多少条规则：

1. 他与趋势对抗。

206 精准买卖点策略与方法

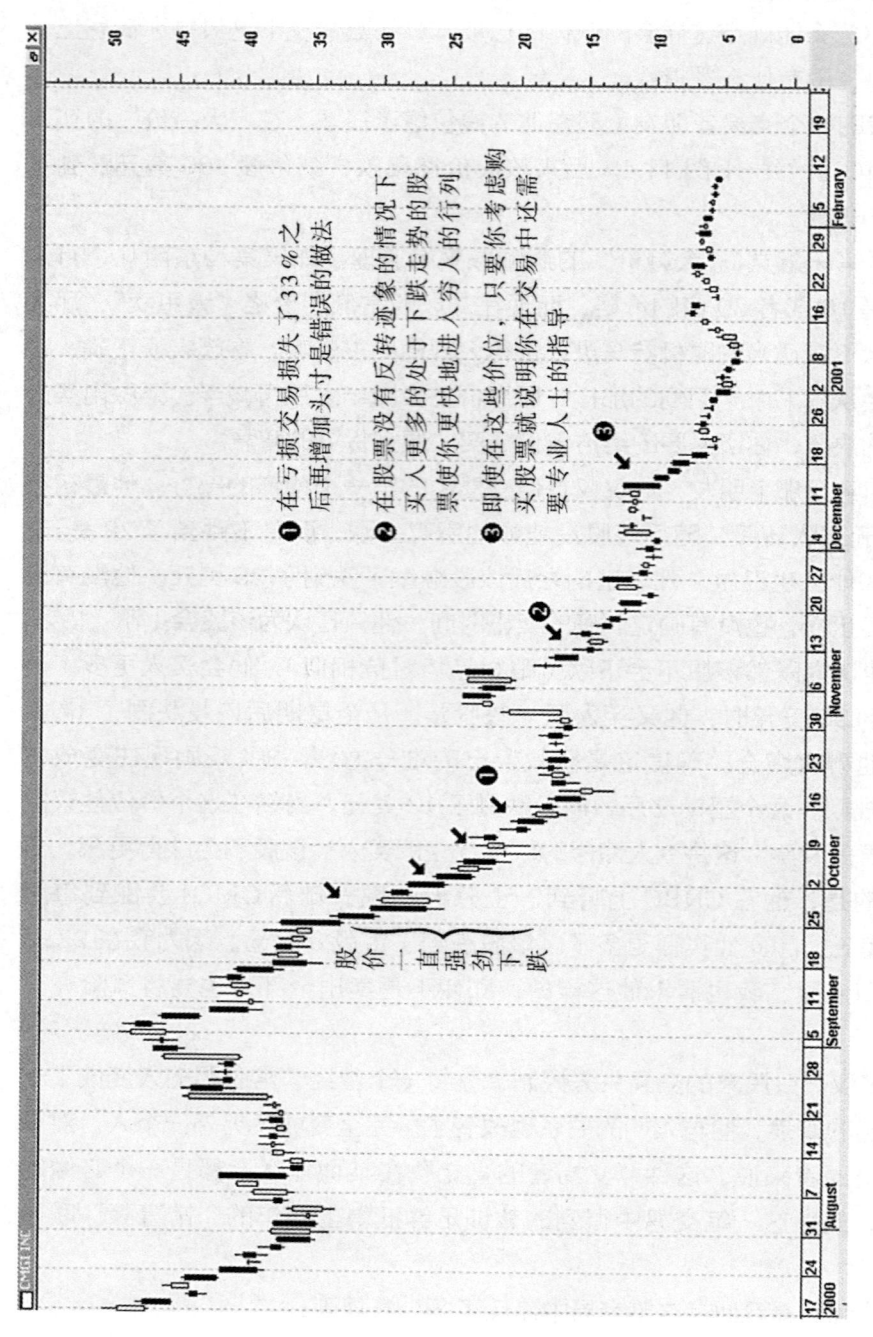

❶ 在亏损交易损失了33%之后再增加头寸是错误的做法

❷ 在股票没有反转迹象的情况下买入更多的处于下跌走势的股票要使你更快地进入穷人的行列

❸ 即使在这些价位，只要你考虑购买股票就说明你在交易中还需要专业人士的指导

股价一直强劲下跌

图11.4 CMGI是很多人经历的又一个没有尽头的噩梦

2. 他增加亏损的头寸。
3. 他根据 CNBC 的说法交易。
4. 他没有设定止损。
5. 他没有控制自己的情绪。

除了这笔交易之外，在他五年的交易生涯中他还违反了很多条规则。

相信我，如果你打算做一阵子交易者，在你的交易计划中犯所有这些错误，或者一个一个地犯这些错误，那么你还是趁早走开去交易"棒球卡"更好。但是，即使是交易"棒球卡"，我也无法确定你就一定能成功。

根据消息交易

提起普通交易者的一类典型，许多美国人都可以想象出这样一个形象，充满渴望地坐在电视机跟前看着 CNBC，期望从这个台所发布的消息中获利。

每天市场中都会有经济数据发布。在一个数字发布之前，通常都会有一个期望值。例如，ISM 指数发布，其期望值是 52。消息好坏与交易者没有多大的关系，因为许多时候消息发布之后的价格走势往往与数字是好于预期还是低于预期并没有什么逻辑关系。事实上，如果说数字比预期好应该导致上涨的话，当低于预期时，也可能出现上涨，为随后的反转留出余地。作为一个交易者，你需要关注价格走势，因为市场可能因为好消息或者坏消息上涨，也可能因为好消息或者坏消息而下跌。这种方法意味着在一条消息发布之后主要要关心的是当前的走势——如果趋势下跌，那么就逢高卖出，如果趋势上涨，就逢低买入。让事情简化可以使你在战场上保持清醒，并且操作起来更容易。

听从各种市场专家的股票推荐是交易者和投资者会犯的另一种错误。要知道根据电视上或者电台里的嘉宾推荐的股票交易是一种非常危险的做法。这样做就好比是买入某只股票的理由是一个朋友告诉你他的姐姐正跟某个人约会，这个人坐在另一个人旁边，而旁边的那个人知道某条关于该股某个没人知道的好消息，而且每个"知情"的人都在大量买入。

这个例子可能太牵强，但是类似的情形每天都在全美国上演。电视台通常会明确告知观众做出任何投资决定之前要自己进行研究，但是许多人仍然认为电视台说的是完全正确的。并且，在这些人当中，许多人在交易时都没有遵循一种确定的交易方法。

交易者需要在交易时保持清醒，多数电视台的报告是从基本面分析的角度得出的。基本面的催化剂可以使市场发生改变。但是精准买卖点方法与技术可以使你成为一个自由思考的交易者，一个独立分析市场，并且根据自己的分析行动的人。最好要从正反两个方面了解交易机会，从另一个角度思考问题没有坏处，但是这个角度不要是从某些市场专家或者任何别的人那里获取的。只有自己进行了分析并且将其应用到你的方法中之后，你才能开始交易，因为最终只有你才是需要为此负责任的人。

在 2000 年 4 月，大量的电视台和报纸都邀请分析师和基金经理上他们的节目，他们告诉人们逢低买入，并且说当前的下跌是市场的正常表现。在他们这样说的同时成交量清楚地显示机构在出售，图表清楚地显示出双顶，这两条都是非常利空的。"货物出门概不退换"同样适用于金融市场，因为当你从某人那里听到某些消息的时候一定要非常警惕和小心。通过运用本书中的方法，你能够确定投资机会是否可行。我希望你在市场中存活得足够久，去发现那些交易者已经发现的事实，即一个精心设计的交易计划非常关键，图表永远不会说谎。

追涨

交易新手甚至一些有经验的专业人士都会犯的错误之一是追逐那些正在快速上涨的股票，在不正确的时间交易。当一个交易者想要买入一只股票而无法成交时非常令人沮丧。当股票价格持续上涨时，交易者的沮丧感就会加剧，他们开始提高买入价格，认为股票不会再下跌。如果你真有这样的运气处于这种情形中，记住：好股票就像好女人或者好男人一样，通常他们会回来再给你一次改正错误的机会。因此，做好准备就可以了。股票不会在一天之内从 30 美元涨到 100 美元。如果一只股票会涨得那么高，那么通常它会涨一段时间之后回调、盘整，然后再次上涨。

追涨对于你的盈利来说是非常危险的，因为到大多数人决定买入的时候，中期的上涨通常已经结束。在买入之前，使用本书中的指标来确定该股是否已经超买。或者按照更加明智的方法，观察股票上涨的力度。使用精准买卖点策略与方法可以使你避免追逐超买的股票，使你能够把握住趋势的主要部分。

当然有时不追涨可能会使你错过一轮大的走势。但是成功交易要求极大的耐心和自律，同时明白这种情形会周期性的出现，是交易者生活的全部。每天你都会错过成千上万的赚钱机会，但是如果你是一个好的交易者，你每天也都会发现很多这样的交易机会。

不设定止损

在任何交易中没有设定止损都是非常愚蠢的。在开始一笔交易之后，你立即不可避免地成为一个风险管理者。作为一个风险管理者，你的工作只有一个，即要求在战斗中保护你的部队。没有设定止损和风险额度或迟或早都会对一个交易者产生严重的后果。

与某些自我吹嘘的股市专家的说法相反，没有一种完美的系统。因此，每个人都可能在某个时候犯错误。没有设定止损，你也许可以赢得20笔交易中的19笔，但是你仍然会亏钱。这是很不幸的事，但是原因却很简单——仅仅是因为糟糕的交易者往往都没有认真对待或者没有完全理解设定止损的重要性。

我最近与一些基金经理进行了激烈的争论，依我看他们的风险管理方式非常有问题。在最近的投资研讨会上我问了很多基金经理和经纪人一个同样的问题，"如果你的客户已经以每股120美元买入了微软的股票，你会建议他们何时卖出"？我甚至允许他们在事后做出决定，只是为了看看他们在对待客户的账户方面是什么样的风险管理者。他们中的很多人都说他们会持有该股，因为这是一家好公司，并且承认他们不会设定任何止损。多数追随市场的人认为这种策略是正确的。但是，这些基金经理没有在他们的答案中提到既然微软已经从其最高点120美元下跌到当前的60美元，那么它至少应该连续四年以每年20%的幅度上涨才能使他们的客户收回最初的投资。20%的增长对于一个像微软这样的大盘股来说是正常的增长。

问题是没有采取正确的风险控制策略可能导致严重的后果。我们经常会听到某个人在最高点买入一只股票，现在该股的价格仅为其购买价格的十分之一。他这样做可能就是因为他没有进行适当的风险控制，并且没有采取任何措施阻止事态进一步恶化。如果你从本书中只学会了一点的话，那么这一点最好是"积极管理你的风险"。这不是说你需要过分频繁地交易，而只是意味着你应该根据本书中的技巧设定合理的止损，并且遵守这些止损。你会发现迅速地斩掉亏损的交易会极大地减少那些噩梦般的大幅损失。

严格遵守正确的资金管理，你可以持续地赚钱。永远记住：交易者遭受大小损失的头号原因是他们在面对风险时没有采取任何措施。他们没有像一个战斗中的战士那样做出适当的反应。很快，那些开放的头寸会像胃里的肿瘤一样越长越大，最后切除的时候要付出巨大的代价。

以下的情形不断重复：交易者破产的一个最主要的原因就是他们没有在每笔交易中都管理风险，并且在止损位到达时没有采取行动。防止这一切发生的方法实际上非常简单。你只要在进行每笔交易时都设定一个止损就可以了。如果到了止损位，不要重新设定止损，并且期望股价不会再次靠近新的止损。斩掉这个头寸，重新开始。

在盘整期交易

对于精准买卖点策略与方法来说，盘整是指连续八根以上的 K 线都在横向整理。在这段时间内，如果没有趋势出现，那么趋势不明的情形会延续多久就很难说了。市场很难确定最终会向何方去。使用精准买卖点策略与方法，你不会有非交易不可的想法，这种想法往往使你在盘整期仍然交易。永远要跟随趋势明朗的市场，而远离那些连续六到八个周期都在调整的市场，这样它们就不会有机会与你作对了。使用我的方法能使你胜算的概率更大，盘整的股票成功的概率只有三分之一，因此对你十分不利，这也是为什么我的方法不赞成在盘整期交易。

作为市场中的一个资金管理者，你需要知道股票按照你的想法运行的概率只有三分之一。在趋势明朗时交易是你能够持续盈利的最好方法。当然某些反向投资者会逆短线趋势而为。

在盘整期交易不利于创造财富。在考虑了佣金和滑移价差之后，总的来说在盘整期交易很难盈利。看一看通用电气的日线图（图 11.5）。

精准买卖点策略与方法不鼓励从日线图中猜测未来的走向。理由很多，其中之一就是这会浪费你的时间。记住：当前你的股票正在盘整期，

第二阶段 从射手到专家 211

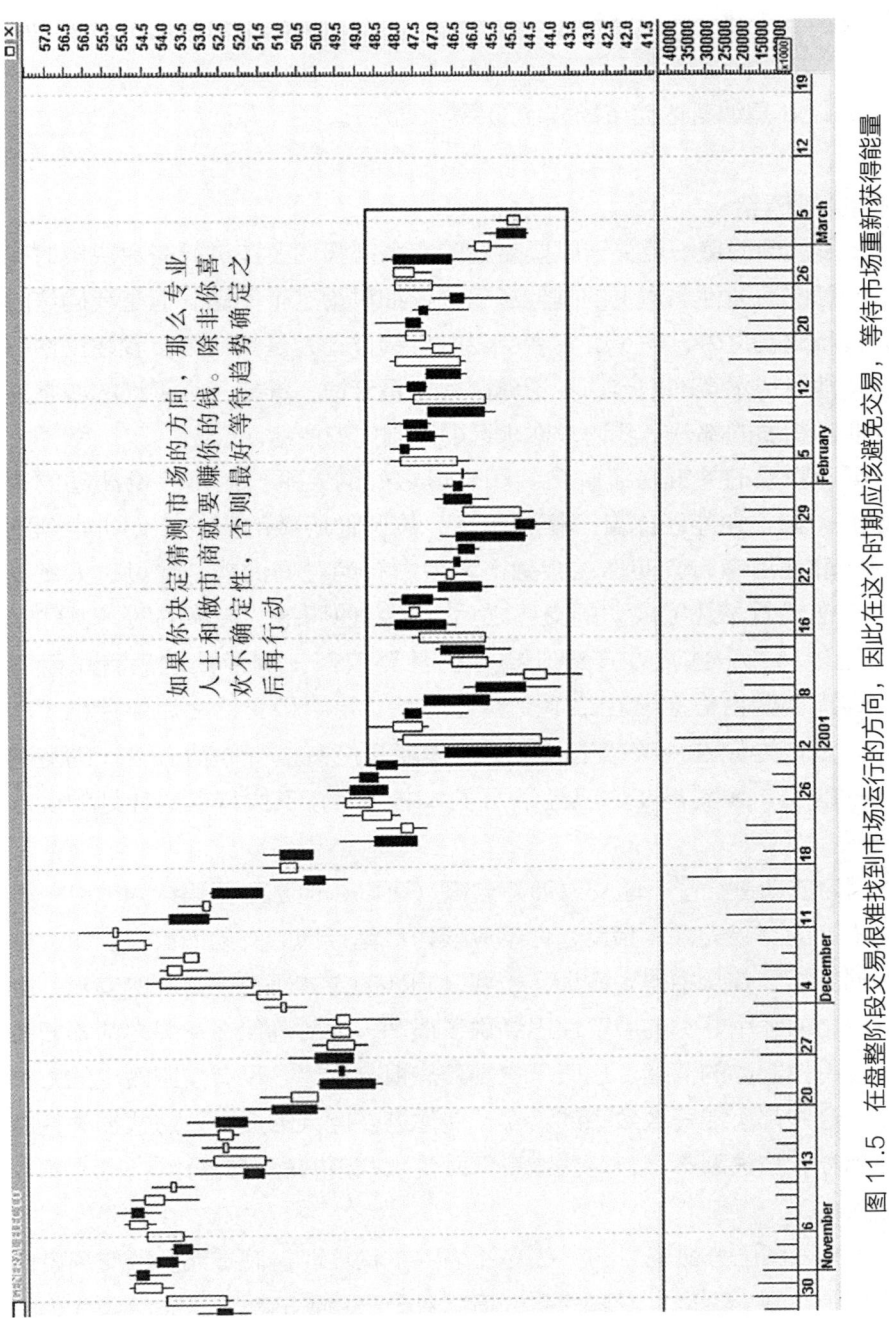

如果你决定猜测市场的方向，那么专业人士和做市商就要赚你喜欢不确定性。否则最好等待趋势确定之后再行动

图 11.5 在盘整阶段交易很难找到市场运行的方向，因此往这个时期应该避免交易，等待市场重新获得能量

你并不知道它会盘整多久。另外，更重要的是它会浪费你的金钱。因为当你的钱套牢在某个处在盘整期的股票中时，你可能会错过其他趋势明确的股票。

图 11.6 是纳斯达克市场波动的另一个例子。

没有控制情绪

我所读到的每一篇关于股票交易的文章都强调了在进行交易决策时交易者心理的重要性。本书的其他章节会详细讨论这个问题。但是我确信除了赚钱和赔钱之外，一个交易者交易的持续推动力是其情绪。我建议你严肃认真地对待本章的内容。不论你赚钱还是亏钱，维持一个平稳的心态是交易非常重要的部分，我请求你永远要控制你的情绪。

买卖股票的关键是了解贪婪和恐惧之间的关系。这是股价波动的背后原因。如果你能让你自己摆脱困扰，按照你所做的研究和你所学到的知识冷静地思考，会使你在金融市场中占有绝对的优势。我见过太多交易者在连续做过几笔成功的交易之后就认为他们是"最棒的"。同样的，我也见过另外一些人在连续几次亏损甚至仅仅一次亏损之后就一蹶不振。你需要明白你应该在每笔交易之前、交易中和交易之后保持稳定的心态。我认为你唯一该感觉沮丧的时候就是没有执行你精心设计的交易计划的时候。尤其是在你已经学习了本书之后，不执行交易计划的确非常糟糕。

因为成功进行了一笔交易而感到高兴可以，但是不要误认为你是一个战无不胜的交易天才。相反，你不应该为每笔亏损的交易而沮丧。研究你的亏损交易，并从中得到教训，也要以同样的方式研究你盈利的交易。关于交易之前睡个好觉的重要性已经说了很多，因此确保在交易之前不要失眠。没有控制你的情绪、屈服于贪婪和恐惧的情绪、没有按照既定的方法操作，这些都可能导致致命的错误，使你遭受巨大的损失。这些损失往往很难弥补。与失眠不同，这些错误可以使那些没有做好充分准备的交易者家破人亡。

本章试图区分最主要的一些交易陷阱，我发现它们是大多数交易者问题的根源。毫无疑问，没有控制好情绪对于交易者的精神状态有最深远的影响。在止损位到达的时候（如果你一开始设定了止损的话）它会使你不

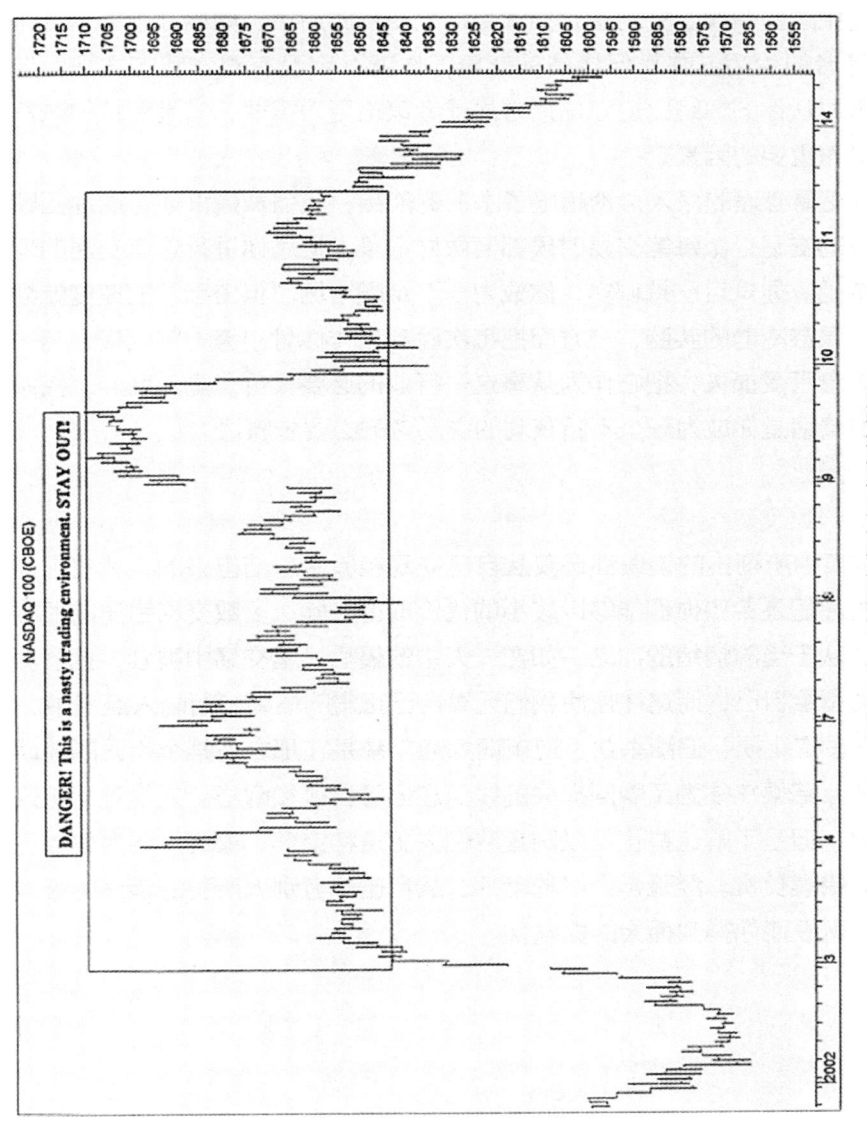

图 11.6 纳斯达克市场突变的例子

采取行动，这会阻止你成为一个好的交易者，而把你归于糟糕的一群中。

但是，追涨、听信电视台的交易建议、不设定止损或者不做好充分的分析，这些问题都可以归结到缺乏个人控制。如果得不到纠正，交易者会重复地犯这些错误。交易者必须承受每笔交易的后果，如果你不能享受作为交易者的生活，并且保持精神健康，你就一定没有遵守我的方法。但是，不屈从你的情绪比遵守任何方法或者策略更为重要，它是保持你账户盈利最为重要的因素。

对交易心理的深入讨论超出了本书的范围，我强烈建议你定期地回顾你所做的交易。做每笔交易时候都要做好记录，记录你进行这笔交易的理由和感受。你对自己越诚实，你成为一个金融市场"狙击手"的速度就会越快。保持冷静的头脑，一方面把每次胜利当作你付出努力的回报，另一方面愿意承受损失，把它作为从事这一行业的必要代价。毫无疑问，控制好你的情绪是你成为一个不断获利的交易者的必要步骤。

小结

本章中所列出的错误都是我从自己交易经验中总结出来的，我将它们传授给你们是希望你们能够以较小的代价取得经验。多数交易错误的根源都是屈从于当时情绪的冲动，如在一天中的最后一笔交易中被套，把解套的压力留给自己，而这往往使我们远离自己正常的情绪，而陷入沮丧中。

不设定止损、追涨杀跌、逆市而为通常都是在那之前某个错误的冲动造成的，结果往往为了赚回损失的钱而忘记了自律和耐心。人很难不犯这种错误，但是了解这些也可以防止我们去犯这种错误。最终你要为你自己所犯的错误负责。经验是最好的老师，从自己或者别人所犯的错误中吸取教训，可以使你得到很大的提高。

第三阶段 锁定目标 子弹上膛

第十二章　实时交易

出手必赢交易：从课堂到战场

如果你已经读到了这里，那么值得表扬。但是，从现在开始，只有少数交易者将他们自己完全投入到交易中，而在这些人中间，只有少数人能够做得很熟练。这并不是说他们不会成为成功的交易者，而是说经验表明大多数想要成功的交易者没有去做成功所必须做的事。你也一样。只是读了一本书，了解了其中心思想，但并不意味着就能成为一个成功的交易者。记住：不充分的知识可能会成为一件危险的武器。

交易就像橄榄球一样，因为它们都会在游戏进行中给参与者调整战略的机会。事实上，每次一个四分卫走进球员中间时，他都会根据比赛的进程修正比赛战术以提高他们队的成功机会。

但是，在比赛开始之前，要练习、练习、再练习。比赛之前要充分利用课堂上学习的知识，模拟不同的场景，研究过去的表现，并且练习如何进行将来的比赛。课堂是学习过程的关键部分。在练习中，教练和球员共同研究战术，并且在一周的练习中反复验证它们，这样在周末的比赛中就可以运用它们了。那些比赛之前的练习是球员们在实战之前最好的练习，进行练习的目的只有一个：就是在比赛中获胜。

你也可以在闭市之后进行交易练习。你就是你自己的球队，在国家交易联盟中比赛。你的电脑是你的黑板，交易软件是你的粉笔。你是教练、四分卫，并且是你自己球队的吉祥物。这是你提高你的技能，验证你的理论的时候。这些经验可以令你在大开眼界的同时有望获得收益。有希望获得收益并不等于能够创造收益。在这一行收益只能通过一种方式获得，就是在开盘时间用真枪实弹进行交易。

现在是我们开始第一步的时候了。到目前为止本书大部分讨论的是一个完美的交易方法，它可以为那些使用它的人带来好的结果。就说到这儿吧。该是开始交易的时候了。

无论你所进行的比赛是橄榄球还是交易，一旦你尝到了胜利的滋味，你就很快会获得自信，感到自己很强大，可以掌控事态的发展。但是，如果你尝到了失败的滋味，你就会丧失信心，几乎是等着别人来打倒你。在交易中，财务上的打击比你腹部受到重击的影响要大得多，它甚至可能改变你的生活。这就是为什么从一开始就避免成为一个失败者如此重要的理由之一。

从东部时间上午9：30到下午4点，周一到周五，战争一直在进行，没有时间再回到课堂了。在战场上你枪里装上了真正的子弹，你可能真的会受伤。所有的空谈都已经结束，现在该闭起嘴巴，开始行动的时候了。这时你所学习和练习过的东西要么如你所愿起作用，要么就需要重新来过。这不是一个充满混乱的"疯狂时刻"，因为你已经学习并且演习过多次了，你已经具备了知识和信心。

所有的猜测都应该在这时停止，因为现在战斗已经打响，你处在敌人射程之内。唯一能保护你完好无损的就是风险管理（你的保护）和你的战斗计划。这也是你该将它们投入到实战中的时刻。永远都不要让自己害怕开枪，因为如果那样的话你就不会成为一个神枪手。如同对于其他人一样，你保持自己和控制自己的能力会最终决定你的命运。

找到建仓机会

从第二章开始，我就不断以各种方式重复在精准买卖点策略与方法中最重要的因素就是你想要交易的交易对象正在进行的价格行为。它会以图表的形态表现出来。从图表形态中，你可以确定哪一方占据上风，是买方还是卖方。在确定这个之后，就可以开始行动了。正如我每晚要做的功课那样，你也应该研究主要市场指数的各种图表，试图辨别明确的形态，这些形态可以提示你市场的未来走向。通过每晚这样做，时间长了你就可以获得经验，并且培养出对市场运行方向的感觉。

第三章为你展示了怎样评估各种形态符合第三章所讲述的哪一种类型（如双顶、双底、上升和下降三角形以及从盘整后的突破等等）。本章的第一次实时交易是2001年8月中旬，纳斯达克100指数在构造一个下降三角形（图12.1），其底部为1600点区域。

如我们在第二章中讲到的，多数突破都会在加倍下跌或者上涨之前

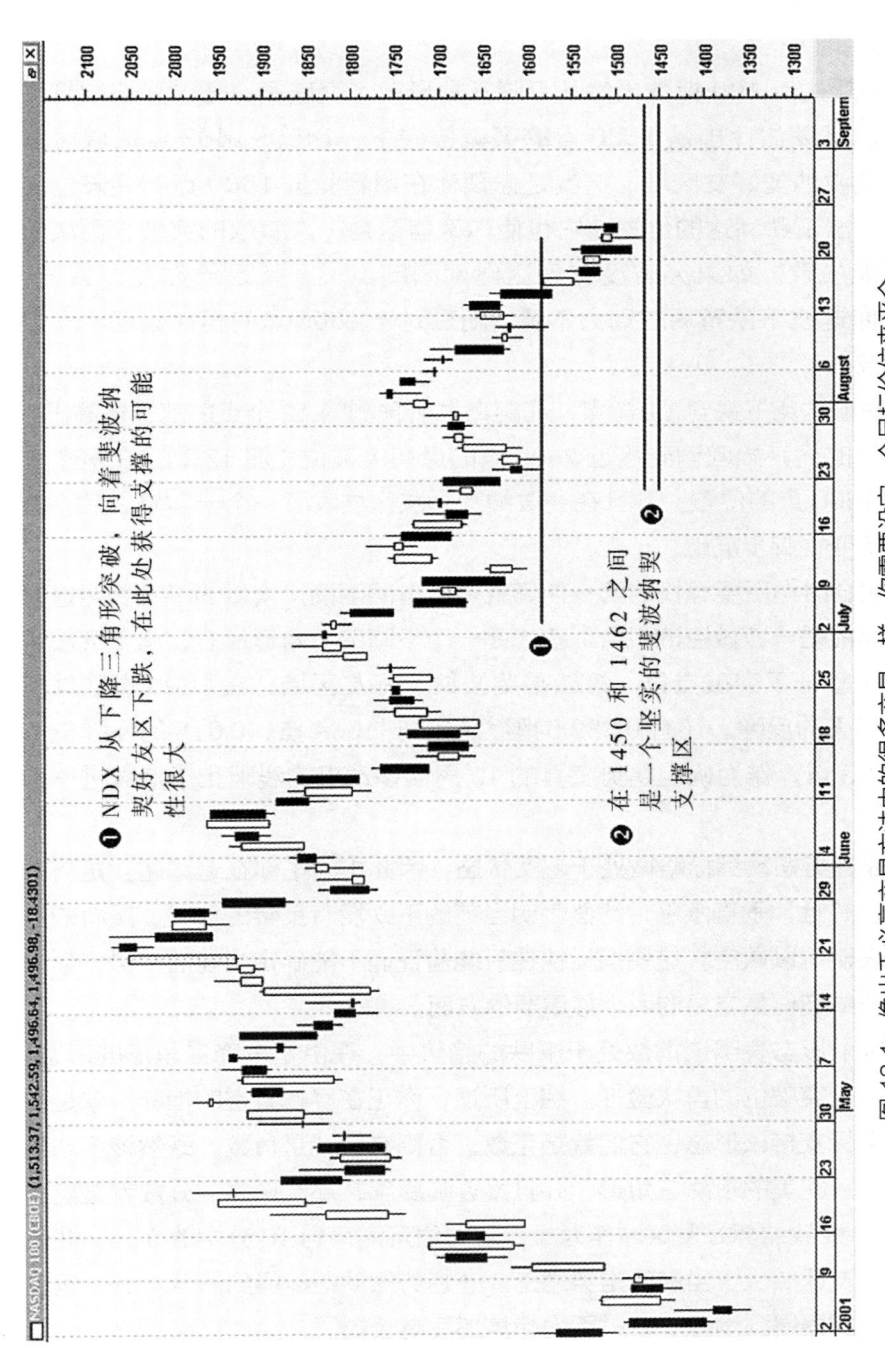

图 12.1 像出手必赢交易方法中的很多交易一样，你需要设定一个目标价位来平仓。在这个纳斯达克的例子中，有多个斐波纳契支撑位于 1450 点的下跌目标处

再次回到突破点。反弹失败时正是交易的最有利时机，风险收益比也最理想。

纳斯达克100指数果然从下降三角形向下突破了。通过斐波纳契预测，你可以估计出从1600点的突破位向下，1450~1462点区域可以成为斐波纳契好友区域。这就是你预计在重新验证1600点的突破位之前第一波下跌到达的位置。它也使你确信这是一次有效的突破，再次验证可能失败。如果突破没有到达你预测的点位，就是给你发出警告，提示你这波下跌背后的动力不足，随后对于1600点的再次验证不一定会失败。

纳斯达克下跌到1467点，在距离你所预测的12个点的范围还高出5个点的时候开始回调到接近1600点的最初突破位（图12.2）。在重新验证了1600点的位置，并且在斐波纳契好友区域收了一个十字星之后，指数开始变得脚步沉重。

建仓时你所要寻找的第一件事就是形态的明确。大量的事实表明这种形态可能是一次做空的机会。首先是一个下降的三角形形态，向下突破并且再次验证了突破点位。第二是斐波纳契好友区域，在1600点区域阻止了当天的反弹。还有0.382的阻力位位于1584点，0.618的反弹位位于1592点。作为确定趋势工具的15周期移动平均线阻止了指数进一步走高。

非趋势摆动指标略微处于超买状态，因此排除了你在追逐超卖走势的可能。并且，垂直水平过滤器表明当前的下跌没有反转的信号。所有的一切都表明可以做空。这些指标往往只能验证而不能确定当前的走势，形态和斐波纳契位是交易的两个最重要的方面。

这个形态表明该指数处于下跌的趋势中，理由是下降三角形的形态，以及对于突破位的再次验证。综上所述，你正在寻找看空的指标。就是说如果指标支持该形态，它们就是正数，否则它们就是负数。既然该形态是一个几乎完美的下降三角形，并且接近其底部，那么形态的分数就是满分10分。斐波纳契好友区域作为一个阻力位可能得到10分中的9分，斐波纳契好友区域位于当前的走势之上。非趋势摆动指标得到满分1分，垂直水平过滤器得到满分2分，因为趋势还没有衰竭。

由于纳斯达克指数位于15周期和30周期移动平均线之下，5周期移

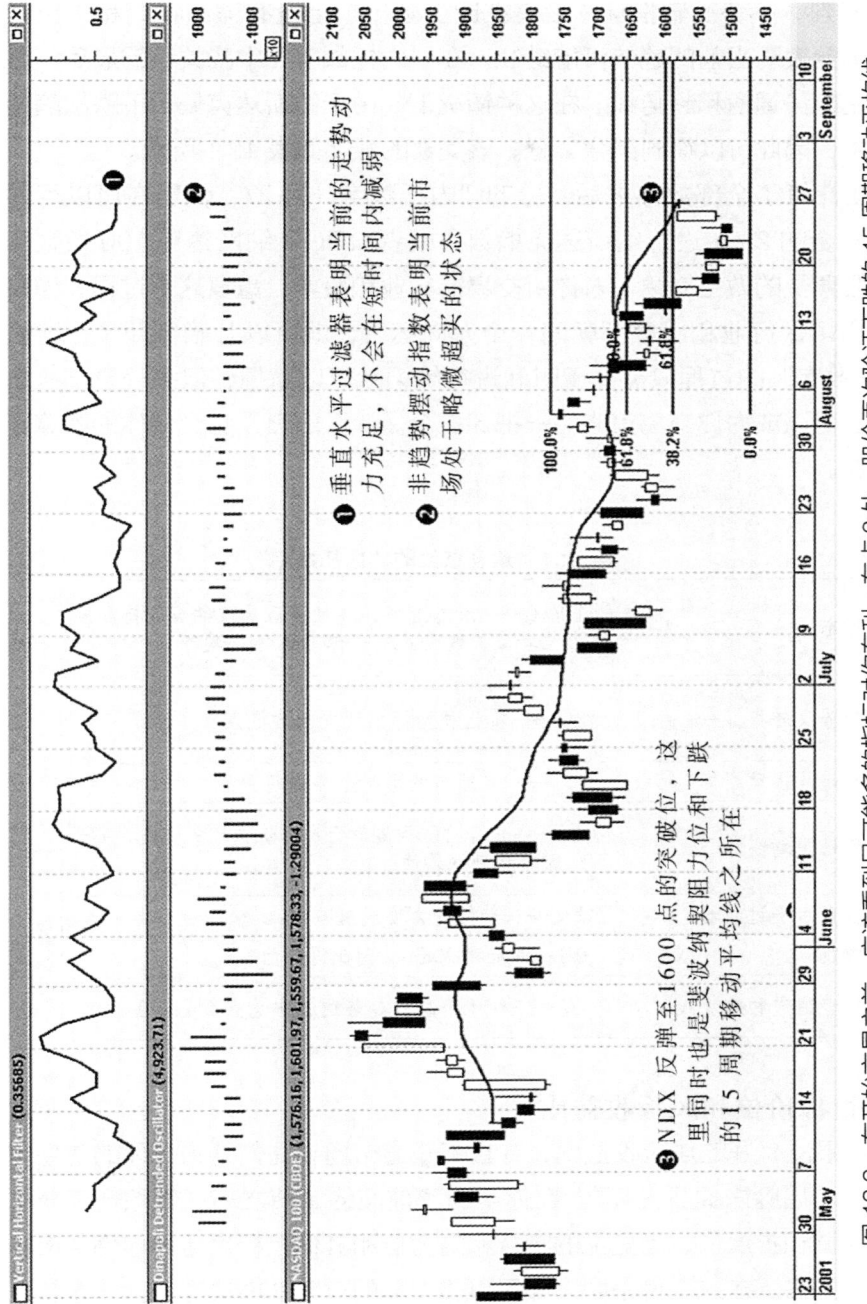

图 12.2 在开始交易之前，应该看到尽可能多的指标对你有利。在点 3 处，股价再次验证下跌的 15 周期移动平均线（以前的支撑位现在成了阻力位），并且有很多技术指标的支持，因此这是一个标准得一样像教科书一样标准的出手必赢做空机会

动平均线之上，你还可以得到 3 分中的 2 分。MACD 为正，因此这 1 分你得不到。趋势反转指标（没有在图上画出）上没有熊市背离和牛市背离，因此表明当前的趋势可能继续。在"内托数字"中我关心的最后一个指标是趋势通道和趋势线。在这种情况下，由于纳斯达克处于下跌的趋势通道中，因此可以得到满分 2 分。该交易的数字如表 12.1 所示。

在计算了全部数字之后，总的"内托数字"为 27，你现在可以用你全部资金的 2.7％进行纳斯达克指数，或者 QQQ（纳斯达克 100 指数的跟踪股票）的做空交易。对你所交易的行业和股票，重复这个过程。如果整个市场、行业和股票都朝同一个方向运行，就可以开始行动了。计算"内托数字"的过程只需少量时间进行练习就可以掌握，但是一旦掌握之后，它可以成为你交易策略的一把保护伞。假以时日，它会使你的胜算不断增加。

表 12.1 建仓点位的"内托数字"

形态	10/10——形态清晰，并且随后斐波纳契支持和阻力位验证失败 9/10——形态在第一次冲击
趋势反转指标——牛市	2/2——价格和指标出现更低的低点
非趋势摆动指标	1/1——在熊市的形态上略微超买
移动平均线	2/3——低于 15 周期和 39 周期移动平均线，高于 5 周期移动平均线
垂直水平过滤器	1/1——趋势的力度没有减弱
MACD	0/1——正的 MACD，因此得分为零
趋势通道和趋势线	2/2——处于下跌的趋势通道中总点数 27/30

确定目标价位和风险收益比

如果没有好的风险收益比，并且不知道市场会往何处去，你的交易可以称为"出师未捷身先死"。在你学习了前面的章节之后，你综合了斐波纳契回调和扩展位、历史上的支持和阻力位和其他指标来帮助你确定市场将往何处去。在这个例子中，如果事实上你的对于纳斯达克下跌的走势判断正确，你会在纳斯达克突破其前一日的最低点 1559 点，在 1554 点卖出。然后你处于空头位置，将你的止损设在十字星的最高价1600点，考虑了滑移价差和佣金之后，风险为50点。

现在你确定了风险，你必须预测纳斯达克可以跌到什么位置，以此确定你在这笔交易中所冒的风险是否值得。第一件要做的事就是确定斐波纳契目标价位。你可以通过在日线图上进行一个自然的1×1向下扩展来进行，从1672~1467点为205点，从1601点向下投射205点，得到的目标价位是1396点。你还可以从1672点的关键点位到1467点进行一个161.8的斐波纳契扩展，得到的目标价位是1340点，这也是纳斯达克52周的最低位，距离你潜在的做空位是210点。现在你开始确定价格网格，预计如果纳斯达克到达1560点，那么至少会下跌到1400点。但是也可能会再次验证52周低点1348点。这样你已经有了足够信息来确定当你建仓之后可以在何处获利。

考虑滑移价差和佣金后的风险大约为50点，如果市场从1560点下跌到1400点，你可以保守地说你会得到150点的收益，或者更低，即市场从1560点下跌到1340点，那么你的收益是220点。在这两种情况下，你利用某些简单的斐波纳契预测价位和历史支持位计算，你的风险收益比都很客观，3∶1或者4∶1。记住这些假定不包括在走势回调时有机会增加你盈利头寸的收益。

既然你这笔交易的"内托数字"为30点中的27点，你可以以你资金的2.7%来冒险。假定你用100000美元进行交易，那么你就可以在最初建仓时以2600美元来冒险。这不包括你增加的盈利头寸，而只包括你最初建仓时的头寸。既然你在这笔交易中可以以2600美元冒险（大约为芝加哥商业交易所交易的三份纳斯达克E-mini合约），在我写作本书的时候即2400股QQQ，这样你每份合约的风险为50点，全部风险为3000美元。尽管比分配的金额略高，这仍然是一个可以接受的程度。

在建立了做空头寸之后，你预计在到达目标价位时赚取9000~12000美元。当然在整个过程中可能会出现很多情况，影响你的期望收益。但是，本书仅讨论该交易本身，以及怎样利用精准买卖点策略与方法来处理该交易。

执行和管理交易

到目前为止，你已经确定了形态，计算了"内托数字"，根据目标价位建立了风险收益比，并且分配了信号出现时卖出的头寸规模。接下来，在第二天发现纳斯达克跌破了前一日的最低点，你在 1555 点卖出了三份 NQ U1 合约（NQ 是代表纳斯达克 100 E-mini 合约的期货代码，U 代表 9 月的合约，1 代表 2001 年，因此 NQ U1 是 2001 年 9 月的纳斯达克 E-mini 合约）。你立即将止损设定在 1605 点，这样将你损失控制在 50 点，即 3000 美元（50×20 美元/点×3 = 美元 3000）。在建立了头寸之后，你的第一个目标是一旦到达持平点位 1505 点，就平掉部分头寸。这样你就可以获得某些早期的利润，同时将止损降低到你的建仓点位，这个位置离 8 月 28 日的最高点不远（图 12.3）。所有这些都使你多了一些呼吸的空间和自由度，心里知道只要不出现大的向上跳空，你最坏也能有一份合约挣 1000 美元，而另外两份持平。

在这时一个自然会问到的问题是：如果你在到达持平位时平掉三分之一的头寸，会不会影响到你的风险收益比？我希望这个问题的答案是简单的"是"或"否"。但是，如果该交易如你预期的那样进行，你就可以选择在回调时增加头寸，从这个走势中赚取更多的收益。因为这个选择，你的风险收益比可能会有一个变化的范围，最终这个范围由你自己决定，因此要坚持你的范围。记住：在建立一个有利的风险收益比背后的意图是要使交易有一个确定的和有利的回报。我教给你一个评估交易所冒风险是否值得的工具。在这个例子中，如果你在持平点平掉一份合约，你在这笔交易中的风险收益比仍然有 2.33∶1。

尽管根据我的经验很少有交易不经反复就直达目标价位。通常是在这个过程中会有多次的反复。在这些回调中你可以增仓，不仅增加最初的头寸，而且根据你的激进程度，可以增加更多。

通过平掉部分头寸，并且赚回成本，可以在很大程度上减轻你肩上的压力。你知道你只要从现在开始正确管理这笔交易，你最终盈利的可能性就很大。由于这时已经不可能亏损，因此你的信心会增强。

你现在已经从一份合约中获利，并且有持仓。由于价位迅速下跌，该交易的收益很好，多数人都会希望在此获利平仓，等待时机再次做空。但是，纳斯达克没有显示出任何趋势减缓的迹象，那么为什么要改变你的计

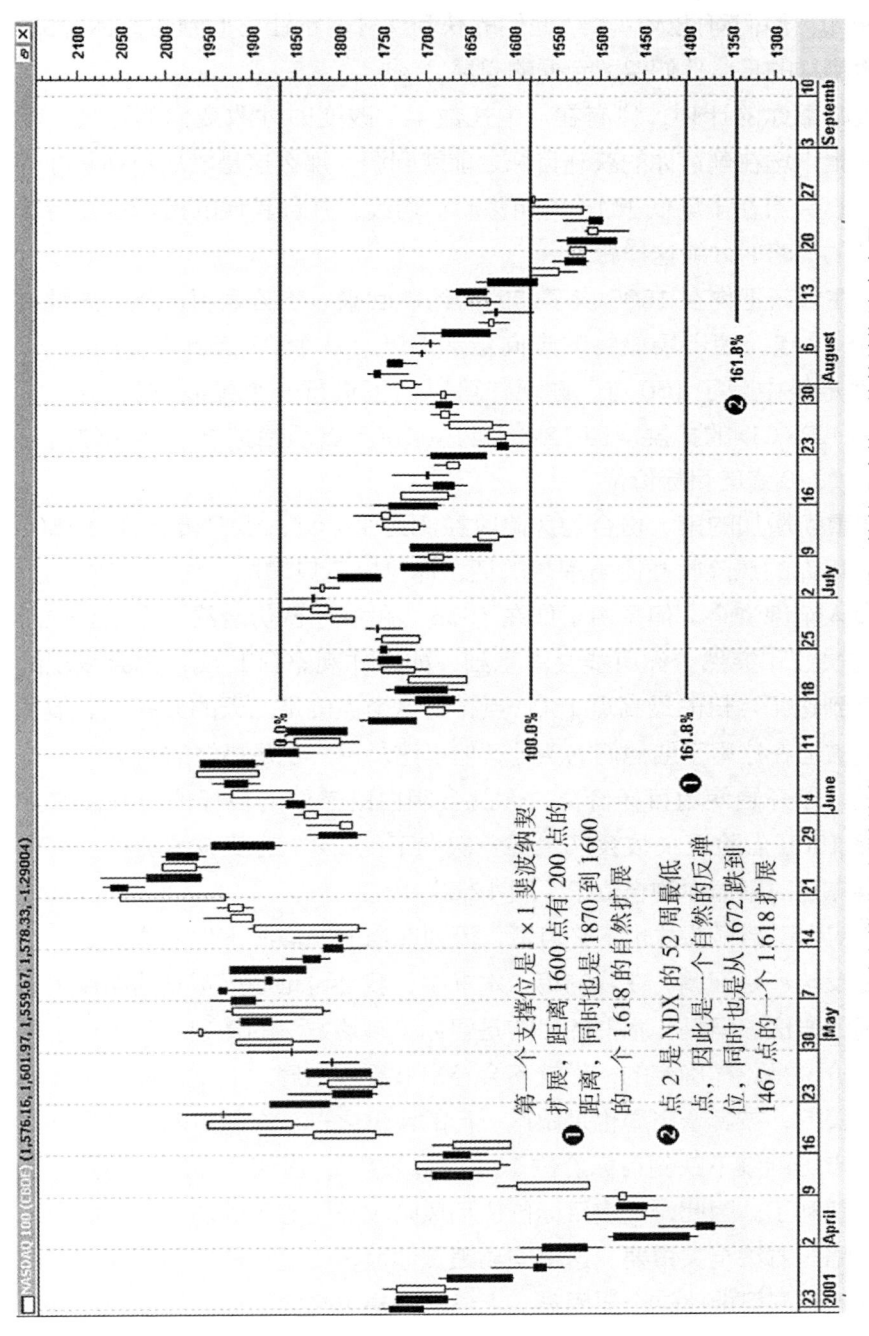

第三阶段 锁定目标 子弹上膛 225

图 12.3 下跌走势的目标价位表明 1400 和 1340 是可能的平仓位。随着纳斯达克交易的进行，更多的斐波纳契比率出现，清楚地表明了哪个数字更为可靠

❶ 第一个支撑位是 1×1 斐波纳契扩展，距离 1600 点有 200 点的距离，同时也是 1870 到 1600 点的 1.618 的自然扩展

❷ 点 2 是 NDX 的 52 周最低点，因此是一个自然的反弹位，同时也是从 1672 跌到 1467 点的一个 1.618 扩展

划呢？多数交易者经常犯的一个大错误就是一赚钱就改变他们的交易计划。例如，他们可能太早了结他们的获利头寸，不让它们到达目标价位。或者更糟糕的是，他们保留亏损的交易。

请尊重你的计划，只有在"内托数字"改变时才改变你的计划。但是，如果市场在到达你的获利目标之前就回调，那么这是增加获利头寸的好机会。只有在市场低于15周期移动平均线，并且其他的指标也支持增加头寸的策略时才能这样做。

现在重新把你在1505点了结的合约加回来。走势表明，新的关键点位于1502点，使市场最终的走向更加清晰。从1601点到1438点，你从下跌走势中赚了160点。你现在可以向下进行一个斐波纳契1×1扩展，即AB=CD的扩展。图12.4表明从1505点开始扩展，会使你进一步确认1340点的目标价位。

你重新增加的第一份合约风险收益比为1.8：1，当日最高价为1500点。如果你的风险收益比更理想的话，你可以不只增加一份合约的头寸，而是投入全部资金。但是由于你在1555点做空了两份合约，你不会抱怨下跌的快速和突然。你可能会注意到，如果你观察日K线，你会发现纳斯达克到达了当日的最高点1500点，而这个点位是三天的最高点。很多交易者被迫在这里了结他们的头寸，但是这却不一定是最好的做法。

一旦你开始使用目标价位，你就会明白既然你的目标价位并没有到达，而1500点验证失败会产生另一次向下的1×1的斐波纳契扩展，你就不会在这时平掉你的仓位了（图12.5）。

即使你了结了头寸也不必自责，因为在当时的情况下你无法确定一个走势是反转还是回调。在我的第二本书中，我会讨论使用不同的期权策略来交易的方法。但是，本书的目的是要你了解该方法的基础。一旦你了解了目标价位是怎样确定的，你就不会经常被震仓出局。但是，没有什么方法是完美的，被震仓出局也是做这一行的代价之一。在随后的三天中平掉空仓，市场继续下跌到目标价位1340点。这时，应该将你所有的空头头寸平仓获利了。因此，确定目标价位和风险收益比对于成功地使用精准买卖点策略与方法至关重要。这笔交易跟其他很多交易一样结果很好，但是很多时候交易可能比这个要困难。上述的交易不是要给你这种印象：事情总是会按照你设想的进行。小心有些交易不会向你所希望的情况发展。它

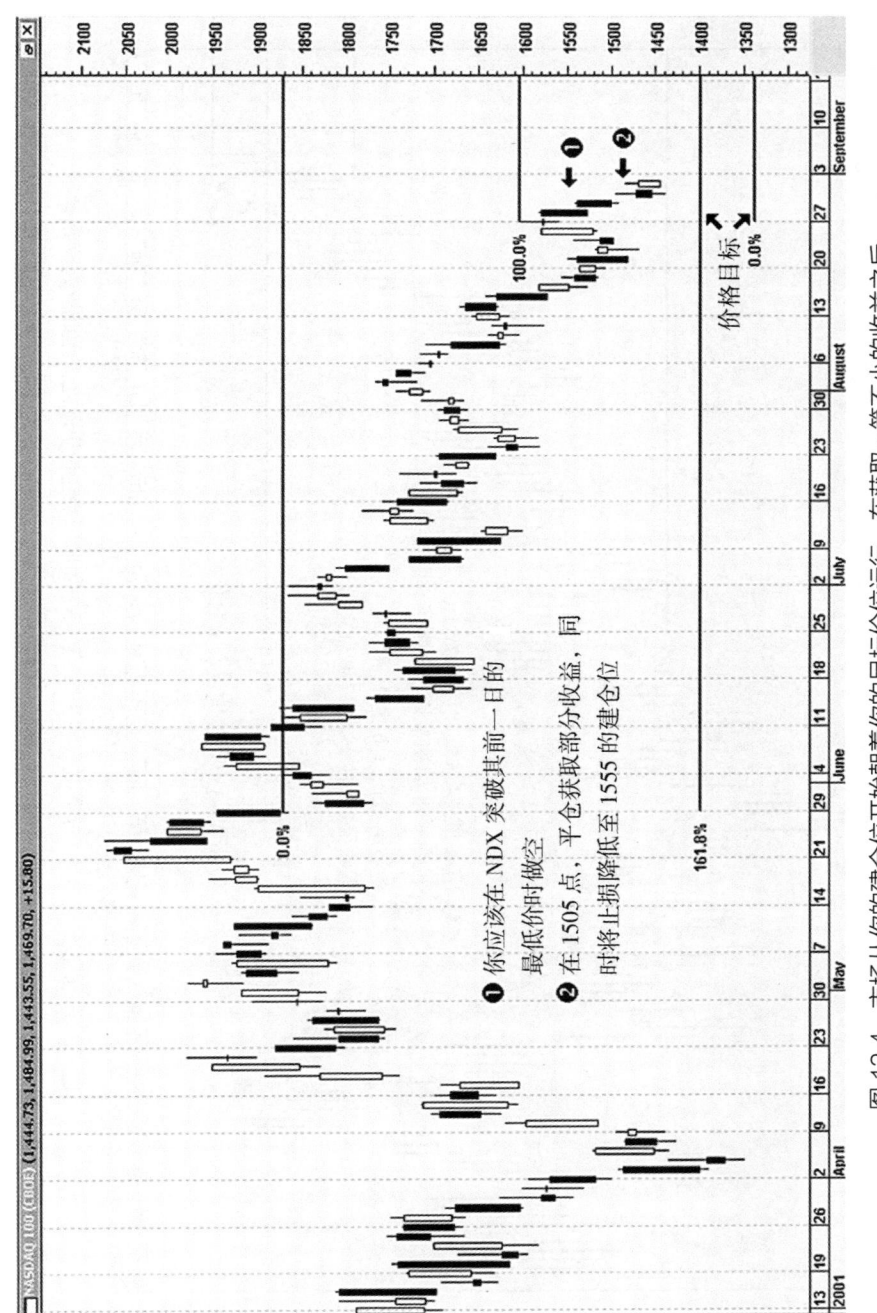

图 12.4 市场从你的建仓位开始朝着你的目标价位运行。在获取一笔不小的收益之后，你应该考虑落袋为安，让你自己可以在反弹时再补仓，或者调整止损

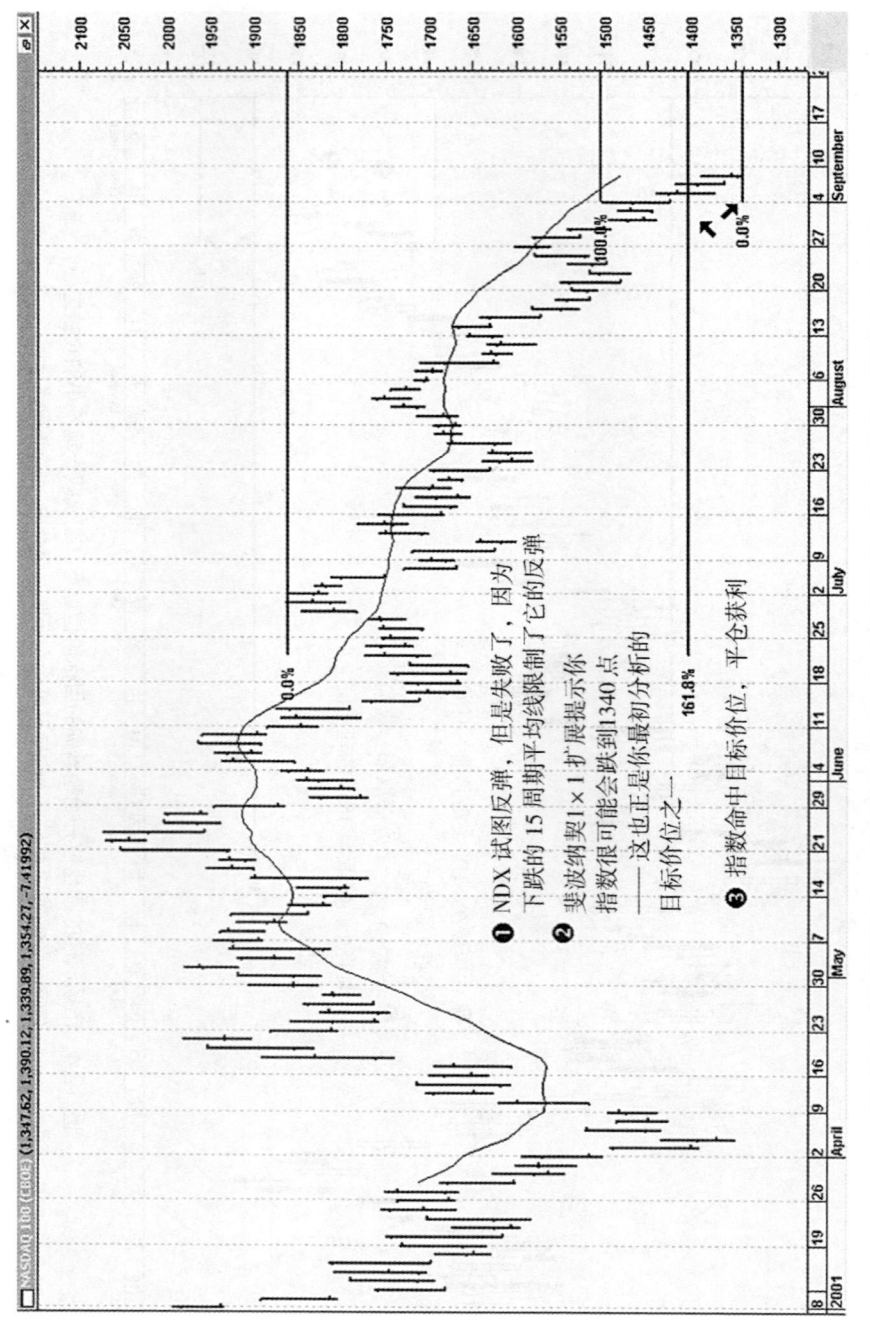

图 12.5 斐波纳契 1×1 扩展位于 1340 点，52 周最低点也位于此处，因此这是交易者的一个主要获利目标

的意图是要告诉在管理交易时要留心什么。我必须再次强调：要成为一个成功交易者，你必须有一个前后一致的交易计划。

结合15周期移动平均线和斐波纳契扩展来获利

许多交易者经常会问自己，在一个有趋势的市场建立头寸的最好方式是什么？根据我多年的经验，精准买卖点策略与方法中最有效的工具之一是15周期简单移动平均线和斐波纳契1×1扩展的结合。本节会讲述一个利用15周期简单移动平均线来建立低风险高收益头寸，并且利用1×1扩展确定的获利点位平仓的真实例子。

让我们首先来看15周期移动平均线，正如你所知，它可以根据任何的时间框架来计算。15周期移动平均线有某种神秘的力量，不论是在分钟图、13分钟图、60分钟图还是在日线图中，它都能够让交易者留在趋势明显的市场中。多数交易者在看到市场上涨或者下跌而他们没有参与其中时都会感到非常焦急。因此他们往往在趋势已经延续了很久，可能回调的时候"追"进去。或者他们会在某个点位建立头寸，而不得不把止损设在很远的地方，这样使得他们承受了巨大的压力，而无法有效地管理头寸。通过使用15周期移动平均线作为建立头寸的工具，风险收益比会更加理想。交易者的整体业绩也会因此提高。

图12.6至图12.9给出了如何运用15周期移动平均线的例子，在这里是指2000年11月纳斯达克100指数的15天移动平均线。

市场已经处在下跌趋势中很长时间。多数交易者想要做空，但是却常常会被震仓出来，因为每一次小小的反弹都像是一次反转。但是那些运用了简单却有效的15周期移动平均线的人却可以以非常低的风险来进行交易。在图12.6中1点表示纳斯达克反弹到了15周期移动平均线3676点，然后下跌。我喜欢在15周期移动平均线附近建立我的空头头寸，因为它是在下跌的市场中进行低风险的做空交易的好点位。在图12.6中为点1和点2。第二天价位到达15周期移动平均线，使你可以做空，并且把止损设在3725点。纳斯达克从那之后下跌到了2850点。

在2000年10月8日，我们看到市场形成了一根不祥的阴线（图12.6上的点3）。纳斯达克下跌到了15周期移动平均线，并且跌破了前一日的最低点3217点，但是这不是最好的建仓位，你需要看一看小时图。

230 精准买卖点策略与方法

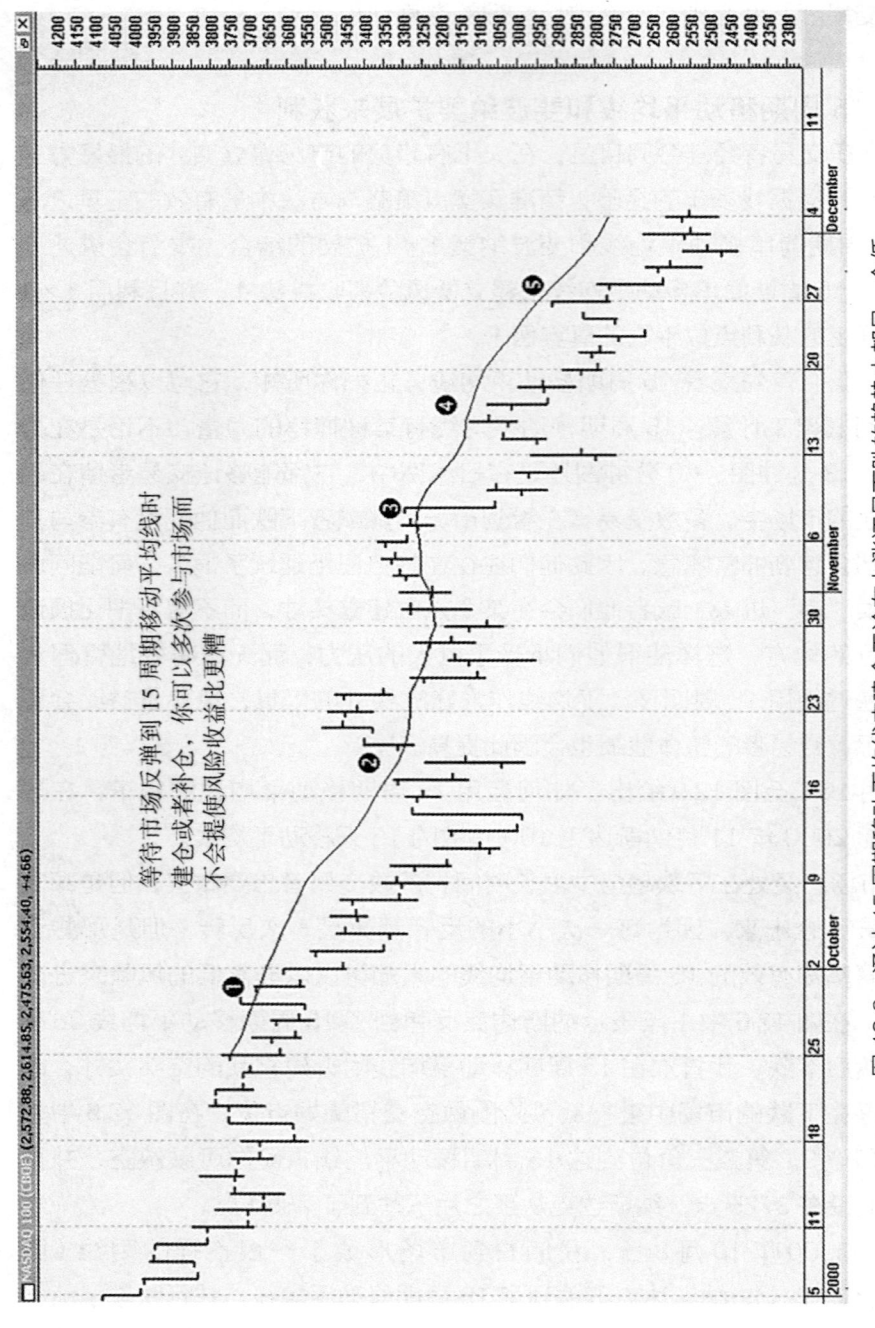

图 12.6 通过 15 周期移动平均线来建仓无论在上涨还是下跌的趋势中都是一个低风险的、安全的交易方式

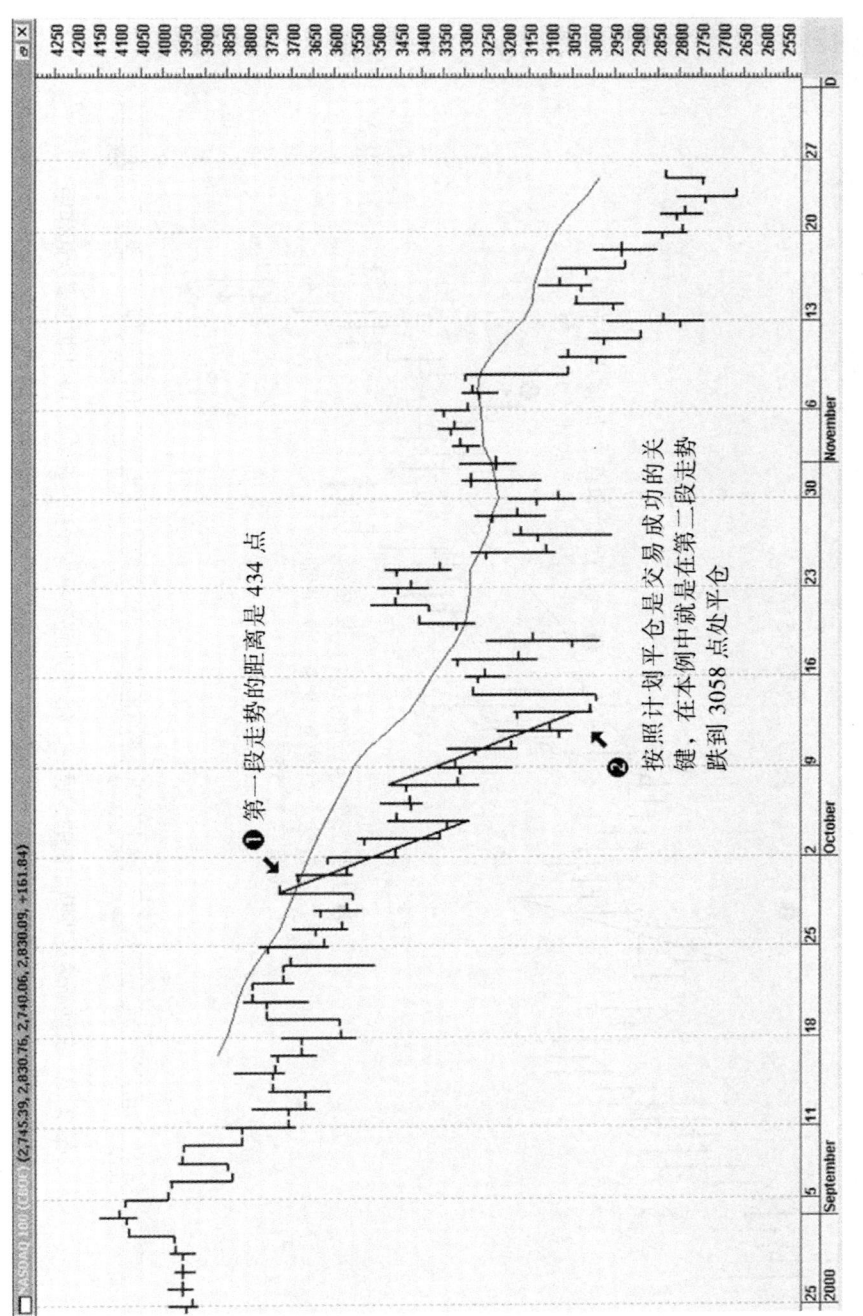

图 12.7 斐波纳契 1×1 扩展与 15 周期移动平均线是非常有效的组合

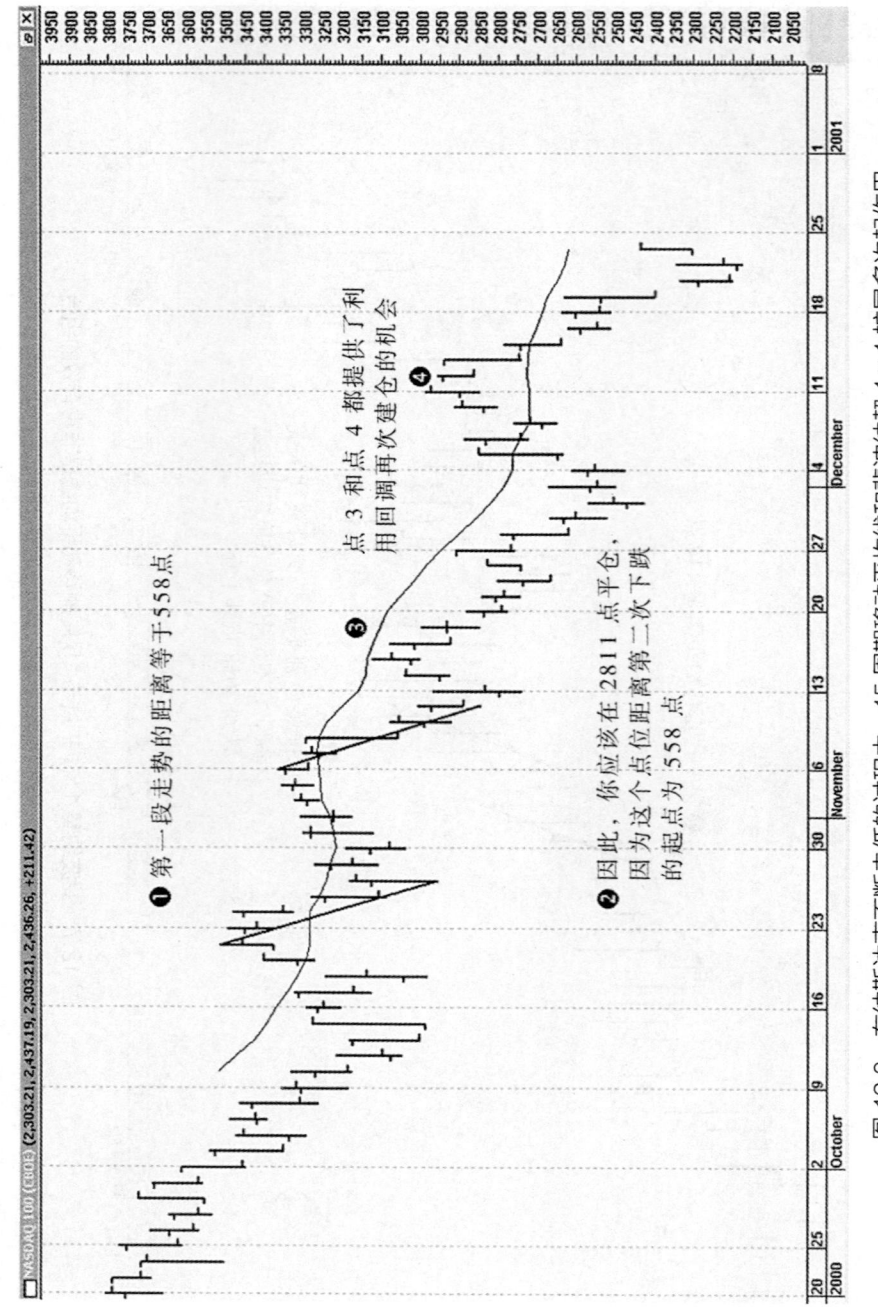

图 12.8　在纳斯达克不断走低的过程中，15 周期移动平均线和斐波纳契 1×1 扩展多次起作用

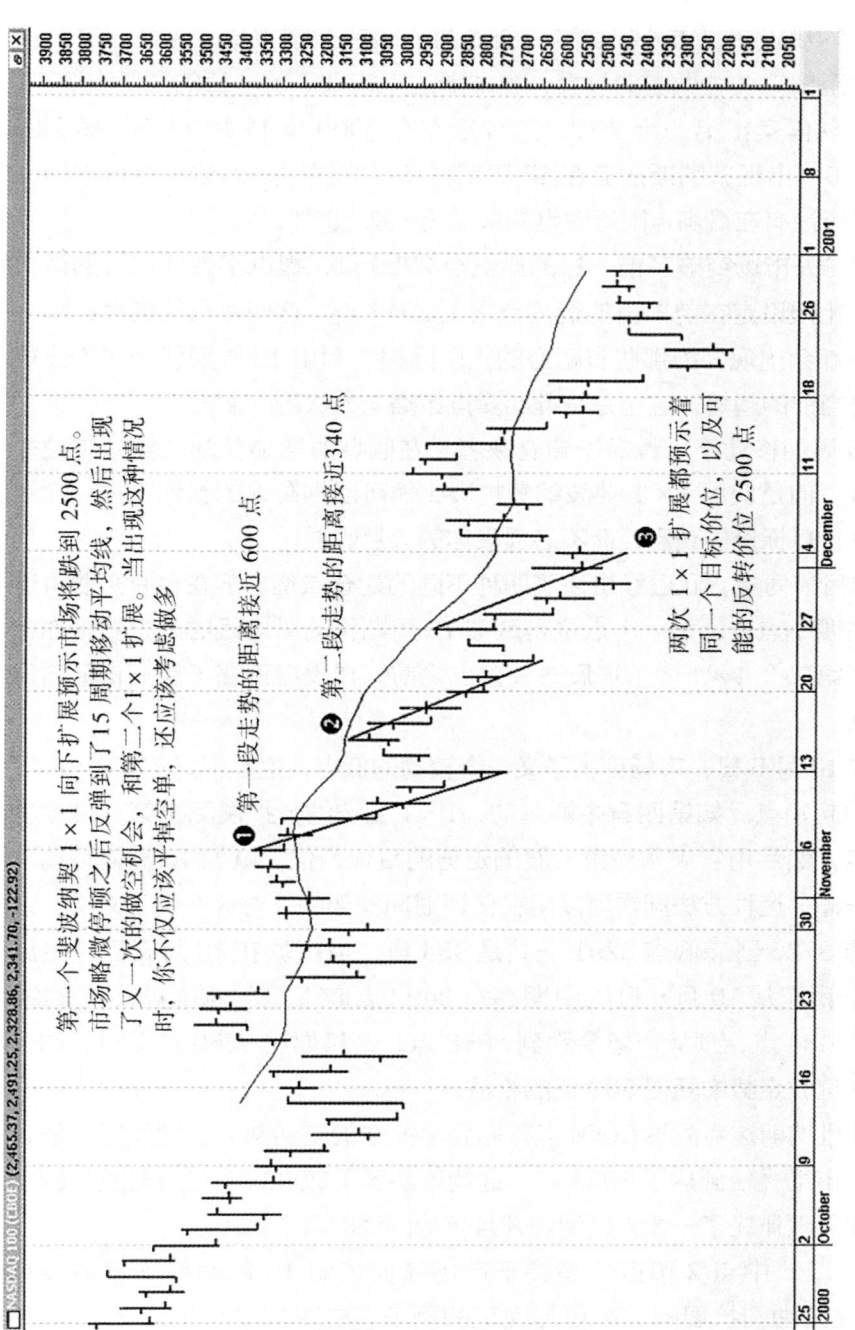

图12.9 当多个斐波纳契1×1扩展在同一个区域出现时，这是一个低风险的反趋势操作点位。在纳斯达克的例子中，在这个主要的反转点位之后出现了500点的强力反弹

在市场向下突破形成了一个 11 周期的新低并且反弹到了下跌的 15 周期移动平均线以后，点 4 提供了一个更为清晰的做空点位。因此，这提供了至少用部分头寸做空的机会，当纳斯达克突破了前一日的最低点 3001 时，可以再卖出另一半头寸。这种形态在 2000 年 11 月 27 日（图 12.6 上的点 5）出现，纳斯达克在 15 周期移动平均线附近到达了当日的最高点。市场没有在最高点附近收盘构成了另一次做空机会。

第二天市场突破了前一日的最低点 2759 点，提供了做空信号的再次确认，止损设定在前一日的最高点之上 2913 点。这些建仓的机会在每个市场中都会出现，给那些有耐心的人以回报。利用 15 周期移动平均线再次参与当前的趋势，这也是精准买卖点策略与方法的一部分。

15 周期移动平均线对于建仓或者是在回调时增加获利的头寸来说非常有效，但是使用 1×1 斐波纳契扩展比例可以提高你的整体收益。它使你可以在目标价位获利，而不必损失你的大量收益。

到目前为止，我已经讲述了四种不同的建仓点位。现在也有必要讲述平仓的四个点位。第一个点位是跌破 15 周期移动平均线时。它要求你在设定了第二个 1×1 向下扩展的关键点之前，在收盘价高于前一日最高价时平仓。

在 10 月 5 日，市场创出了又一个较高的低点，这是很好的 1×1 向下扩展的起始点。如第四章中解释的，1×1 斐波纳契扩展测量第一波走势的长度，然后用它来预测第二波的走势的目标价位。就像 15 周期移动平均线一样，这种方法同样可以用在任何时间框架中。对这个例子来说，从最高点 3725 到最低点 3291 一共是 434 点。当市场在 10 月 5 日开始波动时，我们从 10 月 5 日的中期高点 3492 点向下投射 434 点。从 3492 点减去 434 点，预计市场会跌到 3058 点。既然你在 3550 点做空，你预计会从这波走势中获得 500 点的收益。

一旦纳斯达克到达 3058 点，你会平掉你的空头头寸，短线还可能会做多。市场轻松到达了 3058 点，继续下跌到了 2990 点。这样也没关系，因为你仍然抓住了一波大行情，并且等待回调时再次卖出。

图 12.6 中点 2 和点 4 是关于市场如何按照 15 周期移动平均线和 1×1 斐波纳契扩展的一个更加完美的例子。在图 12.6 中的点 2 以 3200 点做空之后，你立即使用 1×1 斐波纳契扩展来预测市场会跌到何处。通

过计算 10 月 20 日的最高点 3514 到其短期的最低点 2956 点之间的距离可得 558 点。这意味着下一波的跌势如图 12.8 中所示为 558 点,你会立即从 3369 点减去 558 点,得到 2811 点,在这个位置你获利平仓,本次交易获利 390 点。纳斯达克在反弹到我们的第三个卖出点位之前跌到了 2742 点。

第三次做空点位位于 3000 点,目标价位为 2510 点。市场在其中反复,使你有机会增加你的获利头寸。只要市场不突破 15 周期移动平均线,你就可以增加你的头寸,直到到达目标价位。最后的平仓位在 2500 点,可以通过两次向下的斐波纳契 1×1 扩展确认。当两次扩展互相确认时,你不仅可以平掉空头头寸,还可以反手做多。这一系列交易是精准买卖点策略与方法的经典例子,展示了交易者如何通过以合理的方式设定建仓和平仓的目标价位获得真正的好处。好处就是使你能够以好的风险收益比来建仓,同时在最可能的目标价位平仓,以此提高你的整体业绩。

作为一个出手必赢交易者,我们希望利用这些建仓机会,在增加盈利的头寸同时使损失控制在最小,以最小的风险获得最大的收益。

实时日交易

为了展示怎样进行实时的日交易,首先使用我自己在实战中的一个例子。在 2001 年 11 月 8 日,市场从 9 月以来的最低点强势上涨。市场已经涨得很高了,但是仍然有很多做多和做空盈利机会。根据前一晚的分析和前一日收盘的情况,我期望在那一天看到指数的大幅回调。

上午指数向上跳空开盘 20 点,我周围的每个人都在想怎样参与处于超买状态的市场。15 周期移动平均线和简单的斐波纳契 1×1 扩展工具帮助我消除了恐惧,开始我的交易。既然纳斯达克向上跳空,交易者在开盘买入时需要谨慎,因为如果他们想把止损置于合理的位置的话,风险收益比就很可怕了。市场在前半个小时强劲上涨,还没有回调到 2 分钟图上的 15 周期移动平均线,在这里它可以作为做多和做空的分界线。在太平洋时间上午 7:35 时,纳斯达克回调(图 12.10)并且触到了 15 周期简单移动平均线,然后开始反弹。

这是第一次买入信号,风险收益比很理想。在此建立多头头寸之后,我的下一步就是要立即算出从上午的最低点开始到最近的主要高点的斐波

❶ 市场向上跳空，然后回到15周期移动平均线，当指数突破前一根线的最高价时就可以做多了

❷ 交易者在1567点平仓获利。这是一个斐波纳契1×1扩展位，从1549点扩展到1542~1558点之间的距离

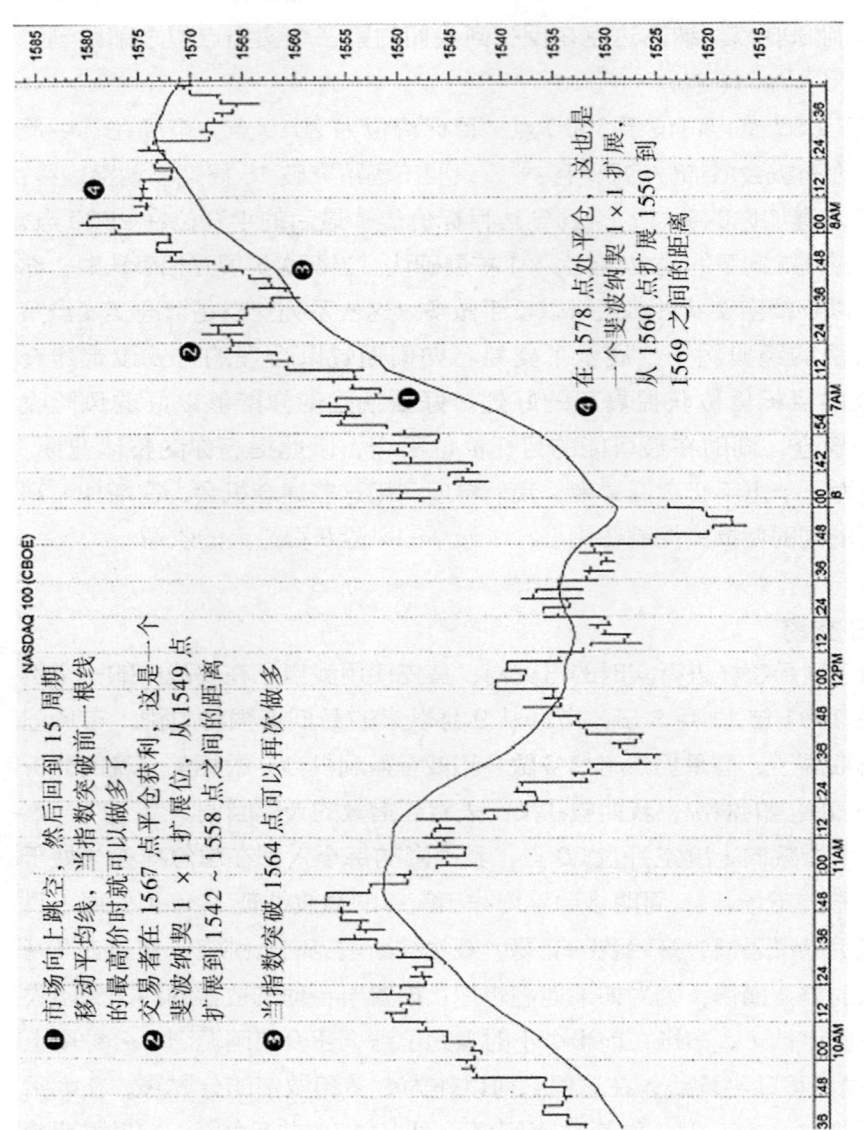

❸ 当指数突破1564点可以再次做多

❹ 在1578点处平仓，这也是一个斐波纳契1×1扩展，从1560点扩展1550到1569点之间的距离

图12.10　在做多之前等待回调可以使你赚到最多的钱

纳契 1×1 扩展，得到第一步的目标价位是 1567 点。这笔交易看上去很公平，冒 4 个点的风险，潜在收益 14 个点。

要做的第二件事就是要等待指数回调到 15 周期移动平均线时建立一半的头寸，在指数突破前一根 K 线的最高点时建立另外一半头寸。纳斯达克跌破了 15 周期移动平均线，意味着可能出现趋势的反转，但是很快它又恢复了涨势。一旦它涨过 15 周期移动平均线，我可以再次做多。但是这一次我需要将止损设得更远一些，因为风险更大，买入这么多股不太明智。我需要再次进行 1×1 斐波纳契扩展，从 1549 点的关键低点到 1569 点的关键高点之间为 20 点，从 1558 点加 20 点得到 1578 点的目标价位。市场涨到了 1582 点，但是我没有抱怨。第二笔交易比第一笔风险更大。我的经验告诉我要继续交易。但是如果市场跌到了 15 周期移动平均线以下，我计划平掉当前的头寸。因为在多数情况下，如果市场两次跌到 15 周期移动平均线以下，就很可能丧失了动力。

从那一点开始，市场继续向下进行了一次 1×1 的斐波纳契扩展，并且在那天上午剩下的时间里都始终在这个范围内盘整（图 12.11）。

如果那不是一个主要的目标价位，我不会强迫自己。因此，我必须等待突破的发生，然后，最好再有一次回调。如果果真如此，我会使用出手必赢交易资金管理模型来增加或者平掉合约。图 12.12 表明在太平洋时间上午 11：00，纳斯达克开始变得沉重起来，并且走出盘整，向下突破。

整个上午都很强的半导体指数也显示出股价已经离开最高点下跌，这是某种不祥的预兆。由于已经是下午，而市场在下午的表现与上午略有不同，我把我的图表设成 3 分钟图。纳斯达克向下突破，我赚得了第一波走势的一部分，因为，正如你所知，如果这是一波主要的行情，通常在继续下跌之前会回到 15 周期移动平均线附近整理。因此，我没有去追，而是静静等待时机到来。

此时太平洋时间为 11：51，在动力时间开始之前，市场回调到了 15 周期移动平均线，然后再次快速下跌。我建立了空头头寸，并且将止损设在 15 周期移动平均线之上。我要做的第一件事是向下计算一个 1×1 的斐波纳契扩展，得到目标价位 1508 点。我计算从最近的关键高点 1576～1538 点的距离，为 38 点。我从 1547 点的关键高点减去 38 点，得到了 1508 点的目标价位（图 12.12）。我等待着市场再次回到 15 周期

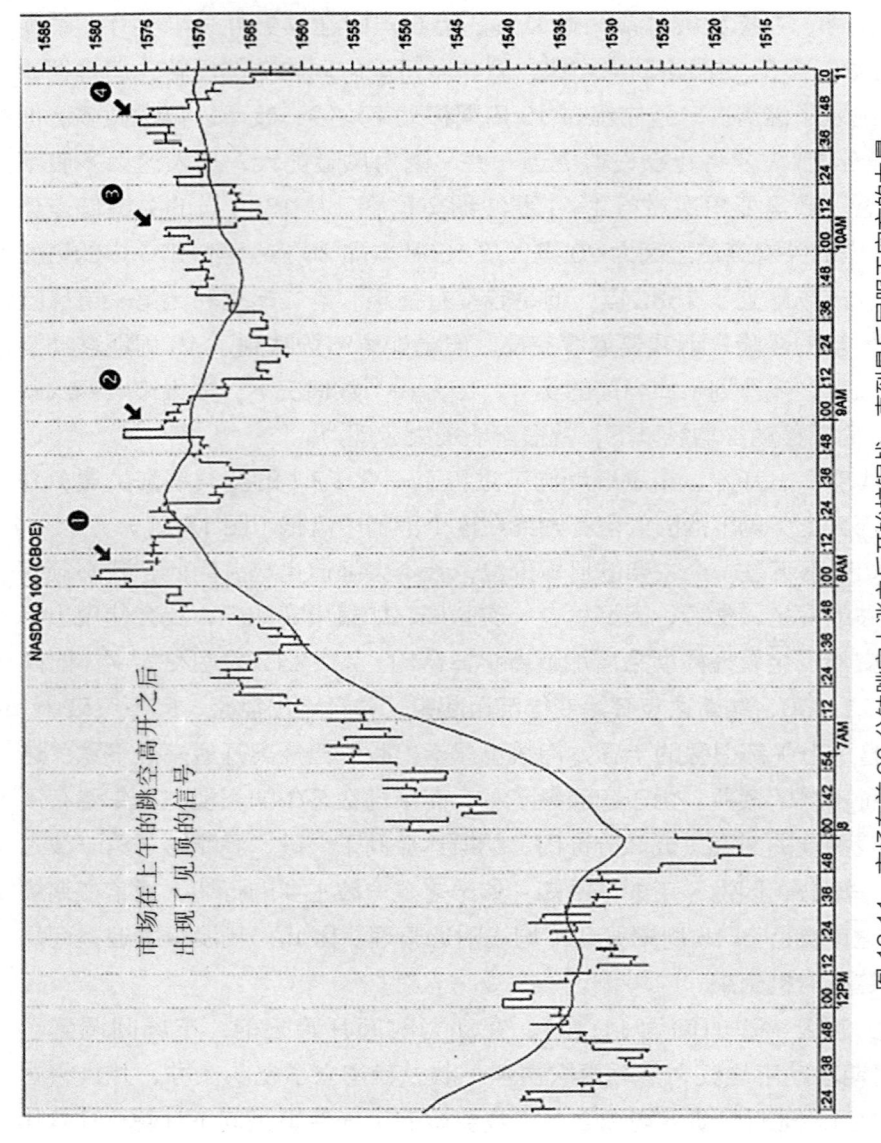

图 12.11 市场在前 90 分钟跳空上涨之后开始拉锯战，直到最后屈服于空方的力量

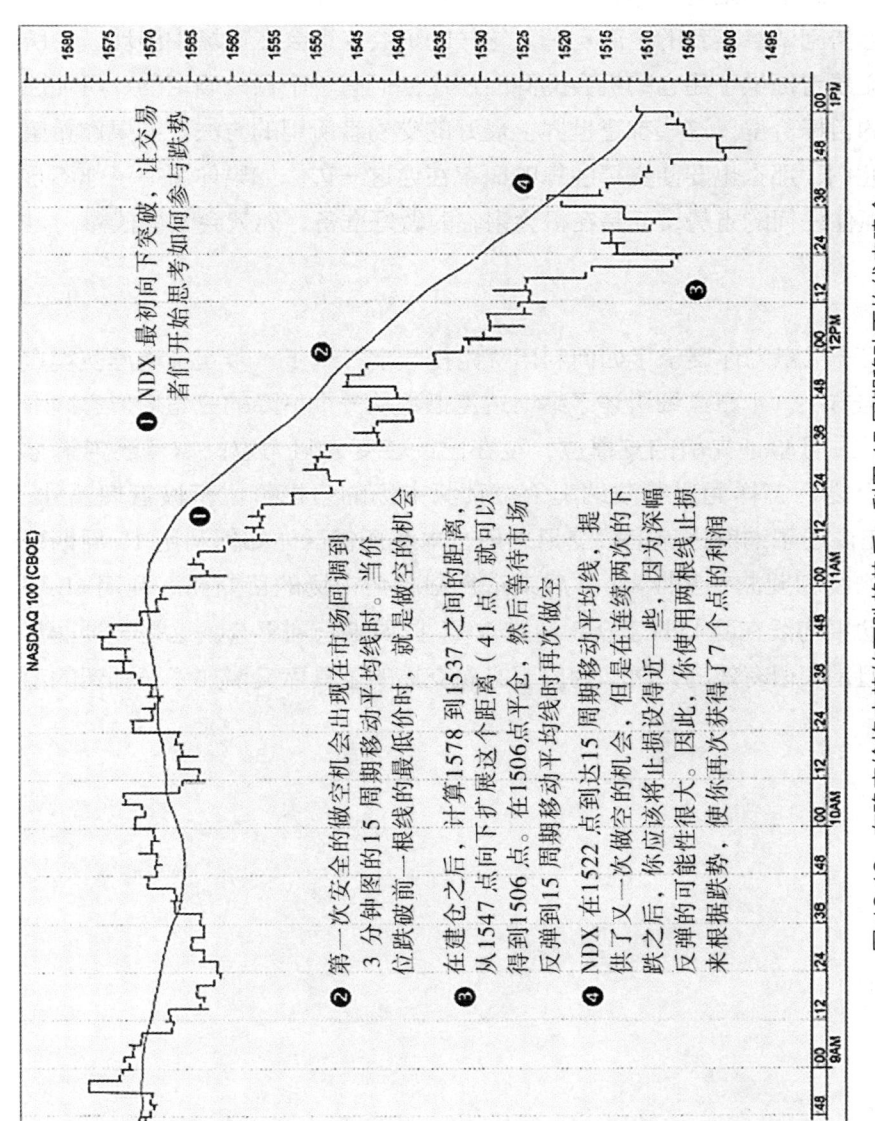

❶ NDX 最初向下突破，让交易者们开始思考如何参与跌势

❷ 第一次安全的做空机会出现在市场回调到 3 分钟图的 15 周期移动平均线时。当价位跌破前一根线的最低价时，就是做空的机会

❸ 在建仓之后，计算 1578 到 1537 之间的距离，从 1547 点向下扩展这个距离（41 点）就可以得到 1506 点。在 1506 点平仓，然后等待市场反弹到 15 周期移动平均线时再次做空

❹ NDX 在 1522 点到达 15 周期移动平均线，提供了又一次做空的机会，但是在连续两次的下跌之后，你应该将止损设得近一些，因为两根线的反弹的可能性很大。因此，你使用两根线止损来根据跌势，使你再次获得了 7 个点的利润

图 12.12 在确定价格走势的下跌趋势后，利用 15 周期移动平均线来建仓

移动平均线，想着我可以从这次走势再多挣几个点。纳斯达克再次涨到了15周期移动平均线，并且从那儿再次下跌了22点。我净赚10点，因为在如此长的下跌走势之后，我使用了跟踪止损的方法。我不想让一次自然的反趋势回调拿走我的全部利润。这样的机会定期会在市场中出现，为所有的交易者提供了建仓的机会的同时还让他们有一个预先确定的、可能性很大的目标价位。这些都是世界上最好的交易者所用的方法。如果你希望赶超他们，那么也要使交易胜算的概率在你这一边。如果你懂得了你不是要去抓住任何的走势，而是在机会来临时做好准备，你就会做得很棒。

小结

第十二章为你展示了如何利用"内托数字"一步一步实施精准买卖点策略与方法。本章详细讲述了纳斯达克指数从一个下降的三角形形态向下突破，并且验证先前的支撑位，现在已经转变为阻力位。本章还告诉你在建仓之后怎样通过斐波纳契价位预测市场的目标价位积极管理头寸。

在讲述了纳斯达克指数交易之后，本章还告诉你如何利用15周期移动平均线和斐波纳契1×1扩展来进行强趋势市场的日交易。利用15周期移动平均线在回调时建仓，通过1×1扩展来获利平仓。这是一种非常简单但是却很有效的方法，为出手必赢交易的工具库又增加了一种新的工具。

第十三章　在交易中运用精准买卖点策略与方法

从你目前的交易方法转化到某种更复杂的、更可能成功的方法不是如你所想的那么复杂。戒除坏习惯、对你自己的交易决策负责、对你的交易进行记录并且做好纳税的准备可以使你在赚到钱的同时学习到新的知识，并成为你梦寐以求的成功人士。我希望你能像我一样享受这个过程。

确定交易目标

确定你的交易目标，确定目标的目的是以此作为交易为生的基础。每个人都应该有自己的交易目标体系，并且意识到花在交易中的时间应该是尽可能愉快的。毕竟，按照你想要的方式生活是每个人都应该努力追求的目标。交易不仅提供了不同于其他行业的生活方式，它也为你提供了设定可行的目标，然后确定实现这些目标、享受你美梦的机会。

一些人因为交易的独特性而从事这一行。另一些人没有付出太大的努力就赚了很多钱，这些人不会了解交易的真正价值。还有一些人认为交易并没有那么困难。一些人知道交易需要智慧和努力，他们希望成功，但是他们或者没有做他们应该做的事，或者没有遵守一个好的方法。这些人都会很快从市场中消失。如果他们没有迅速地找到一个可靠的交易计划，他们不会在市场中存在很久，从而实现他们的交易目标。失败背后的一个主要原因是缺乏自律。没有一个人会在早上叫你起床，并且教给你聪明地思考。一切全靠你。你必须自己思考早上该做什么。你必须找到你自己交易的方式。

精准买卖点策略与方法作为你的向导，确定你做的每笔交易都经过仔细检查。这样做可以在你交易之前减少犯错误的机会。如果你遵守本书教给你的方法，你交易时获利的可能性就会很大。

在某种程度上，交易目标是你生活目标的延伸。每个交易者（每个人）都有他在这个世界上要做的事。交易可以是实现这些理想的工具。关于目标有一件事情很重要，即目标不同于梦想，因为目标有实现的日期。这个日期将时间因素考虑了进去，要求有行动的计划（计划又会要求你去工作）。一旦实现了目标，你就胜利了。

至于你的个人目标，不要去限制它们。作为一个成功的交易者你可以做很多事情。我也无法告诉你最好的目标是什么。但是，要成为一个更好的交易者，我相信这个目标应该是不断接受交易方面的教育。

只需花费相对少的时间和金钱学习一种有效的方法，你就可以得到平静的心情和财务上的自由。

积极的资金管理

资金管理者在使用精准买卖点策略与方法时总是一个发号施令的指挥官。你就是那样一个资金管理者。这很简单。不管你认为自己是一个投资者还是一个交易者，"资金管理者"都是对你工作最适当的称呼和描述。这也就是为什么遵守出手必赢交易资金管理模型如此重要。

毫无疑问，很多交易者所表现出来的缺乏资金管理的技巧正是他们失败最重要的原因。这也正是你经历那么多的交易仍然能够生存的理由（尽管讨论这个题目比讨论实际的交易少，但是这并不意味着它不重要）。并且，成功的唯一方式就是在管理和保全你的资金方面成为一个五星上将。如果你做不到这一点，你就把自己降格为一个喜欢交易，也遵循市场的方向，但是却有两件事对自己不利的人。第一，你没有更多的钱去"投资"（我用这个词的时候忍不住会发笑），第二，你无法获得足够的技巧来让梦想成真。你必须像一个职业的资金管理者一样勤奋，他们每周都在赚取利润。事实上，你只需要用"简单的"资金管理方法，你就可能成为一个成功的交易者，或者至少可以免遭大的损失。

许多交易者都明白好的资金管理是使你明天能够继续交易的关键。他们有一个共同的认识，并且对此他们深信不疑：即在任何时候因为任何理由冒太大的风险都是不值得的。冒太大风险的结果往往会从金钱上和情感上摧毁他们，同时使他们无法再活跃地交易。我们永远都在争取大的盈利，但是不要以你的家庭为代价。管理好你的风险吧。

换句话说，努力获得大的收益是对的，但是前提是你要采用正确的方式。作为一个交易者你必须做大量的艰苦工作，极其严格地自律才能发现这样的交易机会。但是如果你的交易计划是一直在寻找一个"本垒打"（如很多交易者习惯的那样），你就需要记住"安全打"一样可以打出高分数。我们都听说过"最好的进攻是防守"的话，但是这句话没有什么比在交易中诠释得更准确。

精准买卖点策略与方法不允许交易者在任何一笔交易中冒的风险超过他全部资金的3%。如果你遵守这条规则，即使你犯了很多错误，进行了很多糟糕的交易，你都不会让自己被一拳击倒。另一方面，你可以将风险因素定义得与我的不同（我建议你不要改变太多）。如果是这样，永远要选择稳妥的做法，不要在任何一笔交易中冒的风险超过你资产的3%。

怎样定义你的风险是需要澄清的另一个问题。我在3%规则中定义的风险是如果我交易错误时的全部损失。例如，如果我以每股100美元买入了500股WXYZ，止损是97美元，我的风险就是3美元×500 = 1500美元。只要我的资金量超过了50000美元，我就没有违背出手必赢交易的规则。

让我说得更清楚一点：任何情况下3%规则都能保证你的损失仅有3%。如果在你买入WXYZ之后，它止步不前，宣布预警怎么办呢？它可能会向下跳空到80美元，并且不反弹。当然，你可能在晚上还不知道这条消息，但是在早上，多么吃惊！如果你发现自己处在这种情形中，明白你的"确保的小损失"现在已经大到足以将你的度假计划从到夏威夷的考艾岛海滩三周改为到本地的湖边假日酒店度周末了。在这个时候你唯一能做的事就是回忆那些对你有利的跳空（我希望你们都经历过很多那样的时候）。但是，除非是形势超出你的掌控，我的意见是永远不要在任何一笔交易中以超过3%的资金冒险，即使你知道这会是一笔盈利的交易。

交易者们哪个没有听过一千次以上这个古老的格言"斩掉亏损的仓位，保留获利的头寸"？如果你认为这是明智的，那么你就是对的。但是，奇怪的是，如果没有一个战略计划，做到这一点要困难得多。当你真正能够在实战中保留你的盈利头寸，你的交易就有了成功的基础。但是你必须控制你的损失，否则就谈不上成功。通过控制损失你可以确保任何一笔交易都不会带来太大的破坏。如果你把亏损控制得很小，利润就会自然得到。但是，如何界定什么样的损失是小的损失？又如何定义一个大的利润呢？没有一个统一的答案。对一个人来说正确的答案可能对另一个人来说并不正确。对所有的交易者一视同仁，确定一种一样的策略是不对的。

精准买卖点策略与方法提供了各种建仓和平仓的方式，它们使你保持客观，不致陷入麻烦中。但是你仍然需要做出决定。你的个性是否允许你使用这种方法。如果你发现限制自己把风险控制在3%之内，而不是像你过去那样控制在10%～20%之间很困难，那你就很难成功。

税务员来了（我们知道他要干什么）

精准买卖点策略与方法非常令人厌烦的（但是必须）一部分就是为税收的目的进行你的交易记录。有一句古老的华尔街格言："即使一个高明的舞者也无法在自己的额头上跳舞。"对于交易和交易者来说也是如此。在这一行里，你要支付的税取决于你是哪种交易者，因为很可能山姆大叔认为你是一个"投资者"不是一个"交易者"。对你来说确定自己是哪一种很重要，了解如何才能成为这一种交易者同样重要。为每个交易者设计一个纳税计划超出了本书的范围，但是我还是想要指出某些问题，以便让你更加清楚自己的处境。充分利用你所处的位置可以决定你是一个盈利还是亏损的交易者。做好税收方面的准备可以在时机来临时极大地改善你的财务状况，而这种时机一定会出现。

到目前为止，本书一直在教给你成为一个持续获利的交易者所需要的技巧。后面的几页会教给你如何保存这些利润，了解和利用国内税务局合法的避税策略。对于一个盈利的交易者来说，税收是最大的成本，因此学习以下内容很重要。

1. 怎样降低所有可能的支出。

2. 如果你交易股票和期权，怎样利用475条来对冲一个不盈利的年度，以及怎样利用当年的交易损失来抵消前一年或者后一年的盈利。

3. 如果你利用他人的资金进行交易，何时、为什么以及怎样建立一个法人实体来维持稳定的资金。

交易已经以各种方式存在了几个世纪了。国内税务局设立之后，建立了一些特定的规则来定义交易者和投资者，并且据此对他们征税。随着政府对收入需求的提高，曾经对于投资者可以减免的税项或者被取消，或者根据收入限制而逐步淘汰了。因此如果你有条件的话最好以一个交易者的身份提交纳税申报单，而不要以一个投资者的身份。对于交易者的特定征税规则在不断发展，因此需要有职业的纳税顾问帮助交易者充分利用所有可能的纳税优惠。

纳税规划要求一个人长年累月的勤奋、研究以及远见卓识。交易、接受交易方面的教育以及进行交易方面的研究比大多数的全职工作花费的时间还要多。但是你还是应该将注意力集中在交易和实现利润中，因为任何转移你注意力的东西都可能对你的结果产生致命的损害。纳税规划应该与一个擅长交易者税收的专业人士共同进行。这位专业人士应该提供高质量的服务，并且可以随时回答你的问题，提供纳税减免和规划战略的建议。

税务局的法规规定了三种市场参与者：经纪人——证券商／做市商、投资者和交易者，并且对每种市场参与者规定了不同的征税规则。本章讨论作为一个交易或者一个交易实体的一部分的优势和考虑。对每一种类型的交易者或者实体结构，要详细讨论都需要一整本书。

表 13.1 以平实的语言总结了交易者和投资者的区别。

表 13.1 交易者与投资者的区别

	交易者	投资者
定义	以他们自己的账户买入和卖出证券、商品期货等等，期望利用市场的波动在短期内频繁交易来获利	买入和卖出股票、商品期货等，期望从中期的升值、利息和红利等获利
特征	• 大量的交易 • 持有期较短 • 频繁地、定期地和持续不断地交易 • 在市场中拥有大量资产 • 有一间办公室 • 按照计划 C 来提交文件 • 大量时间用于交易和研究 • 来自利息／红利方面的收入	较少 • 交易量较少 • 持有期较长 • 寻求资产增值 • 接受利息和红利 • 即使可以也不会花费大量时间在市场研究方面

交易者以他们自己的名义交易，或者以一个独资有限公司的名义交

易，根据计划C（在税务局的550号文件，1040表操作指南所规定的那样）可以减免所有的交易费用和保证金利息。

另一方面，投资者可以根据计划A将"许可的"投资费用作为杂项或者投资利息被减免。这些成本受制于各种收入限制以及其他的限制。不可思议的是，某些对交易者来说完全可以减免的费用如教育费用、计算机或者软件的100%报废、在家中的办公室甚至是参加股东大会的交通费用对于投资者来说都是不能减免的（根据税务局的550号文件）。

很显然，只要登记为交易者，而不是投资者，你就可以节省成千上万的税收成本，改善你的资金状况和现金流。其他的纳税规划技巧可以为你节省更多的税金。

纳税规划应该是个性化的，特别针对你的纳税情况来进行。例如，一个25岁的抢帽子交易者与一个45岁的有三个孩子和其他的业务的波段交易者的需要就大不相同。因为每个交易者的独特性，对于每个人的情况进行讨论显然超出了本节的范围，因此，我强烈建议你向专为交易者服务的纳税专业人士咨询。

补充材料：

一个交易者纳税生活的演化：

根据计划C提交文件。

如果你有资格作一个交易者，那么就提交计划C的1040表，对美国税务局报告说你作为唯一的所有者从事交易。对于大家都误用的"交易者"状态，没有任何选择、预先安排或者是申请程序。

一旦你确定你在经营一项事业，税务局法令的162条规定你可以要求以下的补贴和减免：

在税收年度内从事任何交易或者业务的一般的和必要的费用都可以减免。如果你不再按照一个投资者来准备文件，所有合法的交易费用根据计划C都可以减免，不再按照投资费用报告。而这些费用可以避免根据各种收入和其他限制被明确禁止作为可减免的项目和费用。

以下是一些与交易行业相关的费用：

● 在线和实时的数据检索服务；

● 交易出版物；

● 计算机软件、交易系统和硬件；

- 保证金利息；
- 办公室租金；
- 在家办公的费用；
- 交易讲座、教育和咨询；
- 工作餐和与其他交易者的娱乐费用。

你还可能发生大额的开办费用或者经营费用，如教育以及计算机硬件和软件等，这些费用可以是上千美元也可以是上万美元。如果2003年你幸运地处于35％的联邦税收等级，那么你每花费1美元，就可以节省35美分。事实上，税务局通过减免每笔费用的35％来补贴你的交易业务，就好像通过减免房屋拥有者的抵押利息和房地产税来增加房子的拥有率一样。如果你考虑进节约的州税，总共节约的税款非常可观。

超过全部应税收入的交易费用也可能产生净经营损失，用来抵消未来的收入或者抵消前一年的收入，并且获得前一年税收的退款。

卖出证券的盈亏要作为对资本资产（根据税务局现行法规1221条，下同）的销售按照计划C的1040表报告。没有选择交易者按市制计价会计法的交易者与投资者一样的方式来报告交易——作为计划C表1040的资本盈亏，同时也禁止他们在任何一个税收年度购销（抵消其他收入）超过净资本损失3000美元的部分。

交易你自己账户的交易收入不能作为个体经营的收入。这样既有好处也有坏处。个体经营税不必支付，这样就可以节省一大笔税款。缺点是交易收入不能用来为退休计划提供资金或者扣除个体经营健康保险费用。只有利用一个法律实体来产生个体经营收入或者薪金收入才可以扣除这些项目。

如果退休规划或者可扣除的健康保险费不是很重要的话，一个没有公司的交易者不需要因此建立一个实体。只要通过提交计划C的表格，所有在实体层面上可以扣除的费用对于没有公司的交易者都可以扣除。

证券交易者选择475条款按市制计价会计法：

1997年纳税减免法案的条款对于交易者非常有利。税务局最终认定合格的交易者是在经营一种业务，正式确立了适用于合格交易的新规则，同时又没有提供合格交易者方面的确切定义。在随后的几年里，税务局颁布了涉及交易者的额外信息、条款和程序。适用于交易者的税法还在发展中。交易者的存在，交易者纳税报告的特定操作都在税务局的出版物如《个人、合伙企业和公司的所得税指导》这样的出版物上获得了一席之地。

现在合格的交易者可以选择与经纪商和做市商一样纳税。事实上他们的证券组合可以与零售商店的转售商品一样对待。1997年税收法案要求经纪商和做市商根据475条每年年末按市价计价，并且把未实现的盈亏当作当年的盈亏来报告。实现的和未实现的收益都作为经纪商或做市商的一般收入，需缴纳个体经营税。

现在交易者可以选择适用同样的税收规则，尽管非经纪商、非做市商的交易收入可以免缴个体经营税。这种选择不会改变交易收入免缴个体经营税并且不被看作是已经赚取的收入这一事实。现在交易股票、期权、个股期货和1256条规定的证券以外所有证券的交易者可以利用475条，475条在多数情况下几乎都是有百利而无一害的。利用475条可以有很多种纳税规划技术。由于本书的篇幅所限无法在此一一列举。

选择475条（以及其他所有的纳税决定）必须与一个有资格的交易者税收专业人士来商讨以确定它是否适合你特定的纳税情形。如果你有未被利用的资金损失或者你交易1256条所规定的合约如受管制的期货合约、外汇合约、非股票期权或者经纪商股票期权时，你应该仔细考虑。这些选择必须在4月15日之前做出。没有及时做出选择可以使纳税人损失上千美元。找了解交易业务的专业纳税会计师就是为了做出明智的选择和规划。

475条允许没有获利的交易者通过减免不限量的交易损失来获得上一年和当年已付税款的返还。这是在前面提到的交易费用100%免除之外的，而交易费用本身就可以产生一个净经营亏损。

475条允许盈利的交易者忽略虚伪交易（既然你在交易"存货"而不是资本资产，那么就与经纪商类似）并且人更加专业化和公事公办的方式来报告收入和费用，前提是你能够证实你的经营费用是合法和合理的。股票和期权交易者通常只有短期收益，短期资本收益的税率和一般收入的税率是一样的，这样通过选择475条不会产生额外的税收负担。

选择475条的好处：

- 资本损失最多减免3000美元的限制不适用；
- 通过普通交易损失产生的净经营亏损可以抵消未来的收入；

- 净经营亏损可以移前两年扣除（2001 年和 2002 年发生的亏损可以移前 5 年扣除），来抵消前两年的收入并且获得前两年所得税的返还；
- 虚伪交易的递延亏损可以从收入中完全扣除，并且对于虚伪交易的烦琐的记录要求也可以免除；
- 将投资利润（潜在的长期资本收益）和交易利润区分，使得报告更加简化。

谁会从 475 条中获益？
- 当年亏损的交易者；
- 没有交易记录的新交易者；
- 由于市场的波动在当年收益特别好和特别不好的交易者；
- 年末的未实现收益很高的头寸交易者；
- 如合伙制、有限责任公司、家庭有限合伙制以及 C 股份公司和 S 股份公司之类的交易实体；
- 几乎所有利用这个条款作为一个坏年份和困难的市场环境的对冲或者保险单的交易者。

由于普通交易损失的无限量扣除，以及免于虚伪交易的记录，475 条对于每个交易股票或者期权的交易者来说都是必需的。

一些交易者通过在近几年移前扣除交易损失，并且抵消在 20 世纪 90 年代后期的收益已经获得了很多税金的返还。

选择 475 条可以将资本盈亏转化为普通的损益，因此要求根据表 4797 普通损益表来报告交易盈亏。

费用继续根据计划 C 的表 1040 来报告。

特别注意：1256 条款合约的交易者。

1256 条合约为以下几种：

1. 受管制的期货合约；
2. 外汇合约；
3. 非股票期权；
4. 经纪商股票期权。

1256 条合约需要根据特别税收条款纳税。1256 条合约根据法律的规定需要按市制计价。按市制计价意味着在税收年度末持有的一份合约被当作以该年度最后交易日的市价卖出，你必须将这笔未实现的损失包含在你当年的应税收入中，就好像475条那样。一个关键的不同之处在于损益在性质上仍然是资本的损益，因此任何一年免除额不能超过3000美元。未实现损益成为成本的调整额，在随后一年中当合约实际卖出时再转变过来。

1256条合约资本损益的60%被看作是长期资本损益，40%被看作是短期资本损益。这些合约的损益以及60/40的分配根据税务局表6781报告。

现在长期损益的最高税率为15%。

由于这些证券价位的多变性，允许特定损失移前扣除。1256条合约的净损失可以移前三年扣除，而不是被结转到下一年度。如果在前一年1256条合约为净收益，那么这些损失只能移前一年扣除，并且最多只能扣除净收益的额度，不能提高或者产生当年的净经营损失。这笔损失被首先移前到最早的移前年度，任何没有被吸收的亏损可以结转到下两个年度。

由于对1256条合约交易者的长期资本收益的税率非常优惠，并且可以使用特定的移前扣除，因此这些交易者一般不会选择475条会计方法。一种罕见的例外是如果在当年的4月15日的最终期限到来之前不久遭受了较大的亏损的交易者。

以独营有限责任公司形式交易。

以你个人名义交易，并且提交计划C的表1040就足可以了，事实上我们建议多数交易者采用这种方式。同时这也是最简单、最便宜和在记账方面最容易的方法。但是以这种形式操作也受到一些限制。

其中之一就是交易收入不能被确认为赚取的收入，因此不能作为退休计划的资金来源。要为退休计划提供资金或者减免个体经营的健康保险保费，你必须将你的部分交易收入转化为赚取的收入。一种解决办法就是给有限责任公司的管理人员支付管理费。最近的税法鼓励很多共同基金和经纪商建立低设立费用和低维持费用的小型401（k）计划，使得独营公司能够建立退休计划，并为该计划提供资金。在这项法令出台之前，设立和维持401（k）计划对于一个小型的独营公司来说成本太高，手续也过于烦琐。

盈利的交易者经常会被亲戚朋友要求替他们管理资金。我们中的大多数都明白当涉及钱时，往往能使一个幸福的家庭破裂、长期的友谊毁灭，因为钱可以使人们变得陌生。因此不采取某些法律手段和财务保护措施就替他人管理资金或者经纪账户、收取费用，或者与他人签订口头或者书面的合同是非常不明智的。

任何结构合理并且正常经营的法律实体都可以提供债务和资产的保护。法律实体的资产、收入和费用都必须与你个人的资产、收入和费用严格分开，不能有任何金钱上的混淆。必须遵守所有的州法律要求，否则这种保护就不起作用了。没有这种保护，建立法律实体所花费的时间和金钱就白费了。许多交易者不像他们管理交易那样管理一个实体，或者他们低估了保护他们债务和资产所需要的时间和规划。

与其他实体相比，独营有限责任公司有一些成本和时间方面的优势。从征税的角度，税务局忽略了独营有限责任公司的明显优势。如果你以自己的名义交易，联邦税方面，收入和支出的报告方式是一样的。除非你选择了 475 条，盈利和亏损都要按照表 4797 报告外，否则费用按照计划 C 的表 104 表报告，交易盈亏按照计划 D 报告。

对于这种实体，不必单独提交纳税申报单，这样可以节省纳税准备的成本，简化记账的过程和会计要求。也不必保留资产负债表和单独的公司会计记录。以合营有限责任公司、家庭有限合伙制、有限合伙或者 S 公司的形式交易，获利的交易者经常被要求帮助他人交易。在这种情况下，资产和债务的保护也是必需的。要得到这些保护，交易者必须以适当的实体来交易。此外，交易者以一个集合的经纪账户比以各个单独账户交易要更容易和有效率。以一个实体的名义设立的经纪账户使你可以将客户的资金组合成一个很容易管理的经纪账户进行交易和记账。因为以上每个实体都不用支付联邦税，收入和支出根据实体经营协议规定计划 K-1 转移给个人合伙人——股东。这个表格很容易就可以作为合伙或者公司纳税申报单的一部分来准备。个人合伙人——股东的纳税报告非常简单，因为他们不必记录和报告每笔交易和费用。他们的会计可以只是报告 K-1 中相关的纳税数字就可以了。

多成员的有限责任公司、家庭有限合伙（FLPs）、有限合伙和正确管理和设立的 S 公司都可以提供资产和债务保护，他们允许交易者有管理和控制的灵活性。从纳税角度来讲，他们都被认为是"流过"法人。这些法人受到州法律和税收要求的限制，每个州各有不同。一个合格的法律和纳税顾问应该与你讨论根据州法律和你设立企业的特定目标，哪种实体最适合你。例如，在纽约城，S 公司都是按照公司纳税，而没有其他业务的交易合伙企业则可以免缴该城市的非公司营业税。

从法律角度，S 公司被当作 C 公司对待（见后面对于后者的描述），但是从纳税角度，它可以作为合伙企业对待。主要的差别在于对于服务的股东必须支付合理报酬的要求。

家庭有限合伙企业，即 FLPs，可以作为资产计划的一部分而设立，或者可以将收入转移给税率等级较低的家庭成员。FLPs 的另一个好处就是可以通过一般合伙人进行管理，直接或者通过另一个法律实体。

对冲基金通常以有限合伙的形式设立，但是它们也可以以其他任何法律形式设立。选择 475 条可以在法人层面进行，使你在以日常业务或者资本形式报告交易盈亏方面有一定的自由度。此外，还有一些关于什么样的实体可以界定为交易业务方面特定的税务局规定，这会影响到如何报告费用。这些规定可以对合伙人——股东非常有利，使得它们可以将支出作为日常业务亏损，同时可以将这些支出作为法定扣减项目扣除。

不幸的是，许多对于 C 公司可行的附加福利对于以上提到的实体的合伙人或者股东不可行，或者受到严格的限制。

收入和支出按照实体单独的纳税申报单来报告。S 公司使用表 1120S，其他实体使用表 1065。交易盈亏作为资本报告给合伙人——股东，除非在实体层面选择了 475 条会计方法。如果该实体在进行交易业务，支出按照日常业务来报告，并且可以用来抵消合伙人——股东其他来源的应税收入。

以一个管理公司的形式来设立一个 C 公司：

C 公司是一个独立法律实体，是与其股东相独立的，有自己的权利和义务的独立的法律和纳税实体。它的收入和支出不能像其他法律实体一样转移到个人股东的纳税申报单。C 公司根据净收入纳税，股东一般通过红利来取得资本贡献的报酬。不幸的是，支付给股东的红利需要纳税，而同时公司在支付红利时不能享受任何税收减免。尽管该公司已经对这笔收入纳过税，该公司才能支付红利。

这被称为"双重征税"的问题已经存在了很多年了。最近的 2003 年税法试图通过对公司支付的红利降低税率来解决这个问题。但是，双重征税的问题仍然是公司分配中的一个问题。

两种最常见的公司分配现金的方式是通过支付红利或者作为服务报酬。这是又一个交易者特有的不利因素。如果你以报酬的形式将交易利润支付出去，你实际上就是把不属于社会保险纳税范围的收入转换成了属于社会保险纳税范围的收入，额外给社保局支付了工资的 15.3%。

因此，由于那些不太为人所熟悉的税务局规定如累计盈余税等的原因，我建议你不要以 C 公司的形式进行交易。但是，持续盈利的交易者有理由考虑以 C 公司作为他们的业务形式。

任何规模的一个正常管理的 C 公司都可以提供通用汽车给它的雇员提供的各种额外福利。健康福利、教育费补偿和家人照顾补偿等等都是交易者可以获得的合法的福利。如果这些福利可以通过其他的业务或者你的配偶取得，那么它对你的意义就不大了。

C 公司可以接受另一个交易实体如有限责任公司、合伙制企业或者 S 公司的管理。管理费用一般是根据实现的交易盈利来确定。这种管理费用对于支付的实体来说可以转移减免的，这样就可以减少个人合伙人——股东的应税收入。C 公司的应税收入可以通过支付给交易者的报酬和直接支付的与交易相关的费用来减少。

以上的结构一般介绍给被新交易者采纳，但是所有的交易者在考虑这种结构是否适合自己的时候都需要慎重。如果你没有交易盈利，那么管理费就会很少甚至没有。但是，你仍然必须要支付会计和税收准备费用、向所在州提交文件的费用和最低的州税，甚至还有经营损失。因此，C 公司只对那些过往的交易记录持续获利的交易者是可行的。

收入和支出根据表 1120 来报告，公司支付其所得税，除了支付的红利或者报酬之外，没有任何项目可以转移到股东的纳税申报单上。

购买了本书，您就可以通过 www.taxesfortraders.com 进行免费的出手必赢交易纳税咨询。本书所有的信息相对于所涉及的题目来说都是权威的和精确的。在印刷本书的过程中，作者和出版商都没有法律的、会计的和其他专业服务的义务。如果你需要法律、纳税或者其他方面的建议，应该根据自己特有的法律和纳税形势来寻找有资格的专业人士咨询。

在美国从税收的角度，在证券投资者和交易者之间有明确的区分（有些人称之为"麻烦")。大多数一个星期交易几次的人被税务局认为是投资者，而不是交易者。因为有投资者的分类，因此很多从事这项业务的人都不被认为在经营一种业务。因此，对他们扣除与投资相关的费用的数量和种类方面都有严格的限制。

另一个方面，交易者被认为在经营一项业务，因此几乎可以扣除交易者过程中的所有费用。这些费用包括软件、研讨会、讲座、计算机设备、订阅发行物的费用及相关的差旅费。作为一个交易者还有某些所得税方面的好处，我们这里不再讨论了。为税收的目的在投资者和交易者之间的区分非常模糊。税务局不断地修改他们的规定，因此使得很多人在阅读本书的过程中无法确定自己到底属于哪一类。你可能知道你想要归为哪一类，但是你需要有交易记录来支持你的要求。有交易记录在手，你就可以免遭这些"税收恶棍"的欺负。

小结

市场是不断变化的，因此需要我们持续不断地研究它。在培训和练习一个人的技巧方面，交易与其他职业一样。为了与这个星球上最聪明的人竞争，你必须要变得更快、更强、更精明，任何时候都要领先竞争者一步。因为大多数交易者是被动的而不是主动的，因此在交易中变得主动可以使你具有明显的优势。

在本书中，我强调建立一套前后一致的交易策略，以便降低影响交易者获利的两种情绪——贪婪和恐惧对你的影响。通过在你的交易中使用精准买卖点策略与方法，你可以有效地消除交易中的情绪因素。作为一个出手必赢交易者，你可以在上涨的市场中逢低买入，在下跌的市场中逢高卖出，并且在预定的价位获利平仓。确定一个点位是否是上涨的市场中的低点可以通过移动平均线、斐波纳契价位以及其他你所交易的时间框架内的辅助指标来进行，这些指标不论你是根据三分钟图来交易，还是根据日线图来交易都适用。

你平仓的目标价位在很大的程度上是根据斐波纳契价位来确定的。你根据之前的走势来确定，同时借鉴历史支撑和阻力位。这种做法的目的是使你总是处于有利位置。如果你这样做了，而交易并没有按照预期的方式进行，那么你可以随后止损退出，原因是趋势可能产生了变化，而不是因为你在图表的一个糟糕的位置建仓，你的止损位已经不容许头寸波动。这种获取额外收益的想法是精准买卖点策略与方法的基础。这也是很多做市商让它们的交易每天处于流动中的方法。

本书涉及了多个主题，每个都很重要。范围包括作为交易者如何让自己处于舒适的状态、如何系统地增加盈利的头寸以及如何减少你的纳税负担。具备了本书中的知识，再通过你的经验，你可以获得交易上的优势。但是如果你没有正确执行你的计划，那么你的努力就在很大的程度上被破坏了。对于交易者来说，淘汰率高的一个最重要的原因就是没有严格执行自己的交易计划。

任何一个读到这里的人都值得表扬，表明你在了解市场和学习如何交易中会做得很好。非常感谢你们花费时间来阅读本书，祝你们好运！

附录　图表形态

附录的目的是提供更多的图表形态的例子。请利用这些图表来熟悉那些有较高的看多和看空"内托数字"的形态。

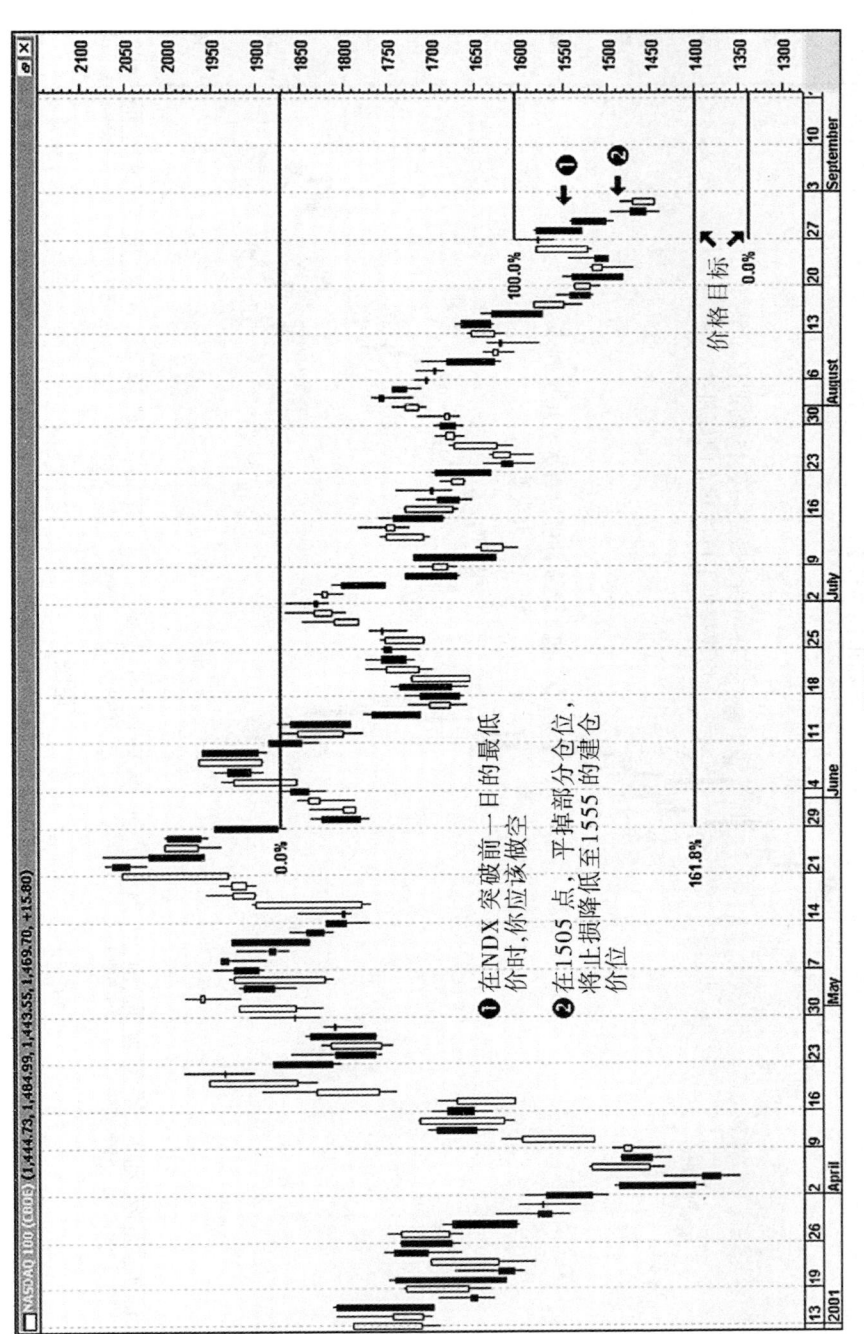

第三阶段 锁定目标 子弹上膛 257

附图 1

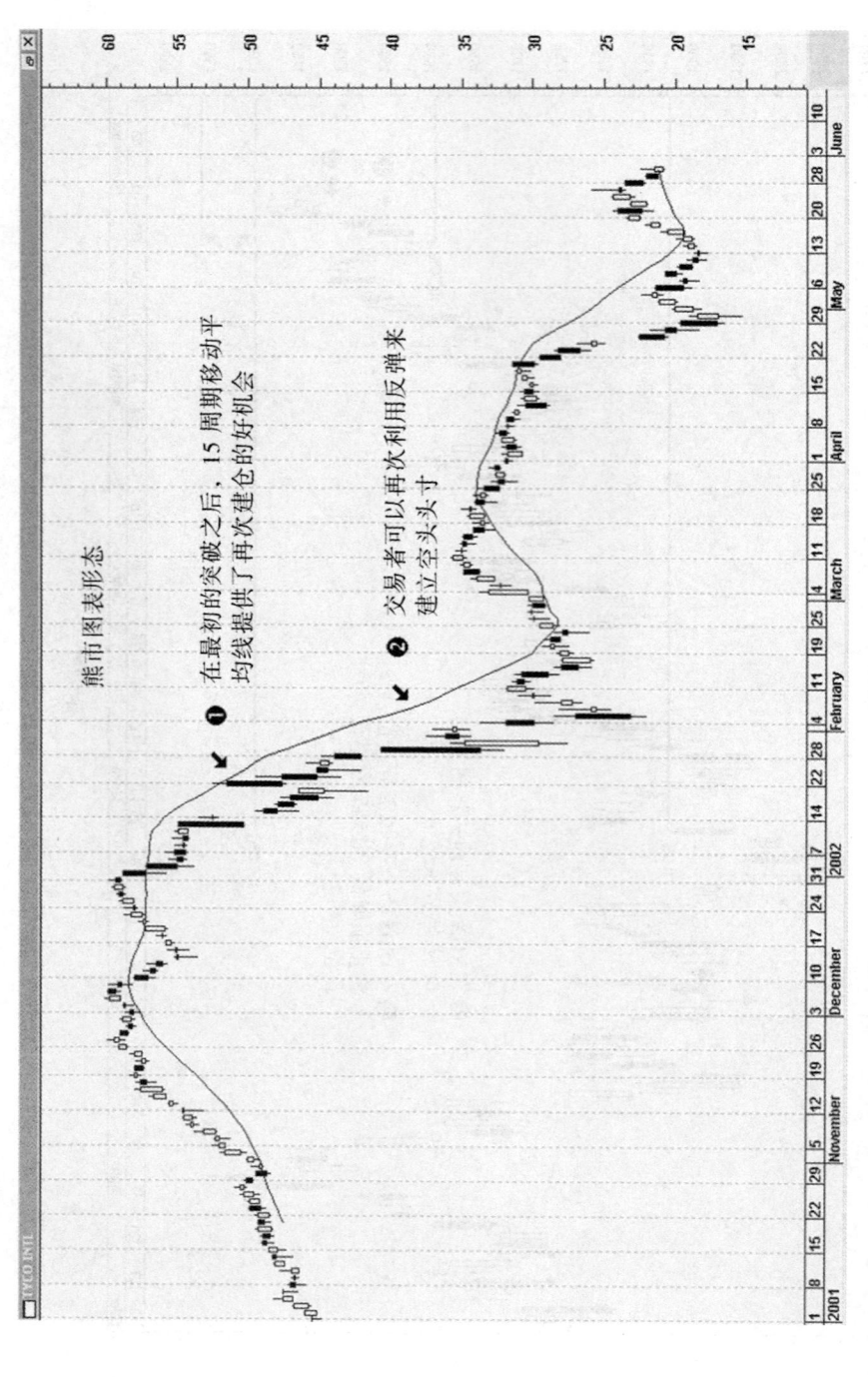

附图 2

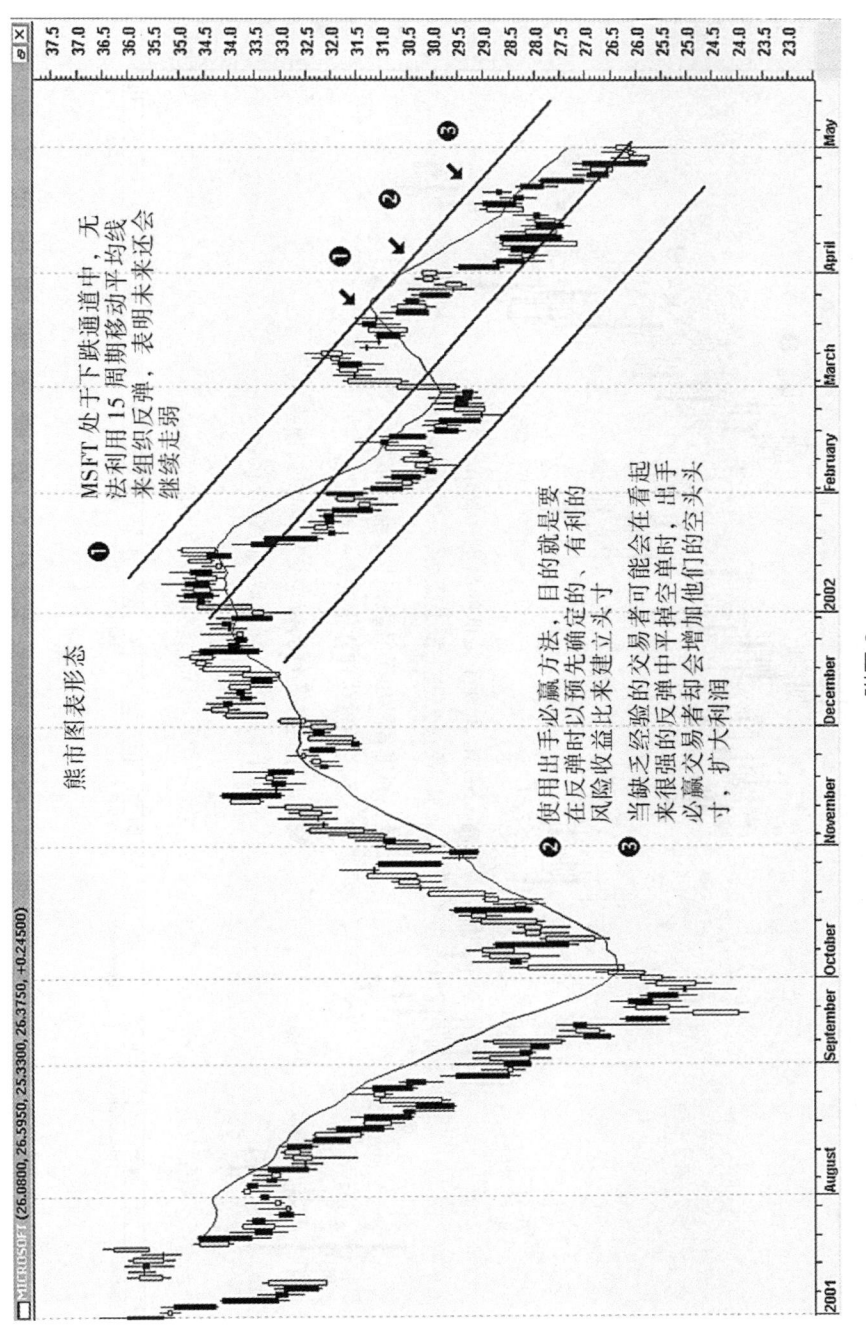

第三阶段 锁定目标 子弹上膛 259

熊市图表形态

① MSFT 处于下跌通道中，无法利用 15 周期移动平均线来组织反弹，表明未来还会继续走弱

② 使用出手必赢方法，目的就是要在反弹时以预先确定的、有利的风险收益比来建立头寸

③ 当缺乏经验的交易者的反弹中平空单会起来很强交易者可能会在看起必赢方头寸时，出手反弹者却会增加他们的空头头寸，扩大利润

附图 3

附图 4

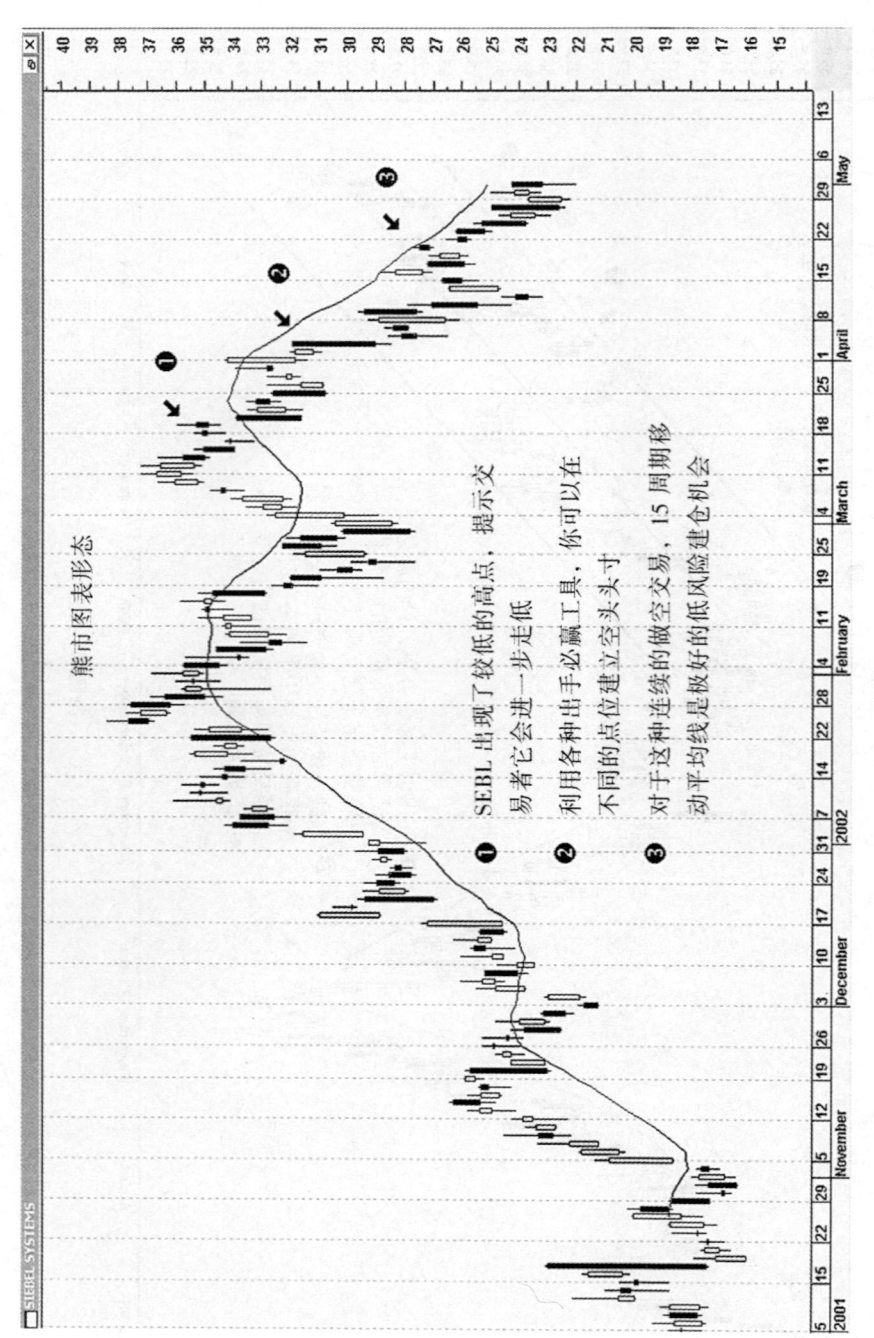